Die letzten Monate des Königs

Louis XVI als Gefangener der Französischen Revolution

Aufzeichnungen seiner
Kammerdiener Cléry und Huë,
des Abbé Edgeworth de Firmont,
des Kommissars Verdier und
des Küchenjungen Turgy

Herausgegeben von
Chris E. Paschold und
Albert Gier

Insel Verlag

Mit Abbildungen

Erste Auflage 1989
© Insel Verlag Frankfurt am Main 1989
Alle Rechte vorbehalten
Satz: Typobauer Filmsatz GmbH, Ostfildern 3
Druck: Nomos Verlagsgesellschaft, Baden-Baden
Printed in Germany

Inhalt

Vorwort

Unerhörtes geschah zwischen August 1792 und Januar 1793 in Paris: Seine Majestät Louis XVI, König von Frankreich von Gottes Gnaden, dessen Großvater Louis XV sich trotz gewisser Schwierigkeiten noch als absoluter Monarch hatte verstehen können, wurde wie irgendein Gesetzesbrecher im Turm des Temple in Haft gehalten. Nach dem Prunk von Versailles hatte die königliche Familie jetzt auch die relative Bequemlichkeit verloren, die das beengte Tuilerienschloß ihr und einem verkleinerten Hofstaat nach der Übersiedlung nach Paris im Oktober 1789 geboten hatte; der König, der nach der Verfassung von 1791 nicht gegen das Gesetz und die Nationalversammlung regieren durfte, aber insgeheim konterrevolutionäre Politiker und Journalisten unterstützt und mit dem Ausland konspiriert hatte, war in der Isolation seines Gefängnisses nicht mehr in der Lage, auf die Entwicklung in Frankreich irgendwie Einfluß zu nehmen.

Die Umstände, unter denen ›Louis Capet‹ (wie die Revolutionäre ihn nannten) gefangengehalten wurde, mußten bei Anhängern und Gegnern der Revolution im In- und Ausland eigentlich noch tieferen Eindruck hinterlassen als seine Hinrichtung – daß ein Fürst im Namen des Gesetzes vom Leben zum Tode befördert wurde, war nicht eben häufig, aber doch nicht ohne historische Parallele: Louis selbst beschäftigte sich in seinen letzten Tagen mit dem Schicksal König Karls I.

von England, den Cromwell 1649 hatte enthaupten lassen; aber Karl wurde bis zuletzt als König behandelt und mußte sich nie von Bierbrauern und Steinmetzen duzen und herumkommandieren lassen.

Was die materielle Seite anging, war die Behandlung im Temple wohl nicht allzu schlecht: königstreue Berichterstatter wie der Kammerdiener Cléry wollen die Gefangenschaft zum Martyrium stilisieren und schweigen deshalb z.B. über die Verpflegung, die offensichtlich gut und reichlich war. (Die unzureichende Ausstattung mit Wäsche und Kleidung, die sich durch die überstürzte Flucht der königlichen Familie aus den bedrohten Tuileries am 10. August erklärt und auf der Cléry z.B. mehrfach insistiert, war wohl nicht nur Schikane; vielmehr wurde diesem Mangel wegen der Sorge der Beamten nicht abgeholfen, es müßte um so schwerer sein, in Wäschebündeln versteckte Botschaften abzufangen, je mehr zum Waschen aus dem Turm heraus- und wieder zurückgeschafft würde – die vielen erfolgreichen Versuche der Gefangenen, unbemerkt miteinander und mit der Außenwelt in Verbindung zu treten, zeigen, daß diese Sorge nicht unberechtigt war.)

Auch aus Gründen der Sicherheit hatte man sich gerade für dieses Gefängnis entschieden: Der Temple bildete einen abgegrenzten Bezirk innerhalb von Paris, der von einer Mauer umgeben war; der Gebäudekomplex war im 13. Jahrhundert vom reichen und mächtigen Orden der Tempelritter erbaut worden, die nach der Eroberung Palästinas durch die Araber Paris zum Sitz ihres Großmeisters erwählt hatten. Das Gelände (in der Gegend der heutigen Place de la République, im 3. Arrondissement) lag damals außerhalb der Stadtmauern; dort entstand ein autonomer Bezirk, dessen Bewohner bis zur Revolution von allen Abgaben befreit blieben.

Zu Beginn des 14. Jahrhunderts erregte der gewaltige Reichtum des Templerordens die Habgier von König Philipp dem Schönen; er machte sich die zunehmende Unbeliebtheit der Ritter bei der Bevölkerung zunutze, um ihre Führer unter erfundenen Anschuldigungen vor Gericht zu bringen. Viele wurden zum Tod auf dem Scheiterhaufen verurteilt. Mit Duldung des Papstes brachte Philipp den größten Teil des Ordensvermögens an sich; den Temple-Bezirk überließ er den Rittern des Ordens von Saint-Jean de Jérusalem, der weiterbestand, obwohl er seine eigentliche Funktion: die Verteidigung des christlichen Königreichs Jerusalem, bereits verloren hatte (das Königreich Jerusalem war 1187 gefallen, seit 1291 hatten die Christen keinen Stützpunkt mehr in Palästina). In den folgenden Jahrhunderten nahmen die Großmeister des Ordens zahlreiche Umbauten im Temple-Bezirk vor; zum letzten in der Reihe der Großmeister wurde 1776 ein Neffe von Louis XVI, der Duc d'Angoulême, bestimmt, der zu diesem Zeitpunkt erst ein Jahr alt war; sein Vater, der Comte d'Artois, machte das Palais im Temple zu seiner Pariser Residenz. Dieser jüngste Bruder von Louis XVI stand allen politischen Reformversuchen strikt ablehnend gegenüber; er verließ Frankreich schon 1789, unmittelbar nach dem Sturm auf die Bastille. Seitdem stand das Palais leer.

Die Tuileries, aus denen die königliche Familie am 10. August 1792 hatte fliehen müssen, waren nach der Verwüstung durch das Volk nicht mehr bewohnbar; es dauerte drei Tage, bis die Nationalversammlung und die Pariser Commune sich auf einen neuen Aufenthaltsort für den entmachteten Herrscher und sein Gefolge einigen konnten. Die Abgeordneten der zu dieser Zeit noch gemäßigten Nationalversammlung wollten die Entscheidung für den Temple offenbar so verstanden wissen, daß die königliche Familie künftig im Palais residieren sollte, das hinreichend bequem und geräumig gewesen wäre; der Monarch sollte an politischer Aktivität gehindert, aber sein Lebensstandard nicht entscheidend herabgesetzt werden – das zeigt schon die Tatsache, daß die Nationalversammlung bald die beträchtliche Summe von 500000 Livres für seine persönlichen Ausgaben bewilligte. Die radikale Pariser Commune, die in den beiden folgenden Jahren zur eigentlich treibenden Kraft der Revolution werden sollte und der die Verantwortung für die Gefangenen übertragen worden war, ließ sie jedoch schon am ersten Abend in den düsteren, beengten Turm bringen, angeblich aus Sicherheitsgründen. In diesem Augenblick wandelt sich der Hausarrest, unter dem die königliche Familie schon in den Tuileries mehr oder weniger gestanden hatte, endgültig zur Gefängnishaft.

Die vorliegenden Augenzeugenberichte beziehen sich fast ausnahmslos auf die ersten Monate im Temple bis zur Hinrichtung des Königs; danach werden die wenigen Bedienten, die im Turm hatten bleiben dürfen, nach und nach entlassen, und die Familie wird auseinandergerissen: Am 3. Juli 1793 wird der Dauphin von den Frauen getrennt; am 1. August wird Marie Antoinette in die Conciergerie verlegt, wo die Gefangenen auf ihren Prozeß vor dem Revolutionstribunal warteten. Nach mehreren vorbereitenden Verhören erscheint sie am 12. Oktober zum ersten Mal vor dem Gericht, das sie mit zum Teil diffamierenden Zeugenaussagen konfrontiert (sie wird unter anderem beschuldigt, mit ihrem achtjährigen Sohn unzüchtige Handlungen verübt zu haben). Erwartungsgemäß wird sie verurteilt und am 16. Oktober 1793 hingerichtet; während man dem König zehn Monate vorher noch einen Priester seiner Wahl und eine Kutsche für die Fahrt zum Schafott zugestanden hatte, mußte sie ohne geistlichen Beistand den Karren besteigen, mit dem die Verurteilten gewöhnlich zur Guillotine gebracht wurden – die Folge eines veränderten politischen Klimas, aber auch der allgemeinen Unbeliebtheit der ›Österreicherin‹ beim französischen Volk. Als äußeres Zeichen ihrer Unschuld hatte sie ein weißes Kleid angelegt; sie stand ihrem Gatten an Gefaßtheit nicht nach und entschuldigte sich sogar bei dem Henker Sanson, als sie ihm versehentlich auf den Fuß trat.

Am 10. Mai 1794 wurde Madame Elisabeth, die Schwester des Königs, mit vierundzwanzig anderen Verurteilten auf dem Henkerskarren zum Schafott gefahren; sie hatte einundzwanzig Monate im Temple verbracht. – Als einziges Mitglied der königlichen Familie überlebte Marie-Thérèse, ›Madame Royale‹, die Gefangenschaft: Sie wurde nach über drei Jahren im Temple gegen vier hohe Beamte der Republik ausgetausch (am 17. 12. 1795), die in österreichische Gefangenschaft geraten waren – dies war möglich geworden, weil der Sturz Robespierres im Juli 1794 die radikale Phase der Revolution beendet hatte. Infolge der Kriegswirren in Europa sah die Prinzessin ihren Onkel, den späteren Louis XVIII, erst 1799 wieder; er residierte zu dieser Zeit in Mittau auf russischem Territorium, und hier wurde die Zwanzigjährige im Juni 1799 von Abbé Edgeworth mit ihrem Cousin, dem Duc d'Angoulême, getraut und erwarb dadurch den Anspruch auf den französischen Thron. (Da der Comte d'Artois, der 1824 als Charles X seinem Bruder Louis XVIII als König gefolgt war, durch die Revolution von 1830 gestürzt wurde, konnte sein Sohn die Regierung allerdings nicht antreten.) Sie starb 1851 nach einem langen Leben voller Enttäuschungen.

Das Schicksal des Dauphin liegt bis heute weitgehend im Dunkeln: Am Tag nach der Hinrichtung von Louis XVI huldigten ihm die Königin, die Prinzessinnen und Cléry als dem neuen König Louis XVII; von diesem Zeitpunkt an wurde er auch bei Tisch zuerst bedient, seine Mutter und die beiden anderen Damen ließen ihm den Vortritt, was von den Kommissaren beobachtet und Marie Antoinette in ihrem Prozeß vorgeworfen wurde. Diese ehrerbietige Behandlung des neuen ›Königs‹ dürfte die Commune veranlaßt haben, den Achtjährigen am 3. Juli 1793 von seinen Angehörigen zu trennen; er wurde ins ehemalige Zimmer seines Vaters verlegt und von dem Flickschuster Simon und seiner Frau betreut. Simon, Kommissar im Temple und unbedingter Anhänger Robespierres (er wurde einen Tag nach seinem Idol, am 29. Juli 1794, guillotiniert), schien die Garantie dafür zu bieten, daß der Junge eine republikanische Erziehung erhielt – bei der Entscheidung für ihn mögen auch aufklärerische Vorstellungen (vor allem diejenigen Rousseaus) mitgespielt haben, denen zufolge jeder Mensch in seiner Jugend ein Handwerk lernen soll. Im Januar 1794 muß das Ehepaar Simon den Temple verlassen; über die Gründe kann man nur spekulieren. Es scheint nicht ganz ausgeschlossen, daß der Dauphin kurz vorher gestorben war und daß der Wohlfahrtsausschuß ihn durch ein anderes Kind ersetzt hatte, um nicht eine Geisel zu verlieren, mit der man den österreichischen Hof vielleicht später noch würde unter Druck setzen können. Das würde erklären, warum der Junge von da an von jedem Kontakt zu Personen, die den Dauphin von früher kannten, abgeschnitten blieb; auch nach dem Sturz Robespierres, als sich die Behandlung der Gefangenen besserte, wurde es seiner Schwester nicht erlaubt, ihn zu sehen, obwohl sie noch fast ein Jahr in ihren Zellen im Turm gleichsam nebeneinander lebten. Am 8. Juli 1795 wurde der Dauphin offiziell für tot erklärt; in den Jahrzehnten nach 1815 tauchten immer wieder Gerüchte auf, an diesem Tag sei in Wirklichkeit ein anderes Kind gestorben. Ein Geistlicher ließ 1846 den Leichnam exhumieren, der nach der (unbewiesenen) Aussage eines Totengräbers im Juni 1795 als der des Dauphin beigesetzt worden war; die medizinische Untersuchung ergab, daß der Tote etwa das Alter von achtzehn Jahren erreicht hatte. Falls der Dauphin tatsächlich durch ein anderes

Kind ersetzt wurde, dann mit Sicherheit, weil er verstorben und heimlich, vielleicht im Temple selbst, verscharrt worden war; die romantische Phantasie des Volkes aber glaubte an eine heimliche Befreiung, die nach allem, was wir wissen, unmöglich durchführbar gewesen wäre. In der ersten Hälfte des 19. Jahrhunderts traten Dutzende falscher Dauphins auf und erregten zum Teil beträchtliches Aufsehen.

Die meisten Schreiber, die Aufzeichnungen über die Gefangenschaft der königlichen Familie hinterlassen haben, standen schon vor der Revolution in deren Diensten: Jean-Baptiste-Cant Hanet-Cléry (1759–1809), aus einer Familie, die die Protektion der damaligen Erzieherin der königlichen Kinder genoß, wurde 1782 persönlicher Diener des Königs, den er täglich rasierte. Ende 1784 avancierte er zum Kammerdiener des noch ungeborenen Louis XVII. Sein Engagement im Temple, das er selbst beschrieben hat, endete mit der Hinrichtung des Königs; er wurde dann bis zum 1. März im Turm unter Arrest gehalten, zog sich nach seiner Entlassung aufs Land zurück, wurde aber trotzdem am 25. September 1793 verhaftet. Fast ein Jahr saß er dann im Gefängnis La Force, wo in den Septembertagen 1792 die Princesse de Lamballe bestialisch ermordet worden war. Cléry soll dreizehnmal auf der Liste der zur Hinrichtung Bestimmten gestanden haben, wurde aber jedesmal von unbekannter Hand gestrichen und nach Robespierres Sturz am 8. August 1794 freigelassen. Als 1795 Gerüchte aufkamen, Madame Royale sollte im Austausch gegen französische

Gefangene auf österreichisches Gebiet entlassen werden, reist er nach Straßburg, um sich ihr dort anzuschließen; von Oktober bis Dezember muß er warten,
bis sie freikommt, und in dieser Zeit scheint er eine
erste Fassung seines Tagebuchs geschrieben zu haben.
Madame Royale schickt ihn von Österreich aus zu
Louis XVIII nach Verona, der seine Verdienste durch
die Ernennung zum ersten Kammerdiener (ohne
Pflichten) würdigt; der Thronprätendent erlaubt
später auch die Veröffentlichung von Clérys Bericht
über die Zeit im Temple in seiner endgültigen Form,
die 1798 in London gleichzeitig in französischer und
englischer Sprache erfolgt (in Österreich hatte man die
Publikation verboten).

An Clérys Text fällt zunächst die ostentative Unter-
würfigkeit auf: Er orientiert sich auch beim Schreiben
an den seiner Stellung entsprechenden Verhaltenswei-
sen, bis hin zu der Art, wie er die verschiedenen Personen benennt. Er spricht stets vom »König« oder
von »Seiner Majestät«, ebenso für die Königin und
analog für die anderen Familienmitglieder; nur selten
treten Pronomina für diese förmlichen Bezeichnungen
ein, und fast nie werden die Personen in ihrem Ver-
wandtschaftsverhältnis zueinander, Louis XVI also als
Gatte, Vater, Bruder, benannt. Das höfliche »Monsieur« begleitet die Namen von Royalisten (vgl. die
Anwälte des Königs); prominente Revolutionäre oder
die Kommissare im Temple haben keinen Anspruch
darauf. Cléry solidarisiert sich mit seiner Herrschaft,
mit der er auf engstem Raum zusammenlebt, aber es
kann keine Intimität entstehen, weil er selbst gar nicht

daran denkt, den Abstand zwischen Herr und Diener zu überwinden.

Das mag auch damit zusammenhängen, daß der Chronist den König zum Märtyrer stilisiert und die Entbehrungen und Demütigungen im Temple beschreibt wie den Leidensweg eines christlichen Heiligen; der Heilige aber ist aus der Masse der gewöhnlichen Sterblichen herausgehoben, man soll ihn bewundern und ihm nacheifern, ohne daß man ernstlich hoffen könnte, seinem Vorbild gleichzukommen. Naturgemäß bedingt eine solche Haltung den Verlust der Objektivität.

Vergleicht man Clérys Bericht mit den Aufzeichnungen eines Anhängers der Revolution wie Verdier (1735–1820), fallen denn auch flagrante Widersprüche ins Auge. Dieser Verdier, über dessen Leben nicht allzuviel bekannt ist, hatte sich dem aufklärerischen Ideal gemäß auf verschiedenen Gebieten betätigt und sich als Anwalt, Arzt und Pädagoge hervorgetan, auch zahlreiche Bücher verfaßt. Als eifriger Verfechter der neuen Ideen gehörte er der radikalen Commune vom 10. August 1792 an, wurde allerdings im darauffolgenden Dezember nicht wiedergewählt. Seine Aufzeichnungen über die Zeit als Kommissar im Temple wurden zu seinen Lebzeiten nicht gedruckt; sie lassen trotz der antimonarchistischen Überzeugungen des Verfassers eine differenzierte Haltung und menschliches Verständnis für die Gefangenen erkennen.

Wie Cléry wurden auch andere königstreue Zeugen der letzten Monate von Louis XVI später in den Dienst seines Bruders übernommen: Der Abbé Edgeworth (1745–1807), Sohn eines irischen Protestanten, der zum Katholizismus konvertiert und deshalb nach Frankreich emigriert war, war schon vor dem August 1792 der Beichtvater von Madame Elisabeth gewesen; er blieb bis 1796 in Frankreich, schloß sich dann Louis XVIII und seiner Familie an und blieb bis zu seinem Tod bei ihnen; der Thronprätendent selbst verfaßte seine Grabschrift. – Der Küchenjunge Turgy (1763–1823), der über den Tod von Louis XVI hinaus im Temple beschäftigt wurde – die Commune entließ ihn erst im Oktober 1793, als Marie Antoinette bereits in die Conciergerie verlegt worden war –, begleitete Madame Royale auf ihren ausdrücklichen Wunsch hin ins Exil, wurde in den Adelsstand erhoben und blieb bis zu seinem Tod erster Kammerdiener der späteren Duchesse d'Angoulême.

Abgesehen von persönlicher Dankbarkeit und Anhänglichkeit gegenüber den Getreuen aus dem Temple, die man speziell bei der einzigen Überlebenden aus der Königsfamilie voraussetzen kann, spielten offensichtlich auch Legitimitätsgesichtspunkte eine Rolle: Der Anspruch auf den französischen Thron, den der Bruder des Königs nach dem Tod des Dauphin erhob, mußte auch für die befreundeten Mächte problematisch sein angesichts der scheinbar erfolgreichen Begründung einer neuen Dynastie durch Napoléon; indem Louis XVIII die Reste des Hofstaats seines Bruders um sich sammelte, suchte er Kontinuität zu demonstrieren – auf allen Ebenen, bis hinunter zu den Bedienten. Das war um so wichtiger, als unter den Ministern und politischen Beratern von Louis XVI aus der Zeit vor 1789 keiner war, den der neue König guten Gewissens für eine Schlüsselposition in einer neuen Regierung hätte ausersehen können.

Ein schwerwiegendes Problem für den Prätendenten war, daß er selbst keine Nachkommen hatte und als Nachfolger nur seinen Neffen, den Sohn des Comte d'Artois, vorweisen konnte; indem dieser Madame Royale heiratete, sollte der Anspruch auf den Thron in der direkten und der Seitenlinie zugleich begründet werden: Eine Tochter des letzten Königs sollte Königin werden, und den Ehebund mit ihrem Vetter segnete der Priester, der Louis XVI zum Schafott begleitet hatte. Die Revolution von 1830 verhinderte, daß das Paar an die Regierung kam; damit endete die Bourbonenherrschaft in Frankreich. Neuer König wurde Louis Philippe, der Sohn des Herzogs von Orléans, der sich bereits 1789 offen auf die Seite der Revolution gestellt, später den Namen Philippe Egalité angenommen und als Abgeordneter der Convention für den Tod seines Vetters Louis XVI gestimmt hatte. Mit dem Übergang der Herrschaft auf den Sohn des ›Königsmörders‹, der obendrein auf jeden herrscherlichen Prunk und Pomp verzichtete und sich den Beinamen des ›Bürgerkönigs‹ erwarb, was nicht nur von aristokratischer Seite spöttisch gemeint war, verlor die Monarchie endgültig jeden Legitimitätsanspruch und führte sich selbst ad absurdum – das Ende war dann nur noch eine Frage der Zeit.

Die drei letzten französischen Könige mußten nahezu Unmögliches versuchen: der Monarchie die Würde wiederzugeben, die Louis XVI verspielt hatte –

und zwar nicht durch sein politisches Scheitern, sondern durch die Demütigungen, die er sich seit 1789 bei verschiedenen Gelegenheiten von den Volksmassen gefallen ließ und die er sich zuletzt von den Kommissaren im Temple gefallen lassen mußte. Seine Nachfolger haben auf je unterschiedliche Weise versucht, mit dieser Hypothek fertig zu werden: Louis XVIII lavierte vorsichtig zwischen den Parteien, Charles X wollte nicht wahrhaben, daß man die Zeit nicht zurückdrehen kann, und suchte die Machtverhältnisse und den Stil des Ancien Régime wiederzufinden. Als er gescheitert war, folgte Louis Philippe, der begriffen hatte, daß man nicht mehr wie ein König aus dem Märchen auftreten kann, wenn man mit der Möglichkeit rechnen muß, von seinen Untertanen eingesperrt zu werden; aber der Verzicht auf äußeren Glanz beschleunigte den Untergang der Monarchie eher, als ihn aufzuhalten. In den Temple allerdings wurden weder Charles X noch Louis Philippe gebracht; beide konnten ins Exil gehen. Das ist vielleicht weniger ein Zeichen dafür, daß sich die Art, wie Könige und Revolutionäre miteinander umgingen, humanisiert hatte, als ein Beweis für die schwindende Bedeutung der Könige als Symbolfiguren und politische Führer.

Tagebuch über die
Vorgänge im Temple während
der Gefangenschaft von
Louis XVI,
König von Frankreich,
vom Kammerdiener
CLÉRY

Ich habe fünf Monate lang dem König und seiner erhabenen Familie im Turm des Temple gedient; und trotz der Wachsamkeit der Beamten der Commune, die dort die Aufsicht hatten, konnte ich mir entweder schriftlich oder auf andere Weise einige Notizen über die wichtigsten Ereignisse in diesem Gefängnis machen.

Wenn ich nun diese Notizen in Tagebuchform zusammenfasse, geht es mir eher darum, denen, die die Geschichte vom tragischen Ende des unglücklichen Louis XVI schreiben werden, Material zu liefern, als selbst meine Memoiren zu verfassen: Dazu habe ich weder das Talent, noch würde ich mir das anmaßen.

Als einziger ständiger Zeuge der schimpflichen Behandlung des Königs und seiner Familie bin ich allein in der Lage, sie zu schildern und den genannten Sachverhalt zu erweisen. Ich will mich also darauf beschränken, die Tatsachen in allen Einzelheiten, ohne große Worte, persönliche Kommentare und Parteilichkeit darzustellen.

Obwohl ich seit 1782 im Dienst der königlichen Familie stand und durch die Art meiner Tätigkeit Zeuge der verhängnisvollsten Ereignisse während der Revolution wurde, würde ich vom Thema abschweifen, wenn ich diese hier beschreiben wollte; sie sind größtenteils bereits in verschiedenen Werken niedergelegt. Ich will daher dieses Tagebuch mit dem 10. August

1792 beginnen, dem schrecklichen Tag, an dem eine Handvoll Menschen einen vierzehn Jahrhunderte alten Thron umstieß, ihren König in Ketten legte und Frankreich in den Abgrund des Verderbens stürzte.

Um den 10. August hatte ich Dienst beim Dauphin. Schon am Morgen des neunten herrschte äußerste Erregung in der Bevölkerung; überall in Paris kam es zu Zusammenrottungen, und man erlangte in den Tuileries Klarheit über den Plan der Verschwörer. Um Mitternacht sollte in der ganzen Stadt Sturm geläutet werden, die Freiwilligen aus Marseille sollten sofort zusammen mit den Bewohnern des Faubourg Saint-Antoine losmarschieren und das Schloß belagern. Da ich durch meinen Dienst bei dem kleinen Prinzen in seinen Gemächern festgehalten wurde, erfuhr ich nur teilweise, was draußen vor sich ging. Ich werde daher auch nur über die Ereignisse berichten, die ich selbst an diesem Tag miterlebt habe, in dessen Verlauf sich sogar innerhalb des Palastes die unterschiedlichsten Szenen abspielten.

Am neunten um halb neun Uhr abends verließ ich die Tuileries, nachdem ich den Dauphin zu Bett gebracht hatte, um die allgemeine Stimmung zu erforschen. Die Höfe des Schlosses waren von etwa 8000 Nationalgardisten aus verschiedenen Sektionen besetzt, die bereit waren, den König zu verteidigen. Ich ging zum Palais Royal, dessen Eingänge fast alle verschlossen waren: Dort standen Nationalgardisten unter den Waffen, um zu den Tuileries zu marschieren und jene anderen Bataillone zu unterstützen; aber der von den Aufrührern aufgehetzte Pöbel drängte sich in den angrenzenden Straßen, und sein Geschrei ertönte von allen Seiten.

Gegen elf Uhr kehrte ich auf dem Weg über die Gemächer des Königs ins Schloß zurück. Sein Hofstaat und seine Bedienten versammelten sich dort aufgeregt. Ich ging weiter in die Zimmer des Kronprinzen, wo ich einen Augenblick später aus allen Vierteln von Paris die Sturmglocken läuten und die Trommeln Generalalarm schlagen hörte. Ich blieb mit Mme. de Saint-Brice, der Kammerfrau des kleinen Prinzen, bis fünf Uhr morgens im Salon. Um sechs ging der König in den Schloßhof hinunter und inspizierte die Nationalgarde und die Schweizer, die schwuren, ihn zu verteidigen. Die Königin folgte ihm mit den Kindern. Man hörte aus den Reihen der Soldaten einige aufrührerische Stimmen; sie wurden aber bald von den tausendfach wiederholten Rufen »Es lebe der König! Es lebe die Nation!« übertönt.

Da der Angriff auf die Tuileries noch nicht unmittelbar bevorzustehen schien, verließ ich noch einmal das Schloß und ging an der Seine entlang bis zum Pont-Neuf. Überall traf ich auf Trupps Bewaffneter, deren böse Absichten unverkennbar waren; sie trugen Piken, Heugabeln, Beile und Sicheln. Das Bataillon der Freiwilligen aus Marseille marschierte in Reih und Glied, die Kanonen schußbereit; sie forderten das Volk auf, sich ihnen anzuschließen, »um mitzuhelfen – wie sie sagten – den Tyrannen auszuquartieren und in der Nationalversammlung seine Absetzung verkünden zu lassen«. Da ich nur zu genau wußte, was geschehen würde, aber trotzdem allein an meine Pflicht dachte, lief ich voraus und war bald wieder bei den Tuileries. Ein starkes Corps Nationalgardisten drängte in voller Auflösung durch das Tor des Gartens gegenüber dem Pont-Royal nach draußen. Schmerz lag auf den meisten Gesichtern. Mehrere sagten: »Heute morgen noch haben wir geschworen, den König zu verteidigen, und jetzt, in der größten Gefahr, verlassen wir ihn!« Andere, die zu den Verschwörern gehörten, beschimpften und bedrohten ihre Kameraden und zwangen sie, sich zu entfernen. So ließen sich die Guten von den Aufrührern beherrschen; und diese sträfliche Schwäche, die bis dahin schon alle Übel der Revolution verursacht hatte, war auch an diesem Tag der Anfang der Katastrophe. – Nach verschiedenen Versuchen, in den Palast zu gelangen, wurde ich an einem der Tore von einem Schweizer erkannt und eingelassen. Ich begab mich sofort zu den Gemächern des Königs und bat einen seiner Diener, Seine Majestät von allem in Kenntnis zu setzen, was ich gesehen und gehört hatte.

Um sieben Uhr stieg unsere Unruhe, wegen der Feigheit mehrerer Bataillone, die eins nach dem anderen die Tuileries verließen. Die etwa vier- oder fünfhundert Nationalgardisten, die auf Posten blieben, legten ebensoviel Treue wie Mut an den Tag; sie wurden zusammen mit den Schweizern im Schloßinneren, auf den Treppen und an allen Ausgängen postiert. Diese Truppe hatte die Nacht über keinerlei Verpflegung erhalten; ich beeilte mich daher mit anderen Dienern des Königs, ihnen Brot und Wein zu bringen und sie in ihrem Vorsatz zu bestärken, die königliche Familie nicht zu verlassen. Zu diesem Zeitpunkt übergab der

König das Kommando über den Palast dem Marschall de Mailly*, dem Duc du Châtelet, dem Comte de Puységur, dem Baron de Vioménil, dem Comte d'Hervilly, dem Marquis de Pujet und anderen. Die Hofleute und die Dienerschaft wurden auf die verschiedenen Säle verteilt, nachdem sie geschworen hatten, die Person des Königs bis zum Tod zu verteidigen. Wir mögen drei- bis vierhundert gewesen sein, hatten aber keine Waffen außer Degen und Pistolen.

Um acht Uhr wurde die Situation bedrohlicher. Die Gesetzgebende Versammlung tagte damals im Manege-Saal, der zum Jardin des Tuileries hin lag; der König hatte ihr mehrfach von der Lage, in der er sich befand, Nachricht gegeben und sie gebeten, ihm eine Abordnung zu schicken, damit sie ihm beratend zur Seite stünde. Die Versammlung hatte nicht reagiert, obwohl der Angriff auf das Schloß unter ihren Augen vorbereitet wurde.

Kurz danach erschienen die Vertreter des Département Paris und einige Magistratsmitglieder, mit dem damaligen Prokuralsyndikus Roederer* an ihrer Spitze. Dieser, der zweifellos im Einvernehmen mit den Verschwörern handelte, bestürmte seine Majestät, sich mit seiner Familie in die Nationalversammlung zu begeben. Er versicherte, der König könne nicht mehr auf die Nationalgarde rechnen; wenn er trotzdem im Schloß bliebe, könnten weder das Département noch der Magistrat von Paris seine Sicherheit gewährleisten. Der König hörte ihn ruhig an; dann zog er sich mit der Königin, den Ministern und wenigen anderen Perso-

* deuten auf Erläuterungen am Schluß des Bandes

27

nen in sein Schlafzimmer zurück; bald darauf kam er wieder heraus, um mit seiner Familie in die Nationalversammlung zu gehen. Eine Abteilung Schweizer und Nationalgardisten begleiteten ihn. Vom ganzen Gefolge erhielten nur die Princesse de Lamballe* und die Marquise de Tourzel*, die Erzieherin der königlichen Kinder, die Erlaubnis, dem Herrscherpaar zu folgen. Um den kleinen Prinzen begleiten zu können, mußte Mme. de Tourzel ihre siebzehnjährige Tochter mitten unter den Soldaten zurücklassen. Es war unterdessen fast neun Uhr.

Gezwungen, im Schloß zu bleiben, wartete ich voller Schrecken auf die Auswirkungen des Schritts, den der König unternommen hatte. Ich stand an einem der Fenster zum Garten. Die königliche Familie war schon seit einer halben Stunde in der Versammlung, als ich auf der Terrasse der Feuillants vier auf Piken gespießte Köpfe sah, die man zum Sitzungssaal der Gesetzgebenden Körperschaft trug. Das war, glaube ich, das Zeichen zum Angriff auf das Schloß; denn im selben Augenblick war schreckliches Kanonen- und Musketenfeuer zu hören. Gewehrkugeln und Artilleriegeschosse schlugen in die Mauern des Palastes ein. Da der König sich nicht mehr dort aufhielt, suchte jeder, sich selbst in Sicherheit zu bringen; aber alle Ausgänge waren versperrt, und so erwartete uns ein sicherer Tod. Ich versuchte es überall; schon waren die Räume und Treppen mit Leichen bedeckt; so entschließe ich mich, aus einem Fenster im Gemach der Königin auf die Terrasse zu springen. Schnell laufe ich über die Beete und auf den Pont Tournant* zu. Ein

Haufen Schweizer, die mir vorausgeeilt waren, sammelte sich wieder unter den Bäumen. Da ich zwischen zwei Feuer geriet, machte ich kehrt, um die neue Treppe der Uferterrasse zu erreichen; ich wollte auf den Quai hinunterspringen, aber das ständige Feuer vom Pont-Royal her hinderte mich daran. So lief ich in die gleiche Richtung weiter bis zum Tor des Gartens des Dauphin, wo einige Marseiller mehrere Schweizer ausplünderten, die sie ermordet hatten. Einer von ihnen kam mit blutigem Degen auf mich zu: »Was denn, Bürger, du bist unbewaffnet? Nimm diesen Degen, hilf uns töten.« Statt dessen nahm ihn ein anderer Marseiller. Ich hatte wirklich keine Waffen und trug nur einen einfachen Frack. Wenn irgend etwas verraten hätte, daß ich zum Schloß gehörte, wäre ich nicht davongekommen.

Einige Schweizer flüchteten sich vor ihren Verfolgern in einen nahegelegenen Stall, wo auch ich mich versteckte; die Schweizer wurden bald neben mir ermordet. Auf die Schreie der unglücklichen Opfer hin eilte M. Ledreux, der Besitzer, herbei; ich benutzte diesen Augenblick, um ins Haus zu schlüpfen. Ohne mich zu kennen, forderten M. Ledreux und seine Frau mich auf zu bleiben, bis die Gefahr vorüber wäre. Ich hatte noch Briefe und Zeitungen an die Adresse des Kronprinzen in der Tasche, und eine Einlaßkarte für die Tuileries, auf der mein Name und meine Stellung vermerkt waren. Diese Papiere hätten mich verraten können; ich hatte kaum die Zeit, sie wegzuwerfen. Sofort durchsuchte ein Trupp Bewaffneter das Haus, um sicherzugehen, daß sich dort keine Schweizer versteckt hielten; M. Ledreux forderte mich auf, so zu tun, als arbeitete ich an Zeichnungen, die auf einem großen Tisch lagen. Nach vergeblichem Suchen erzählten uns diese Menschen, deren Hände mit Blut besudelt waren, kaltblütig ihre Mordtaten. Ich blieb von zehn Uhr morgens bis vier Uhr nachmittags an meinem Zufluchtsort und hatte dabei ständig die Greuel vor Augen, die auf der Place Louis XV* verübt wurden. Die einen mordeten, die anderen schnitten den Leichen die Köpfe ab; Frauen verstümmelten sie ohne das geringste Schamgefühl, rissen Stücke aus den Leibern und trugen sie triumphierend umher.

In der Zwischenzeit flüchtete sich in dieses Haus auch Mme. de Rambaut, die Kammerfrau des Dauphin, die nur knapp dem Massaker in den Tuileries entkommen war; durch Zeichen verständigten wir uns darauf, zu schweigen. Von den Söhnen unserer Gastgeber, die gerade eben von der Nationalversammlung zurückkehrten, erfuhren wir, der König sei von seinem Amt suspendiert und würde mit seiner Familie in der Redaktionsloge des *Logographe** ständig bewacht, so daß sich ihm niemand nähern könnte.

Daraufhin beschloß ich, zu meiner Frau und meinen Kindern in das Landhaus fünf Meilen vor Paris zurückzukehren, das ich seit mehr als zwei Jahren bewohnte; aber die Stadttore waren geschlossen, und ich durfte Mme. de Rambaut nicht allein lassen. Wir kamen überein, den Weg nach Versailles einzuschlagen, wo sie wohnte. Die Söhne unserer Gastgeber begleiteten uns. Wir gingen über die Louis XVI-Brücke, auf der überall nackte, wegen der großen Hitze schon

verwesende Leichen lagen; und nach manchen gefähr-
lichen Situationen kamen wir durch eine unbewachte
Bresche in der Stadtmauer aus Paris heraus.

In der Ebene von Grenelle trafen wir auf Bauern zu
Pferd, die uns von weitem mit ihren Waffen drohten
und schrien: »Halt, oder wir schießen!« Einer von
ihnen, der mich für einen königlichen Gardisten hielt,
legte auf mich an und wollte gerade abdrücken, als ein
anderer vorschlug, uns zum Magistrat von Vaugirard
zu bringen. »Da sind schon etwa zwanzig beisam-
men«, sagte er, »um so mehr bringen wir zur Strecke.«
Als wir das Rathaus erreichten, stellte sich heraus, daß
unsere Gastgeber dort bekannt waren; der Bürgermeister verhörte mich.

»Warum bist du in einer Stunde der Gefahr für das
Vaterland nicht auf deinem Posten? Warum verläßt du
Paris? Das deutet auf böse Absichten hin.«

»Ja, ja«, schrie der Pöbel, »ins Gefängnis mit den
Aristokraten! Ins Gefängnis.«

»Gerade weil ich mich auf meinen Posten begegeben
wollte, habt ihr mich auf der Straße nach Versailles
getroffen, denn dort wohne ich«, antwortete ich; »dort
ist mein Posten, wie hier der eure.« Man verhörte
auch Mme. de Rambaut; unsere Gastgeber versicherten, daß wir die Wahrheit sagten, und wir bekamen
Pässe. Ich muß der Vorsehung danken, daß ich nicht
ins Gefängnis von Vaugirard gebracht wurde: Man
hatte dort zweiundzwanzig königliche Gardisten eingesperrt, die später in die Abbaye* verlegt und am
2. September ermordet wurden.

Zwischen Vaugirard und Versailles hielten uns jeden

Augenblick bewaffnete Patrouillen an, um unsere
Pässe zu kontrollieren. Ich brachte Mme. de Rambaut
zu ihren Eltern und eilte sofort zu meiner Familie.
Mein Sturz, als ich in den Tuileries aus dem Fenster
sprang, die Erschöpfung nach einem Marsch von zwölf
Meilen und die qualvollen Gedanken an die schlim-
men Ereignisse des Tages nahmen mich dermaßen
mit, daß ich von einem heftigen Fieber befallen wurde.
Ich hütete drei Tage lang das Bett; aber in meiner
Ungeduld, das Schicksal des Königs zu erfahren, überwand ich mein Leiden und kehrte nach Paris zurück.

Am 13. abends erfuhr ich bei meiner Ankunft, die
königliche Familie sei in den Temple gebracht worden,
nachdem man sie seit dem 10. im Kloster der Feuillants festgehalten hatte; der König habe zu seiner Auf-
wartung M. de Chamilly*, seinen ersten Kammerdiener, gewählt, und M. Huë, der Türhüter des Königs,
der als erster Kammerdiener des Dauphin vorgesehen
war, sollte den kleinen Prinzen bedienen. Die Princesse
de Lamballe, die Marquise de Tourzel und Mademoi-
selle Pauline de Tourzel hatten die Königin begleitet.
Die Kammerfrauen Thibaut, Bazire, Navarre und
Saint-Brice waren den drei Fürstinnen und dem kleinen Prinzen gefolgt.

Da verlor ich jede Hoffnung, meine Aufgabe beim
Dauphin wieder übernehmen zu können, und wollte
schon aufs Land zurückkehren; aber am sechsten Tag
der Gefangenschaft des Königs erfuhr ich, daß man in
der Nacht alle, die bei der königlichen Familie im
Turm waren, weggebracht und nach einem Verhör vor
dem Rat der Pariser Commune in das Gefängnis La

Force verlegt hatte, bis auf M. Huë, der zum König in den Temple zurückgeschickt wurde. Pétion*, damals Bürgermeister von Paris, wurde beauftragt, zwei andere Personen zu bestimmen. Als ich davon hörte, beschloß ich, alles zu versuchen, um meinen Dienst bei dem kleinen Prinzen wieder aufnehmen zu können. Ich suchte Pétion auf; er erklärte mir, ich würde die Genehmigung des Generalrats der Commune nicht erhalten, weil ich zum Haushalt des Königs gehörte. Ich verwies auf M. Huë, den eben dieser Rat zum Dienst beim König bestimmt hatte. Pétion versprach daraufhin, ein Gesuch, das ich ihm überreichte, zu befürworten; aber ich gab zu bedenken, daß vor allem der König von meinem Schritt unterrichtet werden müsse. Zwei Tage später schrieb er folgendermaßen an Seine Majestät:

Sire,

der Kammerdiener, der dem Kronprinzen seit frühester Kindheit zur Verfügung stand, möchte seinen Dienst bei ihm fortsetzen. Da ich glaube, daß dieser Vorschlag Ihnen angenehm sein wird, habe ich seinem Wunsch entsprochen, etc.

Seine Majestät antwortete schriftlich, er sei damit einverstanden, daß ich seinen Sohn bediente; so brachte man mich in den Temple. Man durchsuchte mich und gab mir Verhaltensmaßregeln; noch am selben Abend, dem 26. August, um acht Uhr, betrat ich zum ersten Mal den Turm.

Es wäre schwer, den Eindruck zu beschreiben, den

der Anblick dieser erhabenen, unglücklichen Familie auf mich machte. Die Königin sprach mich an, und nach einigen gütigen Worten fügte sie hinzu: »Sie werden meinem Sohn aufwarten; über das, was für uns nötig ist, verständigen Sie sich mit M. Huë.« Ich verspürte solche Beklemmung, daß ich kaum antworten konnte.

Während des Abendessens fragten mich die Königin und die Prinzessinnen, die seit acht Tagen keine Kammerfrauen mehr hatten, ob ich ihnen das Haar kämmen könnte. Ich antwortete, ich würde alles tun, was ihnen genehm wäre. Ein Beamter der Commune trat auf mich zu und sagte ziemlich laut, ich solle mit meinen Antworten vorsichtiger sein. Ich erschrak über diese erste Erfahrung.

Während meiner ersten acht Tage im Temple hatte ich keinerlei Verbindung mit der Außenwelt. Nur M. Huë durfte verlangen und in Empfang nehmen, was die königliche Familie nötig hatte; im übrigen verrichteten wir beide unseren Dienst gemeinsam. Für den König tat ich weiter nichts, als ihn morgens zu frisieren und ihm abends die Locken einzurollen. Mir fiel auf, daß die Beamten mich ständig beobachteten; jede Kleinigkeit erregte ihren Argwohn. Daher war ich auf der Hut und vermied jede Unvorsichtigkeit, die mir unweigerlich verhängnisvoll geworden wäre.

Am 2. September war es um den Temple herum sehr unruhig. Der König und seine Familie gingen wie gewöhnlich zu ihrem Spaziergang in den Garten hinunter. Ein Beamter, der dem König folgte, sagte zu einem seiner Kollegen: »Wir hätten heute nachmittag keinen Spaziergang erlauben sollen.« Schon am Morgen war mir die Unruhe der Kommissare aufgefallen. Überstürzt holten sie die königliche Familie wieder herein; aber kaum waren alle im Zimmer der Königin, als zwei andere Beamte eintraten, die nicht im Turm Dienst taten; der eine, ein früherer Kapuziner namens Mathieu, wandte sich an den König: »Monsieur, Sie wissen nicht, was vorgeht: Das Vaterland ist in der größten Gefahr; der Feind ist in die Champagne eingedrungen, der König von Preußen marschiert auf Châlons; Sie haften für alles Unheil, das daraus entsteht. Wir wissen, daß wir, unsere Frauen und unsere Kinder sterben werden; aber das Volk wird gerächt werden, Sie sterben vor uns. Noch ist es allerdings Zeit, und Sie können . . .«

»Ich habe für mein Volk alles getan«, unterbrach ihn der König, »ich habe mir nichts vorzuwerfen.«

Zu M. Huë sagte Mathieu: »Der Rat der Commune hat mich beauftragt, Sie zu verhaften.«

»Wen?« fragte der König.

»Ihren Kammerdiener.«

Der König wollte wissen, welches Verbrechen Huë vorgeworfen wurde, konnte aber nichts erfahren; das versetzte ihn sehr in Sorge, und er empfahl ihn dringend den beiden Beamten. Der kleine Raum, den Huë bewohnt hatte, wurde in seinem Beisein versiegelt, und um sechs Uhr abends mußte er den Temple verlassen, in dem er zwanzig Tage verbracht hatte. Beim Hinausgehen sagte Mathieu zu mir: »Nehmen Sie sich in acht, wie Sie sich verhalten; es könnte Ihnen ebenso ergehen.«

Der König rief mich einen Augenblick später zu sich; er übergab mir Papiere, die er von Huë bekommen hatte; es waren seine Abrechnungen. Die besorgte Miene der Beamten, das Geschrei der Menge um den Turm herum regten ihn furchtbar auf. Nach dem Zubettgehen bat der König mich, die Nacht über bei ihm zu bleiben. Ich machte mir also ein Bett neben dem Seiner Majestät zurecht.

Als ich den König am 3. September ankleidete, fragte mich Seine Majestät, ob ich etwas von M. Huë oder über den Aufruhr in Paris gehört hätte. Ich antwortete, in der Nacht hätte ein Beamter gesagt, das Volk zöge zu den Gefängnissen; ich würde mich um weitere Auskünfte bemühen. »Geben sie acht, daß Sie sich nicht kompromittieren«, warnte mich der König, »denn dann wären wir ganz allein, und ich fürchte, sie haben vor, uns nur noch mit Fremden zu umgeben.«

Als der König um elf Uhr morgens mit seiner Familie im Zimmer der Königin war, forderte ein Beamter mich auf, in den Raum des Königs hinaufzugehen; dort traf ich Manuel* und einige Mitglieder der Commune. Manuel fragte mich, was der König zur Entfernung von M. Huë sage; ich antwortete, Seine Majestät sei darüber sehr beunruhigt. »Es wird ihm nichts geschehen«, sagte Manuel, »aber ich bin beauftragt, den König zu informieren, daß Huë nicht zurückkehrt und daß der Rat einen Ersatz schickt; das können Sie ihm sagen.«

Ich bat ihn, mich davon zu entbinden, und fügte hinzu, der König wünschte ihn wegen verschiedener Dinge zu sehen, die er und seine Familie dringend

nötig hätten. Manuel entschloß sich widerwillig, zu
Seiner Majestät hinunterzugehen; er teilte ihm den
Beschluß der Commune betreffs M. Huë mit und kündigte ihm an, daß man jemand anders schicken würde.
»Ich danke Ihnen«, sagte der König, »aber ich werde
mich mit dem Kammerdiener meines Sohnes behelfen;
wenn der Rat das ablehnt, werde ich selbst für mich
sorgen, dazu bin ich entschlossen.« Dann sprach der
König von den Bedürfnissen seiner Familie, der es an
Wäsche und Kleidung fehlte. Manuel versprach, dem
Rat Bericht zu erstatten, und ging weg. Ich begleitete
ihn hinaus und fragte, ob die Gärung in der Stadt
andauerte; seine Antwort ließ mich befürchten, das
Volk könne zum Temple kommen. »Sie haben hier
eine schwierige Aufgabe übernommen«, fügte er
hinzu, »ich hoffe, Sie haben den Mut dazu.«

Um ein Uhr äußerten der König und seine Familie
den Wunsch, einen Spaziergang zu machen; man
schlug es ihnen ab. Während des Essens hörte man
Trommelwirbel, und kurz danach das Geschrei des
Pöbels. Voller Unruhe stand die königliche Familie
vom Tisch auf und begab sich ins Zimmer der Königin. Ich ging hinunter, um mit Tison und seiner Frau
zu essen, die im Turm Dienst taten.

Wir hatten uns kaum hingesetzt, als ein Kopf auf
einer Pike vor das Fenster gehalten wurde. Tisons*
Frau schrie laut auf; die Mörder glaubten, die Stimme
der Königin erkannt zu haben, und wir hörten das
hemmungslose Gelächter dieser Barbaren. In der Meinung, Ihre Majestät säße noch bei Tisch, hatten sie
das Opfer so gehalten, daß sie es unbedingt hätte

sehen müssen: Es war der Kopf der Princesse de Lamballe; obwohl blutig, war er nicht entstellt, und ihre blonden Locken flatterten noch um die Pike.

Ich lief sofort zum König. Das Entsetzen stand mir so deutlich im Gesicht geschrieben, daß es der Königin auffiel; es war notwendig, ihr den Grund zu verheimlichen. Ich wollte nur den König oder Madame Elisabeth unterrichten; aber die beiden Kommissare waren zugegen. »Warum sind Sie nicht beim Essen?« fragte die Königin.

»Madame, ich fühle mich nicht wohl«, antwortete ich. In diesem Augenblick trat ein Beamter ein und sprach geheimnisvoll mit seinen Kollegen. Der König fragte sie, ob seine Familie in Sicherheit sei. Sie antworteten: »Man hat das Gerücht ausgestreut, Sie und Ihre Angehörigen wären nicht mehr im Turm; die Menge fordert, daß Sie sich am Fenster zeigen, aber wir werden es nicht zulassen; das Volk sollte größeres Vertrauen zu seinen Beamten haben.«

Inzwischen wurde das Geschrei draußen immer lauter; man konnte Schimpfwörter gegen die Königin verstehen. Ein anderer Beamter kam mit vier Abgesandten des Volkes herein, um sich von der Anwesenheit der königlichen Familie zu überzeugen. Einer von ihnen, in der Uniform der Nationalgarde, der Epauletten und einen großen Säbel trug, drang darauf, daß die Gefangenen sich am Fenster zeigten; dem widersetzten sich die Beamten. Da sagte dieser Mensch in äußerst grobem Ton zur Königin: »Die da wollen Ihnen den Kopf der Lamballe verbergen, den wir Ihnen hergebracht haben, damit Sie sehen, wie sich das Volk an seinen Tyrannen rächt. Ich rate Ihnen, sich zu zeigen, wenn Sie nicht wollen, daß das Volk hier heraufkommt.« Auf diese Drohung hin fiel die Königin in Ohnmacht; ich eilte ihr zu Hilfe. Zusammen mit Madame Elisabeth setzte ich sie in einen Sessel; ihre Kinder brachen in Tränen aus und versuchten, sie durch zärtliche Umarmungen wieder zu sich zu bringen. Jener Mensch ging nicht weg, bis der König mit Bestimmtheit sagte: »Wir sind auf alles gefaßt, Monsieur; aber Sie hätten es sich sparen können, der Königin dieses schreckliche Unglück mitzuteilen.« Erst dann verschwand er mit seinen Begleitern: Sie hatten ihr Ziel erreicht.

Als die Königin wieder zu sich gekommen war, mischten sich ihre Tränen mit denen ihrer Kinder, und sie ging mit der Familie ins Zimmer von Madame Elisabeth, wo man weniger vom Geschrei des Volkes hörte. Ich blieb noch einen Augenblick im Raum der Königin; als ich verstohlen aus dem Fenster schaute, sah ich zum zweiten Mal den Kopf der Princesse de Lamballe. Der ihn trug, war auf den Haufen Schutt von den Häusern gestiegen, die man abgerissen hatte, damit der Turm freistünde; neben ihm hatte ein anderer auf seiner Säbelspitze das noch blutende Herz der unglücklichen Prinzessin. Sie wollten das Tor des Turms aufbrechen; Daujon, ein Beamter, sprach zu ihnen, und ich hörte ganz deutlich, wie er sagte: »Der Kopf von Antoinette gehört nicht euch, auch die Départements haben ein Recht darauf; Frankreich hat diese großen Verbrecher in die Obhut der Stadt Paris gegeben: ihr solltet uns helfen, sie zu bewachen, bis die

Justiz der Nation das Volk rächt.« Erst nachdem er sich ihnen eine Stunde lang entgegengestellt hatte, gelang es ihm, sie zum Abzug zu veranlassen.

Am Abend desselben Tages berichtete mir einer der Kommissare, der Pöbel habe versucht, mit der Abordnung in den Turm einzudringen und den nackten, blutigen Leichnam der Princesse de Lamballe hineinzuschaffen, der vom Gefängnis La Force bis zum Temple geschleift worden war; aber die Beamten hätten dem Pöbel Widerstand entgegengesetzt und als Absperrung ein Band in den Farben der Tricolore quer vor den Haupteingang gespannt; sie hätten vergeblich Hilfe von der Commune, von General Santerre* und von der Nationalversammlung gefordert, um die unverhohlen feindseligen Pläne zum Scheitern zu bringen; sechs Stunden lang sei es ungewiß gewesen, ob die königliche Familie hingemordet werden würde. Allerdings war die Aufrührerpartei noch nicht allmächtig: ihre Führer waren sich zwar über den Königsmord, aber nicht über die Art der Ausführung einig; und die Nationalversammlung wünschte vielleicht, daß die Verschwörer sich anderer Hände als der ihren bedienten. Ein bemerkenswertes Detail: Nachdem er mir alles berichtet hatte, kassierte der Beamte von mir 45 Sous für das dreifarbige Band.

Um acht Uhr war um den Turm herum alles ruhig; ganz anders im übrigen Paris, wo das Blutbad vier oder fünf Tage unablässig weiterging. Als ich dem König beim Auskleiden half, fand ich Gelegenheit, ihm alle Einzelheiten der Vorkommnisse mitzuteilen, die ich gesehen und gehört hatte. Er fragte mich, welche Beamten die größte Entschlossenheit gezeigt hätten, ihn und seine Familie zu verteidigen; ich nannte ihm Daujon, der dem ungestümen Volk Einhalt geboten hatte, obwohl er alles andere als Sympathie für Seine Majestät empfand. Als dieser Beamte nach vollen vier Monaten wieder in den Turm kam, erinnerte sich der König an sein Verhalten und dankte ihm.

Da auf die geschilderten Schreckensszenen eine gewisse Zeit der Ruhe folgte, lebte die königliche Familie in derselben gleichförmigen Weise weiter wie in den ersten Wochen im Temple.

Damit der Leser den Einzelheiten leichter folgen kann, gebe ich hier eine Beschreibung des kleinen Turms, in dem der König damals gefangen saß. Er war an den großen Turm angebaut, ohne Verbindung im Inneren, und bildete ein längliches Viereck mit zwei kleinen Türmen an den Seiten; in einem dieser Türmchen gab es eine kleine Treppe, die vom ersten Stock zu einer Galerie auf der Plattform führte; im anderen lagen Kammern auf gleicher Höhe wie die Stockwerke des Turms.

Das eigentliche Gebäude hatte vier Etagen. Auf der ersten befanden sich ein Vorzimmer, ein Speisezimmer und die Kammer in dem Türmchen, die eine Bibliothek von zwölfhundert bis fünfzehnhundert Bänden enthielt.

Die zweite Etage hatte ungefähr den gleichen Grundriß. Im größten Zimmer schliefen die Königin und der Dauphin; das zweite, das vom ersten durch ein sehr kleines, dunkles Vorzimmer getrennt war, bewohnten Madame Royale und Madame Elisabeth. Dieses Zimmer mußte man durchqueren, um in den Raum im Türmchen zu gelangen; dort war die Toilette für das ganze Gebäude, die von der königlichen Familie, den Kommissaren und den Soldaten gemeinsam benutzt wurde.

Der König bewohnte das dritte Stockwerk und schlief im großen Zimmer. Der Raum im Türmchen diente ihm als Lesekabinett. Nebenan war eine Küche, die vom Zimmer des Königs durch ein kleines dunkles Gemach getrennt war; dort hatten M. de Chamilly und M. Huë gewohnt, jetzt war es versiegelt. Die vierte Etage war immer abgeschlossen. Im Erdgeschoß waren Küchen, die nicht benutzt wurden.

Der König stand gewöhnlich um sechs Uhr morgens auf; er rasierte sich selbst, dann frisierte ich ihn und half ihm beim Ankleiden. Gleich darauf ging er ins Lesezimmer. Weil dieser Raum sehr klein war, blieb der Kommissar im Schlafzimmer, aber bei halboffener Tür, um den König immer sehen zu können. Seine Majestät betete kniend fünf bis sechs Minuten lang, dann las er bis neun Uhr. Inzwischen räumte ich sein Zimmer auf, deckte den Tisch für das Frühstück und ging dann hinunter zur Königin. Sie öffnete die Tür immer erst, wenn ich kam, um zu verhindern, daß der Kommissar in ihr Zimmer eindringen könnte. Ich frisierte den kleinen Prinzen, half der Königin bei ihrer Toilette und ging dann ins Zimmer von Madame Royale und Madame Elisabeth, um ihnen den gleichen Dienst zu erweisen. Dieser Augenblick der Toilette bot eine Gelegenheit, die Königin und die Prinzessinnen von Dingen, die ich erfahren hatte, in Kenntnis zu setzen. Ein Zeichen von mir machte deutlich, daß ich ihnen etwas zu sagen hätte; dann begann eine von ihnen ein Gespräch mit dem Kommissar und lenkte ihn dadurch ab.

Um neun Uhr begaben sich die Königin, die Kinder und Madame Elisabeth zum Frühstück ins Zimmer des Königs; nachdem ich ihnen serviert hatte, brachte ich die Räume der Königin und der Prinzessinnen in Ordnung. Tison und seine Frau halfen mir nur bei diesen Arbeiten. Die beiden waren nicht nur als Bediente im Turm: Sie hatten eine noch wichtigere Aufgabe, nämlich alles zu beobachten, was der Wachsamkeit der Beamten hätte entgehen können, und gegebenenfalls diese selbst zu denunzieren. Die sie ausgewählt hatten, planten sicher auch Verbrechen; denn Tisons Frau, die damals einen ziemlich sanften Eindruck machte, aber vor ihrem Mann zitterte, hat später durch eine infame Verleumdung gegen die Königin von sich reden gemacht, worauf sie in Wahnsinn verfiel. Tison, ein ehemaliger Zollwächter, war ein hartherziger, bösartiger alter Mann, der keiner Regung von Mitleid oder Menschlichkeit fähig war. Die Verschwörer hatten neben die tugendhaftesten Menschen auf Erden das Gemeinste stellen wollen, was sie finden konnten.

Um zehn Uhr ging der König gewöhnlich mit seiner Familie ins Zimmer der Königin hinunter und verbrachte dort den Tag. Er widmete sich der Erziehung seines Sohnes, ließ ihn einige Stellen aus Corneille und Racine aufsagen oder gab ihm Geographie-Stunden und Anweisung im Kartenzeichnen. Die frühreife Intelligenz des kleinen Prinzen kam den liebevollen Bemühungen des Königs in idealer Weise entgegen. Der Dauphin hatte ein so gutes Gedächtnis, daß er auf einer mit einem Papier verdeckten Karte die Départements, Distrikte, Städte und Flußläufe zeigen konnte; der König brachte ihm die neue Geographie Frankreichs bei. Die Königin beschäftigte sich ihrerseits mit der Erziehung ihrer Tochter; die verschiedenen Unterweisungen dauerten bis elf Uhr. Danach wurde genäht, gestrickt oder gestickt. Um zwölf Uhr zogen sich die Damen ins Zimmer von Madame Elisabeth zurück, um sich umzuziehen; die Beamten folgten ihnen nicht.

Um ein Uhr ließ man die königliche Familie bei schönem Wetter in den Garten gehen; vier Beamte und ein Oberst der Nationalgarde begleiteten sie. Da im Temple viele Arbeiter damit beschäftigt waren, Häuser abzureißen und neue Mauern zu errichten, war nur ein Teil der Kastanienallee für den Spaziergang freigegeben; auch mir hatte man erlaubt, daran teilzunehmen, und ich spielte dabei mit dem kleinen Prinzen Ball oder mit der Wurfscheibe, ließ ihn laufen oder andere Übungen machen.

Um zwei Uhr gingen wir in den Turm zurück, wo ich das Mittagessen servierte; jeden Tag kam Santerre, Bierbrauer und Oberbefehlshaber der Pariser Nationalgarde, zur selben Zeit mit zwei Adjutanten in den Temple, um die einzelnen Zimmer sorgfältig zu inspizieren. Manchmal sprach ihn der König an; die Königin tat das nie. Nach dem Essen verfügte sich die königliche Familie ins Zimmer der Königin; in der

Regel spielten Ihre Majestäten eine Partie Piquet oder Trictrac. Während dieser Zeit aß ich.

Um vier Uhr gönnte sich der König einige Augenblicke Ruhe, die Damen saßen neben ihm, jede mit einem Buch; während seines Schlafes herrschte vollkommene Stille. Was für ein Schauspiel! Ein König, verfolgt von Haß und Verleumdung, vom Thron gestürzt und in Ketten geschlagen, schläft friedlich mit gutem Gewissen den Schlaf des Gerechten!... Seine Gattin, seine Kinder und seine Schwester betrachten ehrerbietig seine erhabenen Züge, deren Heiterkeit das Unglück nur noch zu erhöhen schien und auf denen man schon im voraus das Glück lesen konnte, das er heute genießt!... Nein, dieses Schauspiel wird nie aus meinem Gedächtnis entschwinden!

Sobald der König aufwachte, nahm man die Unterhaltung wieder auf; der Fürst ließ mich neben sich Platz nehmen und sah mir zu, wie ich seinem Sohn Schreibunterricht gab; nach seinen Angaben schrieb ich Beispielsätze aus den Werken von Montesquieu und anderen berühmten Autoren ab. Danach ging ich mit dem kleinen Prinzen ins Zimmer von Madame Elisabeth, wo ich mit ihm Ball oder Federball spielte. Abends nahm die ganze königliche Familie an einem Tisch Platz; die Königin las laut aus Geschichtsbüchern oder anderen sorgfältig ausgewählten Schriften vor, die geeignet waren, ihre Kinder zu belehren und zu unterhalten; dabei boten sich allerdings oft unerwartete Vergleiche mit der gegenwärtigen Lage an und gaben Gelegenheit zu schmerzlichen Betrachtungen. Auch Madame Elisabeth las gelegentlich, und die

Lektüre dauerte bis acht Uhr. Dann trug ich das Abendessen für den Kronprinzen im Zimmer von Madame Elisabeth auf. Die königliche Familie war dabei anwesend; der König bot seinen Kindern gern einige Zerstreuung, er gab ihnen Rätsel aus den Heften des *Mercure de France** auf, die er in der Bibliothek gefunden hatte.

Nach seiner Mahlzeit kleidete ich den Dauphin aus; die Königin ließ ihn seine Gebete sagen; er sprach ein besonderes für die Princesse de Lamballe und bat Gott in einem anderen, das Leben seiner Erzieherin, der Marquise de Tourzel, zu schützen. Wenn die Kommissare in der Nähe waren, war der kleine Prinz von sich aus vorsichtig genug, diese beiden letzten Gebete leise zu sagen. Ich führte ihn dann zur Toilette; wenn ich der Königin etwas mitzuteilen hatte, benutzte ich diesen Augenblick. Ich berichtete ihr, was in den Zeitungen stand; im Turm waren keine erlaubt, aber ein eigens hergeschickter Ausschreier kam jeden Abend um sieben Uhr, trat dicht an die Mauer heran und rief mehrere Male die wichtigsten Ereignisse in der Nationalversammlung, der Commune und bei den Armeen aus. Um ihn zu hören, ging ich ins Lesezimmer des Königs; bei der Stille dort konnte ich leicht alles behalten.

Um neun Uhr aß der König zu Abend. Unterdessen blieben die Königin und Madame Elisabeth abwechselnd beim Dauphin; ich brachte ihnen, was sie zu essen wünschten. Auch das war einer der Momente, wo ich sie ohne Zeugen sprechen konnte.

Nach der Mahlzeit ging der König für einen Augenblick ins Zimmer der Königin, reichte ihr und seiner Schwester die Hand zum Abschied und umarmte seine Kinder; dann suchte er sein Zimmer auf, zog sich in das Kabinett zurück und las dort bis Mitternacht. Die Königin und die Prinzessinnen schlossen sich ein. Einer der Kommissare blieb die ganze Nacht in dem kleinen Raum zwischen ihren Zimmern; der andere folgte Seiner Majestät.

Ich machte dann mein Bett neben dem des Königs; aber Seine Majestät begab sich erst zur Ruhe, wenn der neue Kommissar heraufgekommen war, weil er wissen wollte, wer es war; und wenn er ihn vorher noch nicht gesehen hatte, mußte ich ihn nach seinem Namen fragen. Die Beamten wurden jeweils um elf Uhr morgens, um fünf Uhr nachmittags und um Mitternacht abgelöst. So verlief das Leben während der ganzen Zeit, die der König im kleinen Turm zubrachte, bis zum 30. September.

Ich nehme den Faden der Ereignisse wieder auf. Am 4. September kam der Sekretär von Pétion in den Turm, um dem König die Summe von 2000 Livres in Assignaten* zu übergeben; er verlangte eine Quittung dafür. Seine Majestät bat ihn, M. Huë 526 Livres zukommen zu lassen, die dieser vorgestreckt hatte; der Sekretär versprach es. Diese 2000 Livres sind das einzige Geld, das der König erhielt, obwohl die Gesetzgebende Versammlung 500000 Livres für die Ausgaben Seiner Majestät im Gefängnis bereitgestellt hatte, aber offenbar hatte sie da die wahren Pläne ihrer Führer noch nicht durchschaut oder noch nicht gewagt, sie sich zu eigen zu machen.

47

Zwei Tage später ließ mich Madame Elisabeth ein paar Kleinigkeiten zusammensuchen, die der Princesse de Lamballe gehört hatten und die sie bei ihrer Verhaftung im Turm zurücklassen mußte. Ich packte sie zusammen und schickte das Paket mit einem Brief an ihre erste Kammerfrau. Später erfuhr ich, daß sie weder das eine noch das andere erhalten hatte.

Zu dieser Zeit zeigte der Charakter der meisten Beamten, die man für den Dienst im Temple auswählte, welcher Art Menschen sich die Drahtzieher der Revolution vom 10. August und der Massaker vom 2. September bedient hatten.

Ein Kommissar namens James, er war Lehrer für Englisch, wollte eines Tages dem König in sein Lesezimmer folgen, wo er sich neben ihn setzte. Der König sagte in ruhigem Ton: seine Kollegen ließen ihn dort immer allein, und weil die Tür offen bliebe, könne er sich ihren Blicken nicht entziehen; für zwei Personen aber wäre der Raum zu klein. Unhöflich und grob bestand James auf seiner Absicht; der König mußte nachgeben. Für diesen Tag verzichtete er auf die Lektüre und ging wieder ins Zimmer, wo der Kommissar ihn weiterhin mit seiner tyrannischen Wachsamkeit belästigte.

Eines Morgens beim Aufstehen meinte der König, der wachhabende Kommissar wäre noch derselbe wie am Abend vorher, und er drückte freundlich sein Bedauern darüber aus, daß man vergessen hätte, ihn abzulösen; der Beamte antwortete auf die Anteilnahme des Königs nur mit Beleidigungen: »Ich komme hierher, um Ihr Verhalten zu überwachen, und nicht, damit Sie sich mit mir befassen.« Dann trat er dicht an Seine Majestät heran, ohne den Hut abzunehmen: »Niemand, und Sie am allerwenigsten, hat das Recht, sich in meine Angelegenheiten zu mischen.« Auch den ganzen übrigen Tag war er unverschämt. Später erfuhr ich, daß er Meunier hieß.

Ein anderer Kommissar, ein Arzt namens Leclerc, war im Zimmer der Königin, als ich dem kleinen Prinzen gerade eine Schreibstunde gab; er unterbrach mit Absicht unsere Arbeit, um einen Vortrag über die republikanische Erziehung zu halten, die man dem Dauphin angedeihen lassen müsse. Er wollte ihn nur noch revolutionäre Schriften lesen lassen.

Ein vierter war dabei, als die Königin ihren Kindern vorlas; sie hatte einen Band der Geschichte Frankreichs ausgewählt, über die Zeit, als der Connétable von Bourbon* gegen sein Land kämpfte. Der Kommissar behauptete, die Königin wollte durch dieses Beispiel in ihrem Sohn Rachegefühle gegen sein Vaterland hervorrufen, und machte darüber eine förmliche Anzeige bei der Commune. Ich setzte die Königin davon in Kenntnis, die von da an die Lektüre so wählte, daß man ihre Absichten nicht mißdeuten konnte.

Der wohlbekannte Simon*, Schuster und Beamter der Commune, war einer der sechs Kommissare, die die Bauarbeiten und Ausgaben im Temple zu kontrollieren hatten; aber er war der einzige, der unter dem Vorwand vollendeter Pflichterfüllung den Turm nicht verließ. Niemals näherte er sich der königlichen Familie, ohne ostentativ die gemeinste Unverschämtheit zur Schau zu stellen; wenn er nahe genug beim König war, damit dieser ihn hören konnte, wandte er sich oft an mich: »Cléry, frag' Capet, ob er etwas braucht, damit ich mir nicht die Mühe machen muß, noch einmal heraufzukommen.« Mir blieb nichts anderes übrig als zu antworten: »Er braucht nichts.« Eben dieser Simon hatte später den kleinen Louis in seiner Obhut und machte dieses liebenswürdige Kind durch kalkulierte Grausamkeit so unglücklich. Alles spricht dafür, daß er das Werkzeug derer war, die das Leben des Dauphin verkürzten.

Um dem kleinen Prinzen das Rechnen beizubringen, hatte ich nach den Anweisungen der Königin eine Multiplikationstabelle angefertigt. Ein Beamter behauptete, sie lehrte ihren Sohn einen geheimen Zahlencode, und die Rechenstunden mußten aufhören.

Ebenso erging es den Stickereien, an denen die Königin und die Prinzessinnen während der ersten Tage ihrer Haft arbeiteten. Als einige Stuhlbezüge fertig waren, befahl mir die Königin, sie der Duchesse de Sérent zu schicken; die Beamten, die ich um Erlaubnis bat, glaubten in den Mustern Hieroglyphen zu erkennen, die Nachrichten nach draußen übermitteln sollten, deshalb erließen sie das Verbot, Handarbeiten der Damen aus dem Turm herauszubefördern.

Einige der Kommissare fügten den Namen des Königs, des kleinen Prinzen und der Prinzessinnen immer beleidigende Ausdrücke an, wenn sie von ihnen sprachen. Der Beamte Turlot sagte eines Tages in meiner Gegenwart: »Wenn der Henker diese verfl... Familie nicht guillotiniert, mache ich es selber.«

Wenn der König und seine Familie einen Spaziergang machen wollten, kamen sie an vielen Schildwa-
chen vorbei, von denen damals schon mehrere im Inneren des kleinen Turmes standen. Die Posten präsen-
tierten vor den Beamten und Obersten das Gewehr;
aber wenn der König vorbeikam, nahmen sie das Gewehr bei Fuß oder drehten es ostentativ um.

Einer der Posten im Gebäude schrieb eines Tages
auf die Zimmertür des Königs, und zwar auf der In-
nenseite: »Die Guillotine kennt keine Pause und war-
tet auf den Tyrannen Louis XVI.« Der König las es;
ich wollte es wegwischen, aber Seine Majestät hinderte
mich daran.

Rocher, einer der Turmschließer, der furchterregend aussah und wie ein Sappeur* gekleidet war, mit
Schnurrbart, einer schwarzen Fellmütze, einem breiten Säbel und einem Bund mit großen Schlüsseln am
Gürtel, stand gewöhnlich an der Tür, wenn der König
hinauswollte; er schloß erst auf, wenn Seine Majestät
dicht bei ihm war, wobei er scheinbar erst unter den
vielen Schlüsseln suchen mußte; dabei schüttelte er sie
unter lautem Gerassel, ließ die königliche Familie mit
voller Absicht warten und schob die Riegel krachend
zurück. Dann lief er schnell hinunter und baute sich
mit einer langen Pfeife im Mund neben der letzten Tür
auf. Jedem Mitglied der königlichen Familie, das vorbeikam, besonders den Damen, blies er den Tabak-
rauch ins Gesicht. Einige Nationalgardisten, die sich
über diese Unverschämtheiten amüsierten, scharten
sich um ihn, lachten schallend bei jeder Tabakwolke
und erlaubten sich die unflätigsten Reden; andere hol-

ten sogar Stühle aus dem Wachlokal, um dieses Schauspiel noch bequemer genießen zu können, setzten sich darauf und versperrten den Durchgang, der schon eng genug war.

Während des Spaziergangs fingen die Kanoniere zu tanzen an und sangen Lieder, die immer revolutionär, manchmal unanständig waren.

Wenn die königliche Familie in den Turm zurückging, war sie den gleichen Kränkungen ausgesetzt; oft wurden auf die Mauern die gemeinsten Ausdrücke geschrieben, in ziemlich großen Buchstaben, damit man sie nicht übersehen konnte. Dort stand zum Beispiel: »Madame Veto* wird tanzen... Wir werden das fette Schwein auf Diät setzen... Nieder mit dem roten Ordensband*!... Man muß den kleinen Wölfen den Hals umdrehen...« Einmal hieß es unter der Zeichnung eines am Galgen Aufgehängten: »Louis nimmt ein Luftbad«; ein anderes Mal unter einer Guillotine: »Louis spuckt in den Sack«, und anderes mehr.

So machte man den kurzen Spaziergang, der der königlichen Familie erlaubt war, zur Qual. Der König und die Königin hätten sich dem entziehen können, wenn sie im Turm geblieben wären; aber ihre Kinder, die sie zärtlich liebten, brauchten frische Luft; ihretwegen ertrugen die Majestäten täglich Tausende von Schmähungen, ohne sich zu beklagen. Manchmal aber milderten Beweise von Treue oder Mitgefühl die Schrecklichkeit dieser Verfolgungen und wurden um so lebhafter empfunden, je seltener sie waren.

Ein Posten stand an der Zimmertür der Königin Wache; er stammte aus den Faubourgs, war sauber gekleidet, wenn auch in einen Bauernkittel. Ich war allein im ersten Zimmer und las; er musterte mich aufmerksam und schien sehr bewegt; als ich an ihm vorbeigehe, präsentiert er das Gewehr und sagt mit zitternder Stimme: »Sie dürfen nicht hinausgehen.«

»Wieso nicht?«

»Ich habe Befehl, Sie im Auge zu behalten.«

»Da irren Sie sich«, sage ich zu ihm.

»Wie, Monsieur, sind Sie nicht der König?«

»Sie kennen ihn also nicht?«

»Ich habe ihn noch nie gesehen, Monsieur; und ich wollte ihn lieber anderswo sehen als hier.«

»Sprechen Sie leise; ich gehe hier ins Zimmer und lasse die Tür halb offen, dann können Sie den König sehen; er sitzt mit einem Buch am Fenster.« Ich sprach mit der Königin vom Wunsch dieses Postens, die ihn dem König mitteilte; er war so gütig, vom einen Zimmer in das andere zu gehen, so daß er an ihm vorbeikam. Als ich wieder zu dem Mann trat, sagte er: »Ach, Monsieur, wie gütig der König doch ist! Wie er seine Kinder liebt!« Er war so gerührt, daß er kaum sprechen konnte. »Nein«, fuhr er fort und schlug sich an die Brust, »ich kann nicht glauben, daß er uns so viel Leid zugefügt hat.« Ich fürchtete, seine maßlose Erregung könnte ihn verraten, und ließ ihn allein.

Ein anderer Posten am Ende der Allee, die als Spazierweg diente, war noch sehr jung und hatte ein sympathisches Gesicht; seine Blicke verrieten den Wunsch, der königlichen Familie etwas mitzuteilen. Als sie zum zweiten Mal an ihm vorbeikamen, ging Madame Elisabeth auf ihn zu, um zu sehen, ob er mit

ihr sprechen würde: Aus Furcht oder aus Ehrerbietung
wagte er es nicht; aber Tränen standen in seinen
Augen, und er deutete durch ein Zeichen an, daß er in
dem Schutthaufen neben sich ein Papier versteckt
habe. Ich suchte danach, während ich so tat, als sammelte ich Wurfsteine für den kleinen Prinzen, aber die
Beamten vertrieben mich von dort und verboten mir,
mich in Zukunft den Wachen zu nähern. So habe ich
nie erfahren, was der junge Mann wollte.

Die Stunde des Spaziergangs bot der königlichen
Familie noch eine Art Schauspiel, das oft zu den
schmerzlichsten Empfindungen Anlaß gab. Viele treue
Untertanen benutzten nämlich täglich diese kurzen
Augenblicke, um ihre Königin und ihren König zu
sehen, und standen deshalb an den Fenstern der Häuser, die an den Garten des Temple grenzten; es war
unmöglich, sich über ihre Gefühle und Wünsche zu
täuschen. Einmal glaubte ich, die Marquise de Tourzel zu erkennen; diesen Schluß zog ich vor allem aus
der außerordentlichen Aufmerksamkeit, mit der sie
alle Bewegungen des kleinen Prinzen verfolgte, wenn
er von seinen erlauchten Eltern weglief. Ich wies Madame Elisabeth auf meine Beobachtung hin. Die Prinzessin konnte bei der Erwähnung von Mme. de Tourzel, die sie für eines der Opfer des 2. September hielt,
ihre Tränen nicht zurückhalten: »Was denn«, rief sie
aus, »sollte sie noch am Leben sein?«

Am nächsten Tag gelang es mir, Erkundigungen
einzuziehen; die Marquise de Tourzel hatte sich auf
eine ihrer Besitzungen zurückgezogen. Ich erfuhr
auch, daß die Princesse de Tarente und die Marquise

de la Roche-Aimon, die sich zum Zeitpunkt des Angriffs am 10. August in den Tuileries befunden hatten,
den Mördern entkommen waren. Es war ein kurzer
Trost für die königliche Familie, daß diese Leute, die
ihre Ergebenheit so oft unter Beweis gestellt hatten, in
Sicherheit waren; aber bald danach gelangte die
schreckliche Nachricht zu ihnen, daß die vom Gerichtshof von Orléans Inhaftierten am 9. September in
Versailles niedergemetzelt worden waren*. Der König
empfand tiefen Schmerz über das Ende des Duc de
Brissac, der ihn seit Beginn der Revolution nicht einen
einzigen Tag verlassen hatte. Seine Majestät trauerte
auch sehr um M. de Lessart und andere Opfer ihrer
Hingebung an ihn und ihr Vaterland, die ihm nahestanden.

Am 21. September um vier Uhr nachmittags
tauchte der Beamte Lubin mit berittenen Gendarmen
und einer stattlichen Volksmenge vor dem Turm auf,
um eine Bekanntmachung zu verlesen. Auf ein Trom-
petensignal hin trat große Stille ein. Dieser Lubin
hatte eine Stentorstimme. Die königliche Familie
konnte die Bekanntmachung, daß das Königtum abgeschafft und eine Republik errichtet sei, genau verstehen; Hébert*, der unter dem Namen Père Duchesne so
bekannt war, und Destournelles, der spätere Finanz-
minister, hatten gerade Wache. Zu diesem Zeitpunkt
saßen sie bei der Tür und fixierten den König mit
hämischem Grinsen; er bemerkte es und las weiter in
dem Buch, das er in der Hand hielt, seine Züge verrieten keine Bewegung. Die Königin zeigte die gleiche
Stärke; kein Wort, keine Geste, die die Freude der

beiden Männer hätten vermehren können. Nach der Bekanntmachung bliesen die Trompeten erneut. Ich trat an ein Fenster, sofort richteten sich die Blicke des Volkes auf mich; man hielt mich für Louis XVI und überhäufte mich mit Schmähungen. Die Gendarmen drohten mir mit ihren Säbeln, und ich mußte mich zurückziehen, um dem Tumult ein Ende zu machen.

Am gleichen Abend wies ich den König darauf hin, daß sein Sohn Vorhänge und Decken für sein Bett brauchte, da die Kälte schon spürbar würde. Der König trug mir auf, eine entsprechende Eingabe aufzusetzen, und unterzeichnete sie. Ich bediente mich derselben Formeln wie bei früheren Gelegenheiten: »Der König verlangt für seinen Sohn, etc.« Destournelles bemerkte: »Sie sind sehr kühn, einen Titel zu verwenden, der durch den Willen des Volkes abgeschafft ist, wie Sie gehört haben!« Ich wandte ein, ich hätte eine Proklamation gehört, aber ihr Gegenstand sei mir unbekannt. Er erwiderte: »Es geht um die Abschaffung des Königtums; und Sie können *Monsieur* sagen (dabei deutete er auf den König), er möge nicht länger einen Titel führen, den das Volk nicht mehr anerkennt.«

»Ich kann das Schreiben nicht mehr ändern, da es schon unterzeichnet ist«, sagte ich, »der König würde mich nach dem Grund fragen, und es ist nicht meine Sache, ihm den mitzuteilen.«

»Machen Sie, was Sie wollen«, versetzte er, »aber ich befördere das Gesuch nicht weiter.« Am nächsten Tag befahl mir Madame Elisabeth, bei zukünftigen Gelegenheiten folgende Formulierungen zu verwen-

den: »Für den Dienst bei Louis XVI... bei Marie Antoinette... bei Louis Charles... bei Marie Thérèse...
bei Marie Elisabeth... wird benötigt, usw.«

Bis dahin war ich gezwungen gewesen, solche Forderungen oft zu wiederholen. Das bißchen Wäsche, über
das der König und die Königin verfügten, war ihnen
von Hofleuten geliehen worden, während sie sich im
Kloster der Feuillants aufhielten. Aus den Tuileries
hatte man nichts besorgen können, da sie am 10. August restlos geplündert worden waren. Der königlichen
Familie fehlte es besonders an Kleidung; die Damen
besserten sie täglich aus; oft mußte Madame Elisabeth
warten, bis der König im Bett war, bevor sie seine
Sachen flicken konnte. Ich erreichte immerhin nach
langem Drängen, daß etwas neue Wäsche angefertigt
wurde; aber da die Näherinnen zu den Initialen Kronen eingestickt hatten, mußten die Damen auf Befehl
der Beamten die Kronen entfernen; es galt zu gehorchen.

Am 26. September erfuhr ich von einem Beamten,
es sei geplant, den König von seiner Familie zu trennen; die für ihn bestimmten Räume im großen Turm
seien fast fertig. Nur mit äußerster Vorsicht bereitete
ich den König auf diese Tyrannei vor; ich brachte zum
Ausdruck, wie schwer es mir fiele, ihn zu betrüben.
»Sie können mir keinen größeren Beweis für Ihre
Treue geben«, sagte Seine Majestät, »ich erwarte von
Ihrem Eifer, daß Sie mir nichts verbergen, ich bin auf
alles gefaßt. Versuchen Sie zu erfahren, wann diese
schmerzliche Trennung stattfinden soll, und es mich
wissen zu lassen.«

Am 28. September um 10 Uhr morgens betraten fünf oder sechs Kommissare das Zimmer der Königin, wo sich die königliche Familie aufhielt. Einer von ihnen namens Charbonnier las dem König einen Beschluß der Commune vor, des Inhalts, daß an Papier, Tinte, Federn, Bleistiften und sogar beschriebenen Blättern weggenommen werden sollte, was die Gefangenen bei sich trugen oder in ihren Zimmern hatten, und für den Kammerdiener und die anderen Bedienten im Turm sollte das gleiche gelten. »Wenn Sie etwas brauchen«, fügte er hinzu, »soll Cléry herunterkommen und Ihre Wünsche in ein Register schreiben, das im Ratszimmer verbleibt.« Der König und die Seinen leerten kommentarlos ihre Taschen und gaben ihre Papiere, Bleistifte, Taschennecessaires usw. ab. Dann durchsuchten die Kommissare die Zimmer und Schränke und nahmen alle in dem Beschluß genannten Gegenstände mit. Bei dieser Gelegenheit erfuhr ich von einem Beamten der Kommission, daß der König noch an diesem Abend in den großen Turm verlegt werden sollte; es gelang mir, Seine Majestät durch Madame Elisabeth davon zu unterrichten.

Nach dem Abendessen, als der König aus dem Zimmer der Königin kam und in seins hinaufgehen wollte, ließ ihn wirklich ein Beamter warten, da der Rat ihm etwas mitzuteilen habe. Eine Viertelstunde später traten die sechs Beamten ein, die am Morgen die Papiere eingesammelt hatten, und verlasen dem König einen anderen Beschluß der Commune, der seine Verlegung in den großen Turm anordnete. Obwohl der König auf diese Maßnahme vorbereitet war, bewegte sie ihn doch wieder tief; seine verzweifelte Familie suchte in den Augen der Kommissare zu lesen, wie weit sie gehen würden. Seine Angehörigen waren äußerst besorgt, als der König von ihnen Abschied nahm; diese Trennung, die schon so viel anderes Unheil ahnen ließ, war eine der qualvollsten Erfahrungen, die Ihre Majestäten bisher im Temple gemacht hatten. Ich folgte dem König in sein neues Gefängnis.

Seine Zimmer im großen Turm waren noch nicht fertig, es gab nur ein Bett und kein anderes Mobiliar; die Maler und Tapezierer arbeiteten noch dort, was einen unerträglichen Geruch erzeugte; ich fürchtete, Seiner Majestät könnte unwohl werden. Mir wies man ein Zimmer weit weg von dem des Königs an; ich bestand darauf, in seiner Nähe zu bleiben, und verbrachte die erste Nacht auf einem Stuhl bei ihm; am anderen Morgen setzte der König nur unter großen Schwierigkeiten durch, daß ich ein Zimmer neben dem seinen erhielt.

Als Seine Majestät aufgestanden war, wollte ich in den kleinen Turm hinübergehen, um den Dauphin anzukleiden; aber die Beamten verboten es. Véron, einer von ihnen, erklärte mir: »Sie werden keinen Kontakt mehr mit den weiblichen Gefangenen haben und Ihr Herr auch nicht; er darf nicht einmal seine Kinder wiedersehen.«

Um neun Uhr wollte der König zu seiner Familie gebracht werden. »Dazu haben wir keine Anweisung«, sagten die Kommissare. Seine Majestät erhob einige Einwände, erhielt aber keine Antwort.

Eine halbe Stunde später erschienen zwei Beamte

mit einem Diener, der dem König als Frühstück ein Stück Brot und eine Karaffe Limonade brachte. Er äußerte den Wunsch, mit seiner Familie zu Mittag zu essen; sie antworteten, sie würden die Anordnungen der Commune einholen. Der König fuhr fort: »Aber mein Kammerdiener kann doch hinuntergehen; er ist verantwortlich für meinen Sohn, und es gibt keinen Grund, warum er ihn nicht weiter bedienen sollte.«

»Das hängt nicht von uns ab«, sagten die Kommissare und gingen weg.

Währenddessen saß ich voller Kummer in einer Zimmerecke und überließ mich den traurigsten Betrachtungen über das Los dieser erhabenen Familie. Ich sah nicht nur die Leiden meines Herrn, sondern stellte mir auch vor, wie der kleine Prinz vielleicht anderen Händen überlassen wurde. Man hatte bereits davon gesprochen, ihn den Majestäten wegzunehmen; wie würde die Königin wieder unter dieser Trennung leiden?

Ich war so mit schmerzlichen Gedanken beschäftigt, als der König mit dem Brot auf mich zutrat, das man ihm gebracht hatte. Er bot mir die Hälfte an, mit den Worten: »Anscheinend hat man Ihr Frühstück vergessen; nehmen Sie das hier, mir reicht der Rest.« Ich lehnte ab, aber er bestand darauf. Ich konnte meine Tränen nicht zurückhalten; der König bemerkte es und ließ auch den seinen freien Lauf.

Um zehn Uhr kamen andere Beamte mit Handwerkern, die mit den Arbeiten im Zimmer fortfahren sollten. Einer der Kommissare erklärte dem König, er sei beim Frühstück seiner Familie dabei gewesen, und es ginge allen gut. »Ich danke Ihnen«, antwortete der König, »bitte geben Sie ihnen Nachricht von mir und sagen Sie, daß ich mich wohlfühle«. Dann fuhr er fort: »Könnte ich nicht ein paar Bücher bekommen, die ich im Zimmer der Königin habe liegen lassen? Sie würden mir einen Gefallen tun, wenn Sie sie mir bringen ließen, denn ich habe nichts zu lesen.« Seine Majestät nannte die gewünschten Titel; der Beamte akzeptierte den Wunsch des Königs, aber da er nicht lesen konnte, schlug er mir vor, ihn zu begleiten. Ich beglückwünschte mich zur Unwissenheit dieses Menschen und segnete die Vorsehung, die mir diesen Augenblick des Trostes gewährt hatte. Der König gab mir einige Anweisungen; seine Augen sagten den Rest.

Ich fand die Königin in ihrem Zimmer, mit ihren Kindern und Madame Elisabeth; alle weinten, und mein Anblick steigerte ihren Schmerz noch. Sie stellten mir tausend Fragen über den König, auf die ich nur vorsichtig antworten konnte. Dann wandte sich die Königin an die Beamten, die mich begleitet hatten, und bat erneut dringlich, den König jeden Tag wenigstens für kurze Zeit und zu den Mahlzeiten sehen zu dürfen. Es waren keine Klagen und keine Tränen mehr, es waren Schmerzensschreie. »Na gut, sie sollen heute zusammen Mittag essen«, sagte ein Beamter; »aber da wir den Befehlen der Commune unterworfen sind, werden wir morgen tun, was sie uns vorschreibt.« Seine Kollegen waren einverstanden.

Schon der Gedanke, wieder mit dem König zusammenzusein, ein Gefühl, das beinahe der Freude glich, verschaffte dieser unglücklichen Familie Trost.

Die Königin schloß ihre Kinder in die Arme, Madame Elisabeth erhob die Hände zum Himmel, beide dankten Gott für das unerwartete Glück und boten ein sehr ergreifendes Schauspiel. Einige Kommissare konnten ihre Tränen nicht zurückhalten (es war das einzige Mal, daß ich sie an diesem schrecklichen Ort habe weinen sehen). Einer von ihnen, der Schuster Simon, sagte ziemlich laut: »Ich glaube, diese elenden Weiber könnten mich zum Weinen bringen.« Und zur Königin gewandt: »Als Sie am 10. August das Volk ermorden ließen, weinten sie keine Träne.«

»Das Volk wird arg über unsere Gefühle getäuscht«, antwortete die Königin.

Ich nahm dann die Bücher, die der König verlangt hatte, und brachte sie ihm; die Beamten kamen mit mir, um Seiner Majestät zu sagen, er würde seine Familie sehen. Ich erklärte den Kommissaren auch, ich könnte sicherlich den kleinen Prinzen und die Damen weiter bedienen; sie hatten nichts dagegen. So bekam ich die Möglichkeit, der Königin mitzuteilen, was geschehen war und wie sehr der König seit der Trennung von ihr gelitten hatte.

Das Essen wurde beim König aufgetragen, und seine Familie kam herüber; aus ihren Gefühlsausbrüchen konnte man auf die Angst schließen, die sie gequält hatte. Man hörte dann nichts mehr von dem Beschluß der Commune, und die königliche Familie kam weiterhin zu den Mahlzeiten und zum Spaziergang zusammen.

Nach dem Essen zeigte man der Königin die Zimmer, die im Stockwerk über dem König für sie hergerichtet wurden; sie drängte die Arbeiter, sich zu beeilen, aber sie wurden erst nach drei Wochen fertig.

In der Zwischenzeit setzte ich meinen Dienst bei Ihren Majestäten, dem kleinen Prinzen und den Prinzessinnen fort; ihre Lebensweise blieb ungefähr gleich. Die Bemühungen des Königs um die Erziehung seines Sohnes wurden nicht unterbrochen; aber da die Unterbringung der königlichen Familie in zwei getrennten Türmen die Bewachung für die Beamten schwieriger machte, wurden sie zugleich nervöser. Die Zahl der Kommissare war erhöht worden, und ihr Mißtrauen ließ mir nur wenig Möglichkeiten, mich über die Ereignisse draußen zu informieren. Ich tat dies folgendermaßen:

Unter dem Vorwand, mir Wäsche und andere Dinge des täglichen Bedarfs bringen zu lassen, erwirkte ich die Erlaubnis, daß meine Frau einmal in der Woche in den Temple kommen durfte; sie hatte immer eine ihrer Freundinnen dabei, die sie als eine Verwandte ausgab. Niemand hat soviel Anhänglichkeit an die königliche Familie gezeigt wie diese Dame, durch die Schritte, die sie unternommen, und die Gefahren, denen sie sich bei mehreren Gelegenheiten ausgesetzt hat. Sobald die beiden ankamen, rief man mich ins Ratszimmer hinunter, wo ich nur in Anwesenheit der Beamten mit ihnen sprechen konnte; wir wurden genau beobachtet, und die ersten Besuche brachten nicht den gewünschten Erfolg. Ich gab ihnen zu verstehen, daß sie erst um ein Uhr mittags kommen sollten; das war die Zeit für den Spaziergang, und die meisten Beamten folgten der königlichen Familie; nur

einer blieb im Ratszimmer, und wenn das ein anständiger Kerl war, ließ er uns mehr Freiheit, ohne uns
jedoch aus den Augen zu verlieren.

Da ich auf diese Weise sprechen konnte, ohne daß
jemand mithörte, erkundigte ich mich nach allen, die
der königlichen Familie nahestanden und danach, was
in der Convention vorging. Meine Frau hatte auch
den Zeitungsverkäufer, von dem ich schon gesprochen
habe, dafür bezahlt, daß er jeden Tag dicht bei der
Mauer des Temple mehrmals die wichtigsten Neuigkeiten ausrief.

Zu diesen Informationen kam noch hinzu, was ich
von einzelnen Kommissaren und besonders von einem
überaus treuen Diener erfuhr; er hieß Turgy, war kö-
niglicher Küchenjunge und hatte aus Anhänglichkeit
an Seine Majestät Mittel und Wege gefunden, mit
zwei von seinen Freunden, Marchand und Chrétien,
im Temple beschäftigt zu werden. Sie brachten die
Mahlzeiten für die königliche Familie in den Turm,
die in einer ziemlich weit weg gelegenen Küche zubereitet wurden; außerdem hatten sie die Einkäufe zu
machen. Wenn Turgy, der sich dabei mit den beiden
anderen abwechselte, zwei- oder dreimal in der Woche
an die Reihe kam, konnte er sich draußen über Neuigkeiten informieren. Die Schwierigkeit bestand darin,
mir mitzuteilen, was er erfahren hatte; man hatte ihm
verboten, mit mir über Dinge zu sprechen, die nicht
unmittelbar den Dienst bei der königlichen Familie
betrafen, und auch dann immer nur in Gegenwart von
Beamten. Wenn er mir etwas sagen wollte, gab er mir
ein vereinbartes Zeichen, und ich versuchte dann, ihn

unter verschiedenen Vorwänden in ein Gespräch zu
verwickeln. Manchmal bat ich ihn, mich zu frisieren.
Madame Elisabeth, die von meinen Beziehungen zu
Turgy wußte, unterhielt sich dann mit den Beamten;
so hatte ich die nötige Zeit, um mit ihm zu reden.
Manchmal verschaffte ich ihm einen Anlaß, in mein
Zimmer zu treten; er benutzte diesen Augenblick, um
die Zeitungen, Memoranden und anderen Druck-
schriften, die er mir zu übergeben hatte, unter mein
Bett zu legen.

Wenn der König oder die Königin Nachrichten von
draußen wünschten und der Tag, an dem meine Frau
kommen sollte, noch zu weit weg war, hielt ich mich
auch an Turgy: Falls er nicht mit Einkäufen an der
Reihe war, tat ich so, als brauchte ich irgend etwas für
den Dienst bei der königlichen Familie.

»Es dauert aber ein paar Tage«, sagte er dann.

»Schön«, antwortete ich ihm in gleichgültigem Ton,
»dann muß der König eben warten.« Auf diese Weise
wollte ich die Beamten so weit bringen, daß sie ihn mit
der Besorgung beauftragten; oft gelang das, und am
gleichen Abend oder am nächsten Morgen konnte er
mir die gewünschte Auskunft geben. Diese Art, uns zu
verständigen, hatten wir abgemacht, aber wir mußten
achtgeben, die gleichen Methoden nicht zweimal bei
denselben Kommissaren anzuwenden.

Neue Hindernisse tauchten auf, wenn es darum
ging, dem König die Informationen zu übermitteln.
Abends konnte ich mit Seiner Majestät nur in dem
Augenblick sprechen, in dem die Beamten abgelöst
wurden, und wenn er zu Bett ging. Manchmal konnte

ich ihm morgens etwas sagen, wenn die Wächter noch nicht so weit waren, beim Aufstehen dabei zu sein; ich tat dann so, als wollte ich nicht ohne sie hineingehen, ließ sie aber merken, daß Seine Majestät auf mich wartete. Erlaubten sie mir einzutreten, zog ich sofort die Vorhänge am Bett des Königs auf, und während ich ihm die Schuhe anzog, konnte ich ohne Zeugen mit ihm sprechen. Meistens wurden meine Hoffnungen enttäuscht, und die Kommissare zwangen mich zu warten, bis sie ihre Toilette beendet hatten, um mich dann zu Seiner Majestät zu begleiten. Einige von ihnen behandelten mich sogar ziemlich grob: Manche zwangen mich, morgens ihre Feldbetten wegzuräumen und sie abends wieder aufzustellen. Andere belegten mich andauernd mit Beschimpfungen; aber ihr Benehmen eröffnete mir nur neue Wege, Ihren Majestäten nützlich zu sein. Dadurch, daß ich den Kommissaren nur mit Freundlichkeit und Gefälligkeit begegnete, nahm ich sie gegen ihren Willen für mich ein; ich gewann ihr Vertrauen, ohne daß sie es merkten, und vermochte oft von ihnen selbst zu erfahren, was ich wissen wollte.

Diese Strategie verfolgte ich sehr gewissenhaft, seit ich im Temple war, bis ein ebenso sonderbares wie unerwartetes Ereignis mich fürchten ließ, für immer von der königlichen Familie getrennt zu werden.

Eines Abends gegen sechs Uhr (es war der fünfte Oktober) hatte ich die Königin in ihre Räume begleitet und wollte mit zwei Beamten wieder zum König gehen, als der Posten an der Tür der großen Wachstube mich am Arm festhielt, beim Namen nannte, mich fragte, wie es mir ginge, und mir mit geheimnisvoller Miene erklärte, er wolle mit mir reden.

»Sprechen Sie laut, Monsieur«, antwortete ich. »Ich darf mich mit niemandem leise unterhalten.«

»Man hat mir versichert, man hätte den König vor ein paar Tagen in eine Zelle gesteckt, und Sie wären bei ihm«, antwortete die Wache.

»Sie sehen deutlich, daß das Gegenteil der Fall ist«, sagte ich und ging weiter. In diesem Augenblick hatte ich den einen Beamten vor mir, den anderen hinter mir; der vorne blieb stehen und hörte uns.

Am nächsten Morgen warteten zwei Kommissare vor der Tür der Königin auf mich; sie brachten mich ins Ratszimmer, und die Beamten dort verhörten mich. Ich gab das Gespräch so wieder, wie es stattgefunden hatte; der Beamte, der uns gehört hatte, bestätigte meine Aussage; aber der andere behauptete, der Posten hätte mir ein Papier übergeben, das er rascheln gehört hätte. Es wäre ein Brief an den König gewesen. Ich bestritt dies und forderte die Beamten auf, mich zu durchsuchen und Nachforschungen anzustellen. Diese Sitzung des Rats wurde protokolliert; der Posten wurde mir gegenübergestellt und zu 24 Stunden Gefängnis verurteilt.

Ich hielt die Angelegenheit für erledigt, als am 26. Oktober während des Mittagessens der königlichen Familie ein Beamter eintrat, dem sechs Gendarmen mit gezogenem Degen, ein Schreiber und ein Gerichtsdiener, beide in Amtskleidung, folgten. Ich dachte, man wollte den König holen, und erschrak furchtbar. Die königliche Familie erhob sich; der

König fragte, was man von ihm wolle; statt einer Antwort rief mich der Beamte in ein anderes Zimmer. Die Gendarmen folgten uns; der Schreiber las mir einen Haftbefehl vor und man nahm mich fest, um mich zum Gericht zu bringen. Ich bat um die Erlaubnis, den König davon in Kenntnis setzen zu dürfen, erhielt aber die Antwort, daß ich ab sofort nicht mehr mit ihm sprechen dürfe. »Nehmen Sie nur ein Hemd mit«, fügte der Beamte hinzu, »es wird nicht lange dauern.« Ich glaubte ihn zu verstehen und griff nur nach meinem Hut. Beim Hinausgehen kam ich am König und seiner Familie vorbei, die konsterniert über die Art, wie ich abgeführt wurde, dastanden. Der Pöbel, der sich im Hof des Temple versammelt hatte, überhäufte mich mit Schmähungen und forderte meinen Kopf. Ein Offizier der Nationalgarde erklärte ihnen, man müsse mich am Leben lassen, bis ich die Geheimnisse preisgegeben hätte, die nur mir allein bekannt wären. Das gleiche Gezeter hörte ich auf dem ganzen Weg.

Im Justizpalast steckte man mich sofort in eine Zelle; dort blieb ich sechs Stunden und grübelte vergeblich darüber nach, was für Ursachen meine Verhaftung haben könnte. Ich erinnerte mich nur, daß mich während des Angriffs auf die Tuileries am Morgen des 10. August verschiedene Personen, die dort eingesperrt waren und zu entkommen suchten, darum gebeten hatten, in meiner Kommode mehrere Wertgegenstände und sogar Papiere zu verwahren, die sie hätten verraten können. Ich glaubte nun, man hätte diese Papiere gefunden und sie würden vielleicht meinen Untergang verursachen.

Um acht Uhr erschien ich vor den Richtern, die ich noch nicht kannte. Es war ein Revolutionstribunal, geschaffen am 17. August, um unter denen, die der Volkswut entgangen waren, eine Auswahl zu treffen und sie zum Tode zu befördern.

Wie erstaunt war ich aber, als ich auf der Anklagebank eben jenen jungen Mann sah, der mir drei Wochen vorher einen Brief zugesteckt haben sollte, und als ich in der Person des Anklägers den Beamten wiedererkannte, der mich beim Rat im Temple angezeigt hatte! Ich wurde verhört, auch Zeugen wurden vernommen. Der Beamte wiederholte seine Anklage; ich erwiderte ihm, er sei nicht würdig, zum Magistrat des Volkes zu gehören: Da er das Knistern eines Papiers gehört und zu sehen geglaubt hätte, daß mir ein Brief zugesteckt würde, hätte er mich auf der Stelle durchsuchen müssen, anstatt achtzehn Stunden zu warten, um mich dann beim Rat des Temple zu denunzieren. Nach der Verhandlung stimmten die Geschworenen ab, und wir wurden freigesprochen. Der Vorsitzende beauftragte vier anwesende Beamte, mich in den Temple zurückzubringen; es war unterdessen Mitternacht. Ich kam an, als der König sich gerade zu Bett begeben hatte, und ich durfte ihm meine Rückkehr melden. Die königliche Familie hatte lebhaft Anteil an meinem Schicksal genommen und hielt mich schon für verurteilt.

Zu dieser Zeit zog die Königin in die Räume um, die man für sie im großen Turm hergerichtet hatte; aber selbst dieser sehnlichst erwünschte Tag, der Ihren Majestäten einigen Trost zu verheißen schien, sollte nicht ohne einen neuen Beweis der Feindseligkeit der Beamten gegenüber der Königin vergehen. Seit sie im Temple war, sahen sie, wie sie ihre ganze Existenz der Fürsorge für ihren Sohn widmete und in seiner zärtlichen Dankbarkeit eine Linderung ihrer Qualen fand; sie trennten sie von ihm, ohne es vorher anzukündigen, und ihr Schmerz war grenzenlos. Da man den kleinen Prinzen wieder zum König brachte, war ich für ihn verantwortlich. Mit welcher Rührung empfahl mir die Königin, über ihn zu wachen!

Da die Ereignisse, von denen künftig die Rede sein wird, sich nicht mehr an dem Ort zutrugen, den ich beschrieben habe, scheint es mir geboten, auf die neue Wohnung Ihrer Majestäten einzugehen.

Der große Turm, ungefähr 150 Fuß hoch, hat vier Stockwerke mit gewölbten Decken, die in der Mitte von einem von unten bis oben durchgehenden, dicken Pfeiler getragen werden. Das Innere mißt ungefähr dreißig Fuß im Quadrat.

Die zweite und dritte Etage waren für die königliche Familie bestimmt; sie bestanden wie die übrigen aus einem einzigen Raum, wurden aber durch Bretterverschläge in je vier Zimmer unterteilt. Das Erdgeschoß stand den Beamten zur Verfügung; der erste Stock diente als Wachlokal; im zweiten wohnte der König.

Der erste Raum seiner Etage war ein Vorzimmer, von dem drei Türen zu den drei anderen Zimmern führten. Der Eingangstür gegenüber lag das Schlafzimmer des Königs, in dem man ein Bett für den Dauphin aufstellte; meine Kammer lag auf der linken Seite, wie auch das Speisezimmer, das vom Vorraum durch eine Glastür getrennt war. Im Schlafzimmer des Königs gab es einen Kamin; ein großer Ofen im Vorraum heizte die übrige Wohnung. Jedes dieser Zimmer bekam Licht durch ein Fenster, aber man hatte außen dicke Eisengitter und Blenden angebracht, die die Luftzirkulation hemmten; die Fensternischen waren neun Fuß tief.

Im großen Turm gab es auf jeder Etage Zugänge zu vier Türmchen an den Ecken.

In einem dieser Türmchen führte eine Treppe hoch bis zu den Zinnen; man hatte dort insgesamt sieben Durchreichen angebracht, in gewissen Abständen. Von dieser Treppe aus konnte man durch zwei Türen in jedes Stockwerk gelangen: Die äußere war aus sehr dickem Eichenholz und mit Nägeln beschlagen; die innere aus Eisen.

Ein anderes Türmchen stieß an das Zimmer des Königs und bildete einen kleinen Nebenraum dazu. Im dritten Türmchen hatte man eine Toilette eingerichtet, im vierten lagerte das Brennmaterial; dort standen tagsüber auch die Feldbetten für die Beamten, die nachts beim König Wache hatten.

Die vier Räume des Königs hatten eine abgehängte Decke aus Stoff; die Trennwände waren mit Tapete beklebt. Die Tapete des Vorzimmers stellte das Innere eines Gefängnisses dar*, und an eine der Türfüllungen hatte man die Erklärung der Menschenrechte angeschlagen, in großen Buchstaben und blau-weiß-rot umrahmt. Eine Kommode, ein kleiner Schreibtisch, vier Polsterstühle, ein Sessel, einige Stühle mit Strohgeflecht, ein Tisch, ein Spiegel über dem Kamin und ein Bett mit grünen Damastvorhängen stellten das ganze Mobiliar dar; diese Möbel wie auch die der anderen Zimmer hatte man aus dem Palais des Temple geholt. Das Bett des Königs war bis dahin vom Kapitän der Garde des Comte d'Artois benutzt worden.

Die Königin wohnte im dritten Stock; ihre Zimmer waren fast genauso abgeteilt wie die des Königs. Das Schlafzimmer, das sie und Madame Royale benutzten, lag über dem des Königs; das Türmchen diente als Kabinett. Madame Elisabeth bewohnte den Raum über mir; das erste war das Vorzimmer, in dem sich Tag und Nacht Beamte aufhielten. Tison und seine Frau waren über dem Speisezimmer des Königs untergebracht.

Die vierte Etage war nicht bewohnt; eine Galerie verlief hinter den Zinnen, wo die Gefangenen manchmal spazieren gingen. Zwischen den Zinnen hatte man Blenden angebracht, um zu verhindern, daß die königliche Familie hinaussehen oder gesehen werden konnte.

Seit Ihre Majestäten im großen Turm zusammen waren, änderte sich wenig an den Stunden der Mahlzeiten, der Lektüre und der Spaziergänge, und auch nicht an den verschiedenen Zeiten, die der König und die Königin bis dahin der Erziehung ihrer Kinder gewidmet hatten. Nach dem Aufstehen las der König das Offizium der Ritter vom Heiligen Geist nach; und da er nicht einmal an Feiertagen die Messe im Temple lesen lassen durfte, hatte er durch mich das Brevier der Diözese Paris kaufen lassen. Der König war tief religiös; aber sein reiner und tiefer Glaube hatte ihn nie von seinen anderen Pflichten abgelenkt. Reiseberichte, die Werke von Montesquieu und Buffon, *Das Schauspiel der Natur* von Pluche*, die *Geschichte Englands* von Hume in englischer, das *Buch von der Nachfolge Christi** in lateinischer und Tasso in italienischer Sprache sowie unsere verschiedenen Theaterautoren bildeten seine gewöhnliche Lektüre, seit er im Temple war. Vier Stunden am Tag widmete er der Lektüre lateinischer Schriftsteller.

Madame Elisabeth und die Königin hatten ähnliche Erbauungsbücher wie der König erbeten, und Seine Majestät gab mir den Auftrag, sie anzuschaffen. Wie oft habe ich nicht Madame Elisabeth in inbrünstigem Gebet neben ihrem Bett knien sehen!

Um neun Uhr holte man den König und seinen Sohn zum Frühstück; ich begleitete sie. Danach machte ich den Damen das Haar; auf Befehl der Königin brachte ich Madame Royale das Frisieren bei. Während dieser Zeit spielte der König mit der Königin oder Madame Elisabeth Dame oder Schach.

Nach dem Mittagessen beschäftigten sich der kleine Prinz und seine Schwester im Vorzimmer mit Spielen wie Federball oder Murmeln; Madame Elisabeth war immer dabei und saß mit einem Buch an einem Tisch. Auch ich blieb im Zimmer, manchmal las ich; auf ihre Anweisung mußte ich mich dann hinsetzen. Wenn die königliche Familie sich so verteilte, wurden die beiden wachhabenden Beamten oft unruhig, denn sie wollten den König und die Königin nicht allein lassen, aber sich noch weniger trennen, so sehr mißtrauten sie einander. Diese Augenblicke benutzte Madame Elisabeth gewöhnlich, um mir Fragen zu stellen oder Befehle zu geben. Ich hörte ihr zu und antwortete, ohne die Augen von meinem Buch zu heben, um nicht von den Kommissaren überrascht zu werden. Der Dauphin und Madame Royale erleichterten im Einvernehmen mit ihrer Tante diese Unterhaltungen durch den Lärm, den sie beim Spielen machten, und oft warnten sie sie durch Zeichen, wenn die Beamten hereinkamen. Ich mußte mich besonders vor Tison in acht nehmen, der sogar den Kommissaren verdächtig war, da er sie mehrfach denunziert hatte; umsonst behandelten ihn den König und die Königin mit Wohlwollen, nichts konnte seine angeborene Bosheit überwinden.

Abends vor dem Schlafengehen stellten die Beamten ihre Betten so im Vorzimmer auf, daß sie den Zugang zum Zimmer Seiner Majestät versperrten. Sie schlossen auch jene Tür meines Zimmers ab, durch die ich zum König hätte gelangen können, und nahmen den Schlüssel an sich. Wenn Seine Majestät nachts nach mir rief, mußte ich also das Vorzimmer durchqueren, die schlechte Laune der Kommissare über mich ergehen lassen und warten, bis es ihnen gefiel aufzustehen.

Am 7. Oktober um sechs Uhr abends rief man mich ins Ratszimmer, wo ungefähr zwanzig Beamte unter dem Vorsitz von Manuel versammelt waren, der vom Prokurator der Commune zum Abgeordneten der Convention aufgestiegen war; seine Anwesenheit überraschte und beunruhigte mich. Man befahl mir, noch am gleichen Abend dem König die »Orden«* abzunehmen, die er noch trug wie den vom Heiligen Ludwig und den vom Goldenen Vlies. Den Orden vom

Heiligen Geist trug Seine Majestät nicht mehr, da ihn die erste Nationalversammlung abgeschafft hatte.

Ich wandte ein, ich könne diesem Befehl nicht gehorchen, es sei nicht meine Aufgabe, dem König die Beschlüsse des Rats zu übermitteln. Diese Antwort gab ich, um die Zeit zu gewinnen, Seine Majestät vorzubereiten; ich bemerkte übrigens an der Verlegenheit der Beamten, daß sie zu diesem Zeitpunkt handelten, ohne durch irgendeinen Beschluß der Convention oder der Commune dazu ermächtigt zu sein. Die Kommissare weigerten sich, zum König hinaufzugehen; Manuel brachte sie erst durch das Angebot dazu, sie zu begleiten. Der König saß da und las; Manuel sprach ihn an, und die folgende Unterredung war durch die unangemessene Vertraulichkeit Manuels und durch die ruhige Zurückhaltung des Königs gleich bemerkenswert.

»Wie ist Ihr Befinden?« fragte Manuel. »Haben Sie alles, was Sie brauchen?«

»Ich gebe mich mit dem zufrieden, was ich habe«, antwortete Seine Majestät.

»Sie wissen doch sicher von den Siegen unserer Armeen, von der Einnahme Speyers und Nizzas und der Eroberung Savoyens?«

»Ich habe vor ein paar Tagen einen dieser Herren davon reden hören, als er die Abendzeitung las.«

»Was denn! Bekommen Sie keine Zeitungen, wo Sie jetzt so interessant werden?«

»Ich erhalte keine einzige.«

»Meine Herren«, sagte Manuel zu den Beamten gewandt, »Sie müssen Monsieur (dabei zeigte er auf den König) alle Zeitungen geben; es ist wichtig, daß er von unseren Erfolgen erfährt.« Dann wieder zu Seiner Majestät: »Die demokratischen Prinzipien breiten sich aus; Sie wissen, daß das Volk die Königswürde abgeschafft und die republikanische Regierungsform angenommen hat.«

»Ich habe davon gehört und wünsche den Franzosen, daß sie das Glück finden, das ich ihnen immer verschaffen wollte.«

»Sie wissen auch, daß die Nationalversammlung alle Ritterorden abgeschafft hat; man hätte Ihnen sagen sollen, daß Sie ihre Insignien abzulegen haben: Da Sie jetzt ein gewöhnlicher Bürger sind, muß man Sie auch so behandeln. Davon abgesehen können Sie alles verlangen, was Sie brauchen, man wird es Ihnen schleunigst beschaffen.«

»Ich danke Ihnen«, sagte der König, »ich brauche nichts.« Sofort nahm er seine Lektüre wieder auf. Manuel hatte versucht, Bedauern bei ihm zu entdecken oder ihn zur Ungeduld zu reizen; er fand nur tiefe Resignation und unerschütterliche Gelassenheit.

Die Deputation zog sich zurück; einer der Beamten forderte mich auf, ihm ins Ratszimmer zu folgen, wo man mir nochmals befahl, dem König seine Auszeichnungen abzunehmen. Manuel fügte hinzu: »Sie täten gut daran, die Kreuze und Bänder an die Convention zu schicken. Ich muß Sie auch darauf hinweisen, daß die Gefangenschaft von Louis XVI lange dauern kann und daß Sie es jetzt sagen sollten, wenn Sie nicht gewillt sind hierzubleiben. Es ist geplant, die Zahl der im Turm beschäftigten Personen zu verringern, um die

Bewachung zu erleichtern: Wenn Sie beim früheren König bleiben, werden Sie also ganz allein sein, und Ihr Dienst wird dadurch mühsamer: Man wird Ihnen Holz und Wasser für jeweils eine Woche herschaffen, aber Sie werden die Räume sauberhalten und die anderen Arbeiten verrichten müssen.« Ich antwortete, daß ich entschlossen sei, den König niemals zu verlassen, und mich allem unterwerfen würde. Man brachte mich ins Zimmer Seiner Majestät zurück, und er sagte zu mir: »Sie haben gehört, was die Herren gesagt haben; heute abend werden Sie die »Orden« von meinen Röcken entfernen.«

Als ich dem König am anderen Morgen beim Ankleiden half, teilte ich ihm mit, ich hätte die Kreuze und Bänder weggeschlossen, obwohl Manuel mir zu verstehen gegeben hätte, sie müßten an die Convention geschickt werden. »Das haben Sie richtig gemacht«, antwortete mir Seine Majestät.

Man hat das Gerücht verbreitet, Manuel sei im Lauf des September in den Temple gekommen, um Seine Majestät dazu zu bewegen, daß er an den König von Preußen schriebe, als dieser in die Champagne einfiel. Ich kann versichern, daß Manuel während meines Aufenthalts im Turm nur zweimal dort erschien, und zwar am 3. September und am 7. Oktober; jedesmal begleiteten ihn zahlreiche Beamte, und er hat nie mit dem König allein gesprochen.

Am 9. Oktober brachte man dem König die Zeitung, die über die Debatten der Convention berichtete, aber einige Tage später setzte der Beamte Michel, ein Parfumhändler, einen Beschluß durch, der erneut verbot, Druckschriften in den Turm zu lassen. Er rief mich auch ins Ratszimmer und fragte mich, auf wessen Veranlassung hin ich mir Zeitungen schicken ließe. Man brachte wirklich jeden Tag, ohne daß ich etwas davon wußte, vier Zeitungen mit der aufgedruckten Adresse: An den Kammerdiener von Louis XVI, im Turm des Temple. Ich habe nie erfahren, wer die Abonnements bezahlte. Dieser Michel wollte mich zwingen, ihm die betreffende Person zu nennen; er ließ mich auch an die Schriftleiter der Zeitungen schreiben, um Aufklärung zu erhalten; aber wenn Antworten kamen, wurden sie mir nicht mitgeteilt.

Das Verbot, Zeitungen in den Turm hineinzulassen, wurde nur durchbrochen, wenn sie Gelegenheit zu einer weiteren Beleidigung gaben. Enthielten sie Beschimpfungen gegen den König oder die Königin, gräßliche Drohungen oder infame Verleumdungen, dann ließen bestimmte Beamte sie mit ausgesuchter Bosheit auf dem Kamin oder der Kommode im Zimmer Seiner Majestät liegen, damit sie ihm in die Hände fielen.

Einmal las der König in einem dieser Blätter die Forderung eines Kanoniers, der »den Kopf des Tyrannen Louis XVI« verlangte, »um damit sein Geschütz zu laden und ihn zu den Feinden zu schießen«. Eine andere Zeitung befaßte sich mit Madame Elisabeth und wollte die Bewunderung untergraben, die ihre Ergebenheit für den König und die Königin allgemein erregte; deshalb suchten sie ihre Tugenden durch ganz absurde Verleumdungen herabzusetzen. Eine dritte verlangte, man müsse die beiden kleinen Wölfe im

78

Turm ersticken, womit der Dauphin und Madame Royale gemeint waren.

Dem König gingen solche Artikel nur wegen des Volkes nahe. Er sagte: »Die Franzosen sind sehr unglücklich, sich so täuschen zu lassen.« Ich verbarg diese Blätter sorgfältig vor den Blicken Seiner Majestät, wenn ich sie als erster fand; aber oft legte man sie hin, wenn ich anderswo beschäftigt war; so hat der König fast alle Artikel gelesen, die in der Absicht verfaßt wurden, seine Familie zu kränken, entweder, um zum Königsmord aufzurufen, oder um das Volk darauf vorzubereiten, ihn zuzulassen. Nur wer die unverschämten Schriften kennt, die zu dieser Zeit verfaßt wurden, kann sich eine Vorstellung von dieser unerhörten Qual machen.

Der Einfluß dieser blutrünstigen Schriften zeigte sich auch im Benehmen der meisten Beamten, die sich vorher nie so hart und mißtrauisch verhalten hatten.

Eines Tages hatte ich nach dem Essen im Ratszimmer eine Aufstellung der Ausgaben aufgesetzt und in ein Pult eingeschlossen, zu dem ich den Schlüssel hatte. Kaum war ich hinausgegangen, als der Kommissar Marino, der gar keinen Dienst hatte, seinen Kollegen sagte, man müsse das Pult aufbrechen, seinen Inhalt überprüfen und feststellen, ob ich nicht mit den Volksfeinden in Verbindung stünde. Er fügte hinzu: »Ich kenne ihn gut, und ich weiß, daß er Briefe für den König bekommt.« Dann warf er seinen Kollegen ihre Rücksichtnahme vor, überhäufte sie mit Beleidigungen, drohte, sie alle als Komplizen beim Rat der Commune anzuzeigen, und ging fort, um diesen Plan auszuführen. Man nahm sofort ein Inventar aller in meinem Pult befindlichen Papiere auf und schickte es an die Commune, wo Marino seine Beschuldigungen schon vorgebracht hatte.

Derselbe Beamte behauptete ein anderes Mal, ein Damebrett, dessen Felder ich mit Erlaubnis seiner Kollegen hatte instandsetzen lassen und das man mir zurückbrachte, enthielte Briefe; er nahm es ganz auseinander und ließ, als er nichts fand, die Felder in seiner Gegenwart wieder festkleben.

An einem Donnerstag war meine Frau mit ihrer Freundin wie gewohnt in den Temple gekommen, wo wir uns im Ratszimmer unterhielten. Die königliche Familie ging spazieren, sah uns, und die Königin und Madame Elisabeth nickten uns zu. Diese simple Freundlichkeit fiel Marino auf; das genügte, damit er meine Frau und ihre Freundin festnehmen ließ, als sie den Raum verließen. Man verhörte sie getrennt; meine Frau fragte man, wer die Dame in ihrer Begleitung sei, und sie antwortete: »Meine Schwester.« Auf die gleiche Frage antwortete jene, sie sei ihre Cousine. Dieser Widerspruch gab Anlaß zu einem langen Protokoll und zu den schwersten Verdächtigungen. Marino behauptete, die Dame wäre ein verkleideter Page der Königin. Erst nach drei Stunden eines sehr unangenehmen und kränkenden Verhörs ließ man sie wieder frei.

Man erlaubte ihnen weiterhin, in den Temple zu kommen; aber wir verdoppelten unsere Vorsicht und Wachsamkeit. Oft gelang es mir bei diesen kurzen Unterredungen, ihnen Notizen zuzustecken; ich schrieb sie mit einem Bleistift, der den Durchsuchungen der Beamten entgangen war und den ich sorgfältig versteckte. Es ging dabei um Fragen ihrer Majestäten nach bestimmten Informationen. Glücklicherweise hatte ich an jenem Tag kein Billett übergeben; wenn man eines bei ihnen gefunden hätte, wären wir alle drei in höchster Gefahr gewesen.

Andere Kommissare zeichneten sich durch die absonderlichsten Einfälle aus. Einer ließ Makronen auseinanderbrechen, um zu sehen, ob nicht Zettel darin versteckt wären. Ein anderer befahl aus demselben Grund, Pfirsiche vor seinen Augen aufzuschneiden und die Kerne aufzuknacken. Ein dritter zwang mich eines Tages, von der Seifenlösung für die Rasur des Königs zu trinken, da er Furcht markierte, es könnte sich um Gift handeln. Nach jeder Mahlzeit gab mir Madame Elisabeth ein kleines Messer mit goldener Klinge zu reinigen; oft rissen es mir die Beamten aus der Hand, um zu prüfen, ob ich nicht ein Papier in der Scheide versteckt hätte.

Madame Elisabeth hatte mir befohlen, der Duchesse de Sérent ein Erbauungsbuch zurückzuschikken; die Beamten schnitten die Ränder ab, aus Furcht, man hätte mit unsichtbarer Tinte etwas daraufgeschrieben.

Einer von ihnen verbot mir eines Tages, zur Königin hinaufzugehen, um sie zu frisieren; Seine Majestät mußte in die Räume des Königs kommen und alles mitbringen, was sie für ihre Toilette brauchte.

Ein anderer wollte der Königin folgen, als sie wie gewöhnlich mittags ins Zimmer von Madame Elisabeth ging, um sich umzuziehen. Ich wies ihn auf sein unpassendes Benehmen hin, er bestand darauf; Ihre Majestät verzichtete darauf, sich umzukleiden, und verließ das Zimmer.

Wenn ich frischgewaschene Wäsche in Empfang nahm, verlangten die Beamten, daß ich jedes Teil auffaltete, und hielten es gegen das Licht. Ebenso wurden das Wäschebuch und jedes Stück Papier, das zum Einwickeln diente, ans Feuer gehalten, um sicher zu gehen, daß keine Geheimschrift daraufstand. Auch die Wäsche, die der König und die Damen ablegten, wurde untersucht.

Einige Beamte teilten die Härte ihrer Kollegen allerdings nicht; aber die meisten wurden dadurch dem Wohlfahrtsausschuß verdächtig und starben als Opfer ihrer Menschlichkeit; die, die noch leben, mußten lange in Gefängnissen schmachten.

Ein junger Mann namens Toulan*, der mir seinen Reden nach einer der größten Feinde der königlichen Familie zu sein schien, trat eines Tages an mich heran, drückte mir die Hand und sagte geheimnisvoll: »Ich kann heute wegen meiner Kollegen nicht mit der Königin sprechen; sagen Sie ihr, daß ihr Auftrag ausgeführt ist und daß ich ihr in ein paar Tagen die Antwort bringe, wenn ich wieder Dienst habe.« Erstaunt über seine Worte und in der Befürchtung, er wolle mir eine Falle stellen, sagte ich: »Monsieur, Sie irren sich, wenn Sie sich mit solchen Aufträgen an mich wenden.«

Er erwiderte: »Nein, ich irre mich nicht«, drückte meine Hand fester und zog sich zurück. Ich unterrichtete die Königin über dieses Gespräch. Sie sagte: »Sie können sich auf Toulan verlassen.« Dieser junge Mann wurde später mit neun anderen Beamten in den Prozeß der Königin verwickelt; man beschuldigte sie, daß sie die Flucht der Königin aus dem Temple hatten begünstigen wollen. Toulan starb auf dem Schafott.

Ihre Majestäten waren schon seit drei Monaten im Turm eingesperrt und hatten außer den Beamten noch niemanden zu Gesicht bekommen, als man ihnen am ersten November eine Abordnung der Convention meldete. Sie bestand aus Drouet*, dem Postmeister von Varennes, Chabot*, einem früheren Kapuziner, Dubois-Crancé, Duprat und zwei anderen, deren Namen ich nicht mehr weiß. Die königliche Familie und vor allem die Königin erschauderten beim Anblick von Drouet; er setzte sich unverschämterweise neben sie, und seinem Beispiel folgend nahm auch Chabot Platz. Die Abordnung fragte den König, wie er behandelt würde, und ob man ihm alles Notwendige zukommen ließe. Seine Majestät antwortete: »Ich habe mich über nichts zu beklagen, ich möchte nur, daß die Kommission meinem Kammerdiener 2000 Livres aushändigt oder sie beim Rat hinterlegt, um für die alltäglichen Kleinigkeiten aufkommen zu können; und man sollte uns Wäsche und andere Kleidung zukommen lassen, die wir sehr dringend brauchen.« Die Abgeordneten versprachen es, aber geschickt wurde nichts.

Einige Tage später schwoll die Backe des Königs ziemlich an; ich bat augenblicklich darum, daß man M. Dubois, den Zahnarzt Seiner Majestät, holte. Man beriet drei Tage und schlug meine Bitte ab. Erst als er Fieber bekam, erlaubte man ihm, M. Le Monnier*, seinen Leibarzt, zu konsultieren. Der Schmerz dieses ehrwürdigen Greises war unbeschreiblich, als er seinen Herrn wiedersah.

Die Königin und die Kinder verließen den König fast den ganzen Tag über nicht, bedienten ihn mit mir zusammen und halfen mir oft, sein Bett zu machen; ich verbrachte nur die Nächte allein bei Seiner Majestät. M. Le Monnier kam zweimal am Tag, begleitet von einer großen Zahl von Beamten; er wurde jedesmal durchsucht und durfte nur mit lauter Stimme sprechen. Eines Tages, als der König seine Medizin einnahm, bat M. Le Monnier darum, einige Stunden bleiben zu dürfen; da er stehen blieb, während mehrere Beamte mit dem Hut auf dem Kopf dasaßen, forderte ihn Seine Majestät auf, Platz zu nehmen, aber er lehnte aus Ehrfurcht ab; die Kommissare äußerten laut ihren Unmut darüber. Die Krankheit des Königs dauerte sechs Tage.

Etwas später bekam auch der kleine Prinz Fieber, der im Zimmer Seiner Majestät schlief und den die Beamten nicht zur Königin hatten bringen wollen. Diese war um so mehr beunruhigt, als sie trotz ihrer dringendsten Bitten nicht erreichen konnte, daß sie jede Nacht bei ihrem Sohn verbringen durfte. Um so liebevoller kümmerte sie sich in den Stunden um ihn, in denen man ihr erlaubte, bei ihm zu sein. Mit der gleichen Krankheit steckten sich die Königin, Madame Royale und Madame Elisabeth an. M. Le Monnier erhielt die Erlaubnis, seine Besuche fortzusetzen.

Auch ich wurde krank. Das Zimmer, das ich bewohnte, war feucht und hatte keinen Ofen; die Blende vor dem Fenster schränkte den Luftzustrom noch zusätzlich ein. Ich wurde von einem rheumatischen Fieber, verbunden mit starken Schmerzen in der Seite, befallen, das mich zwang, das Bett zu hüten. Am ersten Tag stand ich auf, um dem König beim Ankleiden zu helfen; aber da Seine Majestät mir meinen Zustand ansah, lehnte er meine Dienste ab, befahl mir, mich hinzulegen, und besorgte die Toilette seines Sohnes selbst.

Während dieses ersten Tages verließ mich der Dauphin fast keinen Augenblick. Das erhabene Kind brachte mir zu trinken; am Abend benutzte auch der König einen Moment, in dem er weniger streng überwacht schien, um in mein Zimmer zu kommen; er reichte mir ein Glas Wasser und sagte mit einer Güte, die mich zu Tränen rührte: »Ich würde Sie gern selbst pflegen, aber Sie wissen ja, wie wir beobachtet werden; fassen Sie Mut, morgen kommt mein Arzt zu Ihnen.« Zur Zeit des Abendessens besuchte mich die ganze königliche Familie; und Madame Elisabeth gab mir, ohne daß die Beamten es merkten, eine kleine Flasche Hustensaft. Die Prinzessin, die selbst stark erkältet war, verzichtete also meinetwegen; ich wollte es nicht annehmen, aber sie bestand darauf. Nach dem Essen entkleidete die Königin den kleinen Prinzen und brachte ihn zu Bett, und Madame Elisabeth drehte dem König die Locken ein.

Am nächsten Morgen verordnete M. Le Monnier mir einen Aderlaß; aber die Einwilligung der Commune war nötig, um einen Chirurgen kommen zu lassen. Man sprach davon, mich ins Palais des Temple zu verlegen. Ich fürchtete jedoch, nicht mehr in den Turm zurückkehren zu können, wenn ich ihn einmal verlassen hätte, und wollte keinen Aderlaß mehr; ich tat sogar so, als ginge es mir besser. Am Abend kamen andere Beamte, und von einer Verlegung war nicht mehr die Rede.

Turgy bat, die Nacht bei mir verbringen zu dürfen; das wurde ihm und seinen beiden Gefährten gestattet, die mich abwechselnd pflegten. Ich blieb sechs Tage im Bett, und jeden Tag besuchte mich die königliche Familie. Oft brachte mir Madame Elisabeth Arzneien, die sie verlangte, als ob es für sie wäre. So viel Güte gab mir einen Teil meiner Kräfte zurück, und anstelle meiner Schmerzen empfand ich bald nur noch Dankbarkeit und Bewunderung. Wer wäre auch nicht darüber gerührt gewesen, wie diese erhabene Familie den Gedanken an ihr langes Unglück verdrängte, um sich mit einem ihrer Diener zu beschäftigen?

Ich darf hier nicht einen Zug des Dauphin vergessen, der beweist, welche Herzensgüte er besaß, und wie die Beispiele von Tugend, die er beständig vor Augen hatte, auf ihn wirkten.

Eines Abends, als ich ihn zu Bett gebracht hatte, zog ich mich zurück, um der Königin und den Prinzessinnen Platz zu machen, die ihn vor dem Einschlafen umarmen und ihm gute Nacht sagen wollten. Madame Elisabeth, die wegen der Wachsamkeit der Beamten nicht mit mir hatte sprechen können, benutzte diesen Augenblick, um ihm eine kleine Schachtel Brechwurzelpastillen zuzustecken, mit dem Auftrag, sie mir bei meiner Rückkehr zu geben. Die Damen gingen dann in ihr Zimmer, der König in sein Kabinett, und ich zum Abendessen. Gegen elf Uhr kam ich wieder ins Zimmer des Königs, um sein Bett zu machen; ich war allein, der kleine Prinz rief mich leise. Ich war sehr überrascht, daß er nicht schlief, und aus Besorgnis, er fühle sich vielleicht nicht wohl, fragte ich ihn nach dem Grund. Er erklärte mir: »Meine Tante hat mir eine kleine Schachtel für Sie anvertraut, und ich wollte nicht einschlafen, bevor ich sie Ihnen gegeben hätte; es war höchste Zeit, denn die Augen sind mir schon mehrmals zugefallen.« Ich fühlte, wie mir die Tränen kamen; er bemerkte es, umarmte mich, und zwei Minuten später schlief er tief und fest.

Mit dieser Empfindsamkeit verband der kleine Prinz viel Anmut und die ganze Liebenswürdigkeit seines Alters. Oft ließ er seine erhabenen Eltern durch sein kindliches Geplapper, sein heiteres Wesen und seine kleinen Schelmereien ihre schmerzliche Lage vergessen; dabei empfand er sie selbst, er sah sich trotz seiner Jugend in einem Gefängnis, überwacht von Feinden. Im Benehmen und in seinen Reden hatte er eine Zurückhaltung angenommen, die der Instinkt angesichts einer Gefahr vielleicht in jedem Alter eingibt: Nie habe ich ihn von den Tuileries, von Versailles oder sonst von irgend etwas sprechen hören, was in der Königin oder im König eine schmerzliche Erinnerung hätte hervorrufen können. Sah er einen Kommissar kommen, der anständiger war als seine Kollegen, lief er der Königin entgegen, kündigte ihr das schleunigst an und sagte mit dem Ausdruck tiefster Zufriedenheit: »Mama, heute ist es Herr Sowieso.«

Als er eines Tages einen Beamten anstarrte, den er wiedererkannte, wie er sagte, fragte der ihn, wo er ihn schon gesehen hätte. Der kleine Prinz weigerte sich hartnäckig zu antworten, dann beugte er sich zur Königin hinüber und flüsterte ihr zu: »Auf unserer Reise nach Varennes.«

Die folgende Episode bietet einen neuen Beweis für seine Sensibilität. Ein Steinmetz war dabei, neben der Tür des Vorzimmers Löcher in die Wand zu schlagen und mächtige Riegel anzubringen. Während der Arbeiter frühstückte, spielte der kleine Prinz mit seinem Werkzeug; der König nahm seinem Sohn Hammer und Meißel aus der Hand und zeigte ihm, wie man damit umgehen müsse. Dabei arbeitete er selbst eine kurze Zeit. Der Maurer, gerührt, den König bei dieser Tätigkeit zu sehen, sagte: »Wenn Sie diesen Turm einmal verlassen, können Sie sagen, Sie haben selbst an Ihrem Gefängnis mitgearbeitet.«

»Ach«, seufzte der König, »wann und wie werde ich ihn verlassen?« Der Dauphin begann zu weinen; der König ließ Hammer und Meißel fallen, kehrte in sein Zimmer zurück und ging dort mit großen Schritten auf und ab.

Am 2. Dezember wurde der Magistrat des 10. August durch einen anderen ersetzt, den man den provisorischen Magistrat nannte. Viele Beamte wurden wiedergewählt. Ich glaubte zunächst, dieser neue Magistrat wäre besser zusammengesetzt als der alte, und hoffte auf günstige Veränderungen in der Gefängnisordnung. In dieser Erwartung wurde ich getäuscht. Mehrere der neuen Kommissare gaben mir Anlaß, mir ihre Vorgänger zurückzuwünschen; diese waren zwar gröber, aber es war mir leicht gewesen, von ihrer angeborenen Geschwätzigkeit zu profitieren, um alles zu erfahren, was sie wußten. Die Kommissare des neuen Magistrats mußte ich erst studieren, bis ich zwischen ihrem Verhalten und ihrem Charakter unterscheiden konnte: Die früheren waren unverschämter gewesen, aber die Boshaftigkeit der neuen war viel kalkulierter.

Bis dahin war in der Nähe des Königs und der Königin nur je ein Beamter gewesen; der neue Magistrat verfügte, es sollten je zwei sein, und von da an wurde es viel schwieriger für mich, mit dem König oder den Damen zu sprechen; außerdem wurde die Kommission, die bis dahin in einem Saal im Palais des Temple residiert hatte, in ein Zimmer im Erdgeschoß des Turmes verlegt. Die neuen Beamten wollten die alten an Eifer übertreffen, und daraus wurde nur ein Wettstreit in Tyrannei.

Am 7. Dezember erschien ein Beamter an der Spitze einer Deputation der Commune und las dem König einen Befehl vor, wonach den Gefangenen »Messer, Rasiermesser, Scheren, Federmesser und alle anderen scharfen Werkzeuge« abzunehmen seien, »die man den einer Straftat Verdächtigen entzieht; auf solche Gegenstände sollten sowohl die Personen als auch ihre Zimmer sehr genau durchsucht werden«. Der Beamte verlas diesen Beschluß mit unsicherer Stimme; man konnte leicht merken, daß er sich zwingen mußte, und er hat in der Folge durch sein Verhalten bewiesen, daß er sich nur in den Temple hatte schicken lassen, um im

Rahmen seiner Möglichkeiten der königlichen Familie nützlich zu sein.

Der König zog ein Messer aus seiner Tasche und entnahm einem Etui aus rotem Leder eine Schere und ein Federmesser. Die Beamten durchsuchten die Zimmer sehr gründlich, nahmen Rasiermesser, Brennschere, das Messer zum Nägelschneiden, kleine Instrumente zum Reinigen der Zähne und andere Gegenstände aus Gold und Silber weg. Auch mein Zimmer wurde durchsucht, und ich mußte meine Taschen ausleeren.

Dann gingen die Kommissare zur Königin hinauf, lasen auch ihr und den Prinzessinnen die Verfügung vor und nahmen sogar die kleinen Utensilien mit, die sie für ihre Handarbeiten brauchten.

Eine Stunde später rief man mich ins Ratszimmer und fragte mich, ob ich wüßte, was noch in dem Etui sei, das der König in seine Tasche zurückgesteckt habe. Der Beamte Sermaise sagte: »Ich befehle Ihnen, das Etui heute abend an sich zu nehmen.«

»Es ist nicht meine Aufgabe, die Beschlüsse der Commune auszuführen oder die Taschen des Königs zu durchsuchen«, entgegnete ich.

»Cléry hat recht«, sagte ein anderer Beamter, »es war Ihre Sache (dabei wandte er sich an Sermaise), das zu überprüfen«.

Es wurde ein Verzeichnis aller Gegenstände aufgesetzt, die man der königlichen Familie weggenommen hatte; dann packte man sie ein und versiegelte sie. Zuletzt mußte ich einen Erlaß unterschreiben, der mich verpflichtete, die Kommission zu benachrichtigen, wenn ich beim König, bei den Damen oder in ihren Zimmern scharfe Werkzeuge fände. Alles das wurde an die Commune geschickt.

Man könnte beim Nachschlagen in den Registern der Kommission des Temple feststellen, daß ich oft gezwungen wurde, Verfügungen und Anträge zu unterschreiben, deren Form und Inhalt ich keineswegs billigte. Ich habe nie etwas unterzeichnet, gesagt oder getan, außer auf ausdrücklichen Befehl des Königs oder der Königin. Eine Weigerung hätte zur Trennung von Ihren Majestäten geführt, denen ich mein Dasein gewidmet hatte; meine Unterschrift auf gewissen Schriftstücken hatte nur den Zweck zu bestätigen, daß sie mir vorgelesen worden waren.

Derselbe Sermaise, von dem ich eben gesprochen habe, führte mich dann in die Räume Seiner Majestät. Der König saß mit der Feuerzange in der Hand am Kamin. Sermaise verlangte im Auftrag der Kommission zu sehen, was noch im Etui sei; der König zog es daraufhin aus der Tasche und öffnete es. Es enthielt einen Schraubenzieher, einen Auslader für Pistolen und ein kleines Feuerzeug. Sermaise nahm sie an sich. »Ist die Feuerzange, die ich hier habe, nicht auch ein gefährliches Werkzeug?« fragte der König und drehte ihm den Rücken zu. Als der Beamte wieder weg war, konnte ich Seiner Majestät alles berichten, was die Kommission zu dieser zweiten Durchsuchung veran-laßt hatte.

Während des Essens kam es zu einem Streit unter den Kommissaren: Die einen waren dagegen, daß die königliche Familie Messer und Gabel benutzte; andere waren bereit, ihnen die Gabeln zu lassen. Endlich beschloß man, keine Änderungen vorzunehmen, aber nach jeder Mahlzeit Messer und Gabeln einzusammeln.

Der Verlust der kleinen Utensilien war für die Damen um so unangenehmer, als sie deswegen auf verschiedene Handarbeiten verzichten mußten, die ihnen bisher die langen Tage im Gefängnis verkürzt hatten. Einmal besserte Madame Elisabeth die Kleidung des Königs aus und mußte, da sie keine Schere hatte, den Faden mit den Zähnen abbeißen. »Was für ein Gegensatz!« sagte der König, der sie voller Rührung anschaute, »in Ihrem Haus in Montreuil fehlte es Ihnen an nichts.«

»Ach, mein Bruder«, entgegnete sie, »kann ich denn traurig sein, wenn ich Ihr Unglück mit Ihnen teile?«

Inzwischen brachte jeder Tag neue Beschlüsse, die jeweils eine Tyrannei enthielten. Die Unfreundlichkeit und Rücksichtslosigkeit der Beamten mir gegenüber fielen mehr auf als je zuvor. Den drei Bedienten war wieder verboten worden, mit mir zu sprechen, und alles ließ mich neues Unglück befürchten. Die Königin und Madame Elisabeth waren von derselben Ahnung erfüllt und fragten mich ständig nach Neuigkeiten, ich konnte ihnen aber keine mitteilen, da ich meine Frau erst wieder in drei Tagen erwartete; dabei brannte ich vor Ungeduld.

Am Donnerstag kam sie endlich. Ich wurde ins Ratszimmer gerufen; sie sprach absichtlich laut mit mir, um jeden Verdacht unserer Wächter zu zerstreuen. Während sie mich über den Stand unserer häuslichen Angelegenheiten informierte, flüsterte mir ihre Freundin zu: »Nächsten Dienstag wird der König vor die Convention gebracht, sein Prozeß soll beginnen. Seine Majestät kann sich einen Rechtsbeistand nehmen; das alles ist sicher.«

Ich wußte nicht, wie ich dem König diese schreckliche Nachricht auf direktem Wege mitteilen sollte; gern hätte ich zuerst die Königin oder Madame Elisabeth unterrichtet, aber ich war äußerst beunruhigt: Die Zeit drängte, und der König hatte mir verboten, ihm etwas zu verheimlichen. Als ich ihm am Abend beim Ankleiden behilflich war, berichtete ich ihm alles, was ich erfahren hatte; ich deutete sogar an, daß man vorhatte, ihn während des Prozesses von seiner Familie zu trennen, und fügte hinzu, es blieben nur noch vier Tage, um mit der Königin zu vereinbaren, wie sie trotzdem Verbindung halten könnten. Ich versicherte ihm, daß ich bereit sei, alles zu tun, um ihm dies zu erleichtern. Da der Beamte hereinkam, konnte ich nicht weiterreden, und Seine Majestät konnte mir nicht antworten.

Auch am nächsten Morgen, als der König aufstand, fand ich keine Gelegenheit, das Gespräch fortzusetzen. Er ging mit seinem Sohn zu den Damen hinauf, um zu frühstücken, und ich folgte ihm. Nachher unterhielt er sich lange mit der Königin, die mir durch einen schmerzerfüllten Blick zu verstehen gab, daß es um all das ging, was ich dem König gesagt hatte. Im Laufe des Tages fand ich eine Gelegenheit, mit Madame Elisabeth zu reden; ich schilderte ihr, wie schwer es mir gefallen war, den Kummer des Königs durch einen

Hinweis auf den Tag des Prozeßbeginns noch zu vergrößern. Sie beruhigte mich und gab mir zu verstehen, der König wisse diesen Beweis meiner Treue zu würdigen. Sie fügte hinzu: »Die Furcht, von uns getrennt zu werden, macht ihm am meisten zu schaffen. Versuchen Sie, noch mehr zu erfahren.«

Am Abend drückte mir der König all seine Zufriedenheit darüber aus, daß er im voraus erfahren hatte, er solle vor der Convention erscheinen. Er fuhr fort: »Versuchen Sie, noch mehr darüber zu erfahren, was sie mit mir vorhaben; haben Sie nie Angst, mich zu betrüben. Ich bin mit meiner Familie übereingekommen, mich unwissend zu stellen, um Sie nicht zu kompromittieren.«

Je näher der Zeitpunkt des Prozesses heranrückte, um so mißtrauischer wurde man mir gegenüber; die Beamten antworteten auf keine meiner Fragen. Vergeblich hatte ich schon unter verschiedenen Vorwänden versucht, ins Ratszimmer vorzudringen, wo ich weitere Details für den König hätte herausfinden können, als eine Kommission in den Temple kam, um die Ausgaben der königlichen Familie zu überprüfen. Man mußte mich rufen lassen, damit ich Auskunft geben konnte, und ich erfuhr von einem wohlwollenden Kommissar, daß die Trennung des Königs von seiner Familie zwar von der Commune beschlossen, aber von der Nationalversammlung noch nicht bestätigt worden sei. Am selben Tag brachte mir Turgy eine Zeitung mit dem Text eines Dekrets, das bestimmte, der König müsse sich vor der Convention verantworten; er übergab mir auch ein Memorandum von

M. Necker* über den Prozeß des Königs. Um die beiden Schriften der königlichen Familie zukommen zu lassen, fand ich keinen anderen Weg, als sie unter einem der Möbelstücke in der Toilette zu verstecken, nachdem ich den König und die Damen darauf hingewiesen hatte.

Am 11. November 1792 schlugen die Trommeln schon um fünf Uhr früh in ganz Paris Alarm, und Abteilungen Kavallerie und Artillerie rückten in den Garten des Temple vor. Dieser Lärm hätte die königliche Familie furchtbar beunruhigt, wenn sie den Grund nicht schon gekannt hätte; sie stellten sich aber unwissend und baten die diensthabenden Kommissare um Erklärungen; diese weigerten sich zu antworten.

Um neun Uhr kamen der König und der Dauphin zum Frühstück in die Räume der Damen. Ihre Majestäten blieben eine Stunde zusammen, aber immer unter den Augen der Beamten. Der ständige Zwang für die königliche Familie, sich nicht gehenlassen und nicht offen sprechen zu können, in einem Augenblick, wo so viele Ängste sie quälen mußten, war eine der raffiniertesten Grausamkeiten ihrer Tyrannen und eine von deren liebsten Freuden. Endlich galt es sich zu trennen. Der König verließ die Königin, Madame Elisabeth und seine Tochter; ihre Blicke drückten aus, was sie sich nicht sagen konnten. Der Dauphin ging wie immer mit dem König hinunter.

Der kleine Prinz, der Seine Majestät oft dazu brachte, mit ihm Murmeln zu spielen, bat an diesem Tag so inständig, daß der König sich trotz seiner Lage nicht weigern konnte. Der Dauphin verlor alle Spiele, und zweimal kam er über die Zahl *sechzehn* nicht hinaus: »Jedesmal, wenn ich *sechzehn* Punkte habe, kann ich das Spiel nicht gewinnen«, sagte er leicht verärgert. Der König antwortete nicht; aber ich glaubte zu bemerken, daß diese Anspielung einen gewissen Eindruck auf ihn machte.

Um elf Uhr, als der König dem Dauphin Leseunterricht gab, kamen zwei Beamte herein und erklärten Seiner Majestät, sie müßten den kleinen Louis abholen, um ihn zu seiner Mutter zu bringen. Der König wollte den Grund dafür erfahren; die Kommissare antworteten, sie führten nur die Befehle der Commune aus. Seine Majestät umarmte seinen Sohn zärtlich und bat mich, mit ihm zu gehen. Hinterher sagte ich ihm, ich hätte den kleinen Prinzen in den Armen seiner Mutter gelassen; das schien ihn zu beruhigen. Einer der Kommissare kam zurück, um ihm anzukündigen, daß Chambon*, der Bürgermeister von Paris, unten sei und gleich heraufkommen würde. »Was will er von mir?« fragte der König.

»Ich weiß es nicht«, war die Antwort.

Seine Majestät ging für kurze Zeit mit großen Schritten im Zimmer auf und ab und setzte sich dann in einen Sessel neben dem Bett. Die Tür stand halb offen, aber der Beamte wagte nicht, einzutreten, um, wie er mir sagte, Fragen aus dem Weg zu gehen. So verstrich eine halbe Stunde in völliger Stille, bis der Kommissar unruhig wurde, weil er den König nicht mehr hörte. Er kam leise herein und fand ihn, den Kopf auf die Hand gestützt, anscheinend tief in Gedanken versunken. »Was wollen Sie von mir?« fragte der König mit erhobener Stimme.

»Ich fürchtete, Sie fühlten sich unwohl«, antwortete der Beamte.

»Ich bin Ihnen dankbar«, erwiderte der König in schmerzlichem Ton, »aber die Art, wie man mir meinen Sohn weggenommen hat, geht mir sehr nahe.« Der Beamte zog sich wortlos zurück.

Der Bürgermeister erschien erst um ein Uhr; er hatte Chaumette*, den Prokurator der Commune, Coulombeau, einen Gerichtsschreiber, mehrere Beamte und Santerre, den Kommandanten der Nationalgarde, bei sich, dem seine Adjutanten folgten. Der Bürgermeister erklärte dem König, er käme, um ihn vor die Convention zu holen, kraft eines Dekrets, das der Schreiber der Commune ihm vorlesen würde. Dieses Dekret besagte, daß »Louis Capet vor der Convention zu erscheinen habe«.

»Ich heiße nicht Capet«, sagte der König, »das ist der Name eines meiner Vorfahren. Ich hätte mir gewünscht, Monsieur, daß die Kommissare mir meinen Sohn während der zwei Stunden gelassen hätten, die ich auf Sie gewartet habe«, fügte er hinzu. »Davon abgesehen setzt diese Behandlung nur das fort, was ich hier seit vier Monaten erfahre. Ich werde Ihnen folgen, nicht, um der Convention zu gehorchen, sondern weil meine Feinde in der stärkeren Position sind.« Ich reichte Seiner Majestät seinen Rock und seinen Hut, und er folgte dem Bürgermeister von Paris. Eine große Eskorte erwartete ihn am Tor des Temple.

Ich blieb allein mit einem Beamten im Zimmer zurück und erfuhr von ihm, daß der König seine Familie nicht wiedersehen würde; aber über diese Trennung müsse der Bürgermeister von Paris noch mit einigen Abgeordneten beraten. Ich bat den Kommissar, mich zum Dauphin zu bringen, der bei der Königin war, was mir gewährt wurde. Erst um sechs Uhr kam ich wieder herunter, als der König gerade aus der Convention zurückkehrte. Die Beamten unterrichteten die Königin von der Fahrt des Königs zur Nationalversammlung, aber ohne ins Detail zu gehen. Die Damen und der Dauphin kamen wie immer zum Abendessen in die Räume des Königs und gingen dann wieder hinauf.

Nach dem Essen blieb nur ein Beamter bei der Königin. Es war ein junger Mann von ungefähr vierundzwanzig Jahren, aus der Sektion Temple; er war zum ersten Mal auf Wache im Turm und schien weniger mißtrauisch und anständiger als die meisten seiner Kollegen. Die Königin fing ein Gespräch mit ihm an und fragte nach seinem Stand, seinen Eltern usw. Diesen Augenblick benutzte Madame Elisabeth, um in ihr Zimmer zu gehen, und sie gab mir ein Zeichen, ihr zu folgen.

Sobald ich bei ihr war, teilte ich ihr mit, daß die Commune entschieden hatte, den König von seiner Familie zu trennen, was, wie ich fürchtete, noch an diesem Abend erfolgen könnte; allerdings hätte die Convention noch nichts beschlossen, aber der Bürgermeister sei beauftragt, den entsprechenden Antrag zu stellen, und würde ihn sicherlich durchsetzen. Die Prinzessin antwortete: »Die Königin und ich sind auf alles gefaßt und machen uns keine Illusionen über das Los, das man dem König bestimmt. Er wird als Opfer seiner Güte und der Liebe zu seinem Volk sterben, für dessen Glück er seit seiner Thronbesteigung unaufhörlich gearbeitet hat. Wie furchtbar wird dieses Volk getäuscht! Die Frömmigkeit des Königs und sein großes Vertrauen in die Vorsehung werden ihn in diesem großen Unglück stützen. Zuletzt, Cléry, werden Sie ganz allein bei meinem Bruder bleiben«, fuhr die tugendhafte Prinzessin mit Tränen in den Augen fort, »kümmern Sie sich, wenn möglich, noch einmal soviel um ihn; lassen Sie keine Gelegenheit aus, uns Nachricht zukommen zu lassen; aber bringen Sie sich nicht wegen anderer Dinge in Gefahr, denn sonst hätten wir niemanden mehr, dem wir uns anvertrauen könnten.« Ich beteuerte Madame Elisabeth meine Hingabe an den König, und wir verabredeten, wie wir Verbindung halten könnten.

Turgy war der einzige, den ich ins Vertrauen ziehen durfte; aber ich konnte nur selten und unter Aufbietung aller Vorsicht mit ihm sprechen. Wir kamen überein, daß ich weiterhin Wäsche und Kleidung des Kronprinzen verwalten sollte; ich würde alle zwei Tage schicken, was er brauchte, und diese Gelegenheit benutzen, Nachrichten über den König zu übermitteln. Dieser Plan brachte Madame Elisabeth auf die Idee, mir eines ihrer Taschentücher zu übergeben. »Behalten Sie es, solange es meinem Bruder gut geht«, sagte sie; »sollte er krank werden, schicken Sie es mir mit der Wäsche meines Neffen.« Die Weise, wie es gefaltet würde, sollte die Art der Krankheit bezeichnen.

Der Kummer der Prinzessin, wenn sie vom König sprach, ihre Gleichgültigkeit angesichts der eigenen Lage, die Anerkennung, die sie meinen geringen Diensten an Seiner Majestät zu zollen geruhte, all das rührte mich zutiefst. »Haben Sie nicht auch etwas über die Königin gehört?« fragte sie mich mit so etwas wie Schrecken in der Stimme. »Ach, was könnte man ihr wohl vorwerfen?«

»Ich weiß nichts, Madame; aber was könnte man dem König vorwerfen?«

»Oh, nichts, gar nichts. Aber vielleicht betrachten sie ihn als notwendiges Opfer für ihre Sicherheit; während die Königin und die Kinder ihrem Ehrgeiz nicht im Wege stehen.« Ich erlaubte mir zu bemerken, der König würde gewiß zur Deportation verurteilt werden, ich hätte davon gehört; und da Spanien Frankreich nicht den Krieg erklärt habe, würde man den König und seine Familie wahrscheinlich dorthin bringen.

»Ich habe keine Hoffnung, daß der König gerettet wird«, sagte sie.

Ich glaubte hinzufügen zu müssen, daß die ausländischen Mächte sich mit den verschiedensten Möglichkeiten beschäftigten, den König zu befreien: Monsieur* und der Comte d'Artois* sammelten von neuem alle Emigranten um sich, um sie mit den österreichischen und preußischen Truppen zu vereinigen; Spanien und England würden tätig werden; ganz Europa sei daran interessiert, den Tod des Königs zu verhindern; die Convention müsse daher ernsthafte Überlegungen anstellen, ehe sie über das Schicksal Seiner Majestät entscheide.

Die Unterredung dauerte schon eine Stunde, als Madame Elisabeth, mit der ich noch nie so lange gesprochen hatte, mich aus Sorge wegen der Ankunft der neuen Beamten verließ und ins Zimmer der Königin zurückging. Tison und seine Frau, die mich unablässig überwachten, gaben mir zu verstehen, ich sei sehr lange bei Madame Elisabeth geblieben und es sei zu befürchten, daß der Kommissar es bemerkt hätte. Ich gab zur Antwort, die Prinzessin hätte sich mit mir über ihren Neffen unterhalten, der in Zukunft wahrscheinlich bei seiner Mutter bleibe.

Einen Augenblick später betrat ich wieder das Zimmer der Königin, der Madame Elisabeth gerade von unserer Unterredung und von den Verabredungen berichtet hatte, die wir wegen einer Nachrichtenverbindung getroffen hatten. Ihre Majestät geruhte, mir ihre Zufriedenheit darüber auszudrücken.

Um sechs Uhr riefen mich die Kommissare ins Ratszimmer und lasen mir einen Beschluß der Commune vor, der mir verbot, noch länger irgendwelche Verbindungen zu den drei Damen oder dem kleinen Prinzen aufrechtzuerhalten, da ich allein für den Dienst beim König abgestellt sei. Zuerst war sogar verfügt worden, daß ich nicht mehr in seinen Räumen schlafen dürfe, um den König gewissermaßen in Einzelhaft zu nehmen; ich sollte im kleinen Turm untergebracht und nur dann zu Seiner Majestät gebracht werden, wenn er meiner bedürfe.

Um halb sieben kam der König zurück; er schien abgespannt, und als erstes wünschte er, zu seiner Familie geführt zu werden. Man schlug es ihm ab, unter dem Vorwand, es gebe keinen Befehl dazu; er bestand darauf, daß man sie wenigstens von seiner Rückkehr unterrichte, was man ihm versprach. Dann befahl er mir, sein Abendessen auf halb neun zu bestellen; die beiden Stunden bis dahin widmete er seiner gewohnten Lektüre, wobei er immer von vier Beamten umgeben war.

Um halb neun kündigte ich Seiner Majestät an, das Essen sei aufgetragen; er fragte die Kommissare, ob seine Familie nicht herunterkäme, erhielt aber keine Antwort. Der König insistierte: »Aber mein Sohn wird doch wenigstens die Nacht über bei mir sein, sein Bett und seine Sachen sind ja hier?« Gleiches Schweigen. Nach dem Essen bestand der König nochmals auf dem Wunsch, seine Familie zu sehen; man antwortete ihm, man müsse erst die Entscheidung der Convention abwarten. Ich packte dann alles zusammen, was der kleine Prinz für die Nacht brauchte.

Während ich am Abend dem König beim Entkleiden behilflich war, sagte er: »Ich habe nicht im entferntesten an alle die Fragen gedacht, die man mir gestellt hat.« Er legte sich sehr ruhig hin. Der Erlaß der Commune, der bestimmte, ich müsse mich während der Nacht aus seiner Nähe entfernen, kam nicht zur Anwendung. Es wäre für die Beamten zu mühsam gewesen, mich jedesmal zu holen, wenn der König mich brauchte.

Am nächsten Tag, dem 12., erkundigte sich der König sofort, als er einen Beamten sah, ob eine Entscheidung über seinen Antrag gefallen sei, seine Familie sehen zu können. Er bekam zur Antwort, man warte noch auf Befehle. Den gleichen Beamten bat er, sich nach dem Befinden der Damen und des Dauphin zu erkundigen und ihnen auszurichten, es gehe ihm gut. Der Kommissar versicherte ihm bei seiner Rückkehr, seine Familie sei wohlauf. Der König gab mir Anweisung, das Bett seines Sohnes zur Königin hochzubringen, wo der kleine Prinz die Nacht auf einer Matratze aus ihrem Bett verbracht hatte.

Ich bat Seine Majestät, die Entscheidung der Convention abzuwarten. »Ich rechne mit keiner Rücksicht, mit keiner Gerechtigkeit, aber warten wir ab«, antwortete Seine Majestät.

Am gleichen Tag kam eine Abordnung der Convention mit Thuriot, Cambacénès, Dubois-Crancé und Dupont de Bigorre und brachte den Beschluß, der dem König erlaubte, sich einen Rechtsbeistand zu nehmen. Der König erklärte, er wolle M. Target* wählen, ersatzweise M. Tronchet*, oder alle beide, wenn die Convention zustimme. Die Abgeordneten ließen den König sein Gesuch unterschreiben und setzten dann ihre Namen darunter. Der König fügte noch hinzu, man müsse ihm Papier, Federn und Tinte bringen. Er gab auch die Adresse des Landhauses von M. Tronchet an und erklärte, er wisse nicht, wo M. Target wohne.

Am Morgen des 13. kam die gleiche Abordnung in den Temple zurück und teilte dem König mit, M. Target habe sich geweigert, ihn zu vertreten; man habe nach M. Tronchet geschickt, der wahrscheinlich im Lauf des Tages käme. Dann verlas man dem König mehrere Briefe, die die Herren Sourdat, Huet, Guillaume und Lamoignon de Malesherbes*, ehemaliger Finanzgerichtspräsident von Paris und Haushaltsminister des Königs, an die Convention geschickt hatten. Der Brief von M. de Malesherbes hatte folgenden Wortlaut:

Paris, 11. Dezember 1792

Bürger Präsident, ich weiß nicht, ob die Convention Louis XVI einen Rechtsbeistand zur Verteidigung zugesteht und ob die Wahl ihm überlassen bleibt; in diesem Fall möchte ich, daß Louis XVI davon in Kenntnis gesetzt wird, daß ich bereit bin, diese Funktion zu übernehmen, wenn er mich dazu bestimmt. Ich verlange nicht, daß Sie der Convention mein Angebot vorlegen, denn ich halte mich keineswegs für wichtig genug, daß sie sich mit mir befassen sollte. Aber ich bin zweimal in den Ministerrat meines ehemaligen Herrn berufen worden, als alle Welt ihren Ehrgeiz auf dieses Amt richtete; ich schulde ihm jetzt den gleichen Dienst, da es um eine Angelegenheit geht, die viele Leute für gefährlich halten. Wenn ich eine andere Möglichkeit wüßte, ihm meine Bereitschaft mitzuteilen, würde ich mir nicht die Freiheit nehmen, mich an Sie zu wenden. Ich habe mir gedacht, Sie hätten in Ihrer Stellung mehr Möglichkeiten als irgend jemand sonst, ihm diesen Hinweis zukommen zu lassen. Ich zeichne mit Hochachtung usw.

Lamoignon de Malesherbes

Seine Majestät antwortete der Abordnung:

»Ich bin denen verbunden, die sich anbieten, mir als Rechtsbeistand zu dienen, und bitte Sie, ihnen meine Dankbarkeit auszusprechen. Ich akzeptiere M. de Malesherbes als Anwalt; wenn M. Tronchet mir nicht zu Diensten sein kann, werde ich mich mit M. de Malesherbes über die Wahl eines anderen verständigen.«

Am 14. Dezember hatte M. Tronchet eine Besprechung mit Seiner Majestät, wie es das Dekret erlaubte. Am selben Tag wurde auch M. de Malesherbes in den Turm vorgelassen; der König eilte dem ehrwürdigen Greis entgegen und schloß ihn liebevoll in die Arme; und der ehemalige Minister brach beim Anblick seines Herrn in Tränen aus, entweder, weil er sich an die ersten Jahre seiner Regierungszeit erinnerte, oder vielleicht eher, weil er in diesem Augenblick nur den tugendhaften, vom Unglück gebeugten Menschen in ihm sah. Da der König die Erlaubnis hatte, sich mit seinen Anwälten ohne Zeugen zu besprechen, schloß ich die Tür seines Zimmers, damit er offen mit M. de Malesherbes reden könne. Ein Beamter machte mir deswegen Vorwürfe, befahl mir, sie wieder zu öffnen, und verbot, sie künftig zu schließen. Ich machte die Tür also wieder auf; aber Seine Majestät war schon in den kleinen Turm gegangen, der ihm als Kabinett diente.

Bei dieser ersten Unterredung sprachen der König und M. de Malesherbes sehr laut. Die Kommissare im Zimmer horchten auf ihre Worte und konnten sie auch verstehen. Als M. de Malesherbes fortgegangen war, berichtete ich Seiner Majestät, daß der Beamte mir verboten hatte, die Tür zu schließen, und daß die Kommissare der Besprechung aufmerksam zugehört hatten. Ich bat ihn dringend, selbst die Zimmertüre zu schließen, wenn er seine Anwälte bei sich hätte, was er fortan auch tat.

Am 15. erhielt der König den Bescheid wegen seiner Familie. Er besagte im wesentlichen, »daß die Königin und Madame Elisabeth während der Dauer des Prozesses keine Verbindung mit dem König haben dürften; seine Kinder könnten auf seinen Wunsch zu ihm kommen, aber unter der Bedingung, daß sie dann ihre Mutter und ihre Tante bis nach dem letzten Verhör nicht mehr zu sehen bekämen«. Sobald ich mit dem König allein war, bat ich ihn um seine Anweisungen. »Sie sehen«, sagte der König, »vor welche qualvolle Alternative sie mich stellen; ich kann mich nicht entschließen, meine Kinder zu mir zu nehmen: Bei meiner Tochter ist das ausgeschlossen, und was meinen Sohn anbelangt, so weiß ich genau, wieviel Kummer es der Königin bereiten würde. Ich muß mich also zu diesem neuen Opfer bereitfinden.« Seine Majestät befahl mir nochmals, das Bett des kleinen Prinzen hinaufschaffen zu lassen, was ich sofort tat. Ich behielt seine Wäsche und seine Kleidung und schickte alle zwei Tage das Notwendige hinauf, wie ich es mit Madame Elisabeth vereinbart hatte.

Am 16. kam um vier Uhr nachmittags eine andere Abordnung von vier Mitgliedern der Convention, Valazé, Cochon, Grandpré und Duprat, die zu der Kommission der Einundzwanzig* gehörten, deren Aufgabe es war, den Prozeß des Königs vorzubereiten. In ihrer

Begleitung waren ein Schreiber, ein Gerichtsdiener und ein Offizier der Wache der Convention; sie überbrachten dem König die Anklageschrift und die dazugehörigen Akten; die meisten hatte man in den Tuileries in einem Geheimschrank in den Gemächern Seiner Majestät gefunden, den der Minister Roland den »Eisenschrank«* getauft hatte.

Die Verlesung dieser insgesamt 107 Schriftstücke dauerte von vier Uhr bis Mitternacht: Alle wurden vorgelesen und vom König abgezeichnet, ebenso wie vollständige Kopien, die bei ihm verblieben. Der König saß dabei an einem großen Tisch, M. Tronchet neben ihm, die Abgeordneten ihm gegenüber. Nach der Verlesung jedes Dokuments fragte Valazé den König: »Haben Sie Kenntnis? usw.« Er antwortete mit ja oder nein, ohne weitere Erklärungen. Ein anderer Abgeordneter reichte ihm die Originale zur Unterschrift, ebenso wie die Kopien, die ihm vorzulesen ein dritter jedesmal anbot, worauf Seine Majestät verzichtete. Der vierte rief die Schriftstücke nach Aktenbündel und Nummer auf, und der Sekretär trug sie in die Liste ein, so wie sie dem König vorgelegt wurden.

Seine Majestät unterbrach die Sitzung, um die Mitglieder der Convention zu fragen, ob sie zu Abend essen wollten; sie waren einverstanden. Ich ließ ihnen kaltes Geflügel und etwas Obst im Speisezimmer auftragen. M. Tronchet wollte nichts essen und blieb beim König in dessen Zimmer.

Ein Beamter namens Merceraut, ehemaliger Präsident der Commune von Paris, der damals als Steinmetz tätig war, obwohl er vor der Revolution in Versailles als Sänftenträger gearbeitet hatte, versah an diesem Tag zum ersten Mal seinen Dienst im Temple. Er trug seine an vielen Stellen zerrissene Arbeitsklei-dung, hatte einen schäbigen runden Hut auf, einen Lederschurz umgebunden und dazu eine Schärpe in den Nationalfarben. Dieser Mensch hatte sich in einem Sessel neben dem König betont breitgemacht, während Seine Majestät auf einem Stuhl saß; er duzte, ohne den Hut abzunehmen, alle, die ihn ansprachen. Die Mitglieder der Convention wunderten sich dar-über; und während sie aßen, stellte mir einer von ihnen mehrere Fragen über diesen Merceraut und über die Art, wie der Magistrat den König behandelte. Ich wollte gerade antworten, als ein andere Kommis-sar den Abgeordneten aufforderte, keine Fragen mehr zu stellen; es sei verboten, mit mir zu sprechen, und er könne im Ratszimmer alle Details in Erfahrung brin-gen, die ihn interessieren könnten. Der Abgeordnete fürchtete, sich bloßgestellt zu haben, und antwortete nicht.

Man nahm die Befragung wieder auf. Unter den Schriftstücken, die man ihm vorlegte, bemerkte Seine Majestät die Erklärung, die er bei seiner Rückkehr aus Varennes abgegeben hatte, als die Herren Tronchet, Barnave und Duport von der Verfassunggebenden Versammlung bestimmt worden waren, ihm entgegen-zufahren. Diese Erklärung war von ihm und den Ab-geordneten unterzeichnet. »Erkennen Sie dieses Schriftstück als echt an?« fragte der König M. Tron-chet. »Sehen Sie hier Ihre Unterschrift.«

Einige der Aktenbündel enthielten auch Verfassungsentwürfe mit eigenhändigen Randbemerkungen Seiner Majestät. Manche dieser Notizen waren mit Tinte, andere mit Bleistift geschrieben. Man legte ihm auch Polizeiakten vor, die belastende Aussagen von Dienern Seiner Majestät wiedergaben; diese Undankbarkeit schien ihm sehr nahe zu gehen. Die Denunzianten hatten nur so getan, als berichteten sie, was sich beim König oder der Königin im Tuilerienschloß abspielte, um ihre Verleumdungen wahrscheinlicher zu machen.

Als die Abordnung wieder weg war, aß der König etwas und ging zu Bett, ohne sich über die Anstrengungen zu beklagen. Er fragte mich nur, ob sich das Abendessen seiner Familie verzögert hätte; als ich dies verneinte, sagte er: »Ich hätte Angst gehabt, eine solche Verspätung hätte sie in Sorge versetzen können.« Er hatte sogar die Güte, mir einen Vorwurf zu machen, weil ich nicht vor ihm zu Abend gegessen hatte.

Einige Tage später kamen die vier Mitglieder der Kommission der Einundzwanzig wieder in den Temple. Sie verlasen dem König 51 weitere Schriftstücke, die er wie die früheren unterschrieb und mit seinem Handzeichen versah; das machte insgesamt 158 Dokumente, von denen er Abschriften behielt.

Vom 14. bis zum 26. Dezember empfing der König regelmäßig seine Anwälte; sie kamen um fünf und gingen um neun Uhr abends. M. Desèze* war noch dazugekommen. Jeden Morgen brachte M. de Malesherbes Seiner Majestät die Nachrichtenblätter und die gedruckten Stellungnahmen der Abgeordneten zu seinem Prozeß. Er bereitete die Arbeitssitzung für den

Abend vor und blieb ein oder zwei Stunden bei Seiner Majestät. Oft geruhte der König, mir einige dieser Stellungnahmen zu lesen zu geben, und fragte mich dann: »Wie finden Sie die Ansicht von Sowieso?«

»Es fehlt mir an Worten, um meiner Entrüstung Ausdruck zu verleihen«, antwortete ich, »aber Sie, Sire, wie können Sie all das ohne Schaudern lesen?«

»Ich sehe daran, wie weit die Bosheit der Menschen geht«, erwiderte der König. »Ich dachte vorher nicht, daß es so etwas gäbe.« Seine Majestät ging nie zu Bett, ohne die verschiedenen Schriften gelesen zu haben; und um M. de Malesherbes nicht zu kompromittieren, war er dann so vorsichtig, sie selbst in dem Ofen zu verbrennen, der im Kabinett stand.

Ich hatte schon in einem günstigen Augenblick mit Turgy gesprochen und ihm aufgetragen, Madame Elisabeth Nachricht vom König zu geben. Am nächsten Morgen teilte er mir mit, die Prinzessin habe ihm nach dem Essen in ihrer Serviette ein Papier zugesteckt, auf dem sie mit Nadelstichen Buchstaben markiert hatte; darin bat sie, der König möge ihr eigenhändig ein paar Worte schreiben. Noch am selben Abend teilte ich Seiner Majestät diesen Wunsch von Madame Elisabeth mit. Da man ihm seit Prozeßbeginn wieder Papier und Tinte zur Verfügung gestellt hatte, schrieb der König ein Billett an seine Schwester, das er nicht verschloß, und sagte mir, ich sollte es ruhig lesen, es enthielte nichts für mich Kompromittierendes. Daraufhin bat ich Seine Majestät zum ersten Mal, mich von der Gehorsamspflicht zu entbinden.

Am nächsten Morgen übergab ich das Billett Turgy;

er brachte mir die Antwort in einem Garnknäuel, das er, als er an der Tür meines Zimmers vorbeiging, unter mein Bett warf. Seine Majestät freute sich sehr, daß dieses Verfahren, Nachrichten von seiner Familie zu erhalten, Erfolg gehabt hatte; ich wies ihn darauf hin, daß man diese Korrespondenz leicht fortsetzen könne. Der König steckte mir weitere Briefchen zu; ich faltete sie sorgfältig zusammen und wickelte dann Baumwollfäden darum. Turgy fand sie im Schrank bei den Tellern und ließ mir die Antworten auf verschiedenen Wegen zukommen; wenn ich sie dem König aushändigte, warnte er mich jedesmal in gütigem Ton: »Geben Sie acht, Sie bringen sich in zu große Gefahr.«

Die Wachslichter, die mir die Kommissare aushändigen ließen, waren in Päckchen verschnürt. Ich hob den Bindfaden auf, und als ich genug gesammelt hatte, teilte ich dem König mit, er könne seine Korrespondenz ohne weiteres intensiver gestalten; dazu müßte man nur einen Teil des Fadens Madame Elisabeth zukommen lassen, die ihr Zimmer über mir hatte. Ihr Fenster lag genau über dem eines kleinen Korridors, der an mein Zimmer grenzte. Während der Nacht konnte die Prinzessin ihre Briefe an der Schnur festmachen und sie bis zum Fenster unter ihr hinunterlassen. Die kiepenförmigen Blenden über den Fenstern sorgten dafür, daß die Briefe nicht in den Garten fallen konnten. Auf dem gleichen Weg konnte die Prinzessin auch Antworten erhalten. Der Faden bot auch die Möglichkeit, etwas Papier und Tinte daran zu befestigen, Sachen, die man den Prinzessinnen vorenthielt. »Das ist eine gute Idee«, sagte der König. »Wir werden sie in die Tat umsetzen, wenn das Mittel, das wir bisher benutzt haben, versagt.« Der König hielt sich später wirklich daran. Er wartete immer bis acht Uhr abends, ehe er seinen Brief auf den Weg brachte; dann schloß ich die Tür meines Zimmers und die des Korridors, begann ein Gespräch mit den Kommissaren der Commune oder forderte sie zu einem Spiel auf, um ihre Aufmerksamkeit abzulenken.

Zu dieser Zeit wurde der Bediente Marchand, der Familienvater war und seinen Lohn für zwei Monate in Höhe von 200 Livres bekommen hatte, im Temple bestohlen; der Verlust traf ihn empfindlich. Der König hatte seine Niedergeschlagenheit bemerkt und den Grund erfahren; er ließ Marchand durch mich 200 Livres aushändigen, aber mit der Ermahnung, niemandem etwas davon zu sagen. Vor allem solle er nicht versuchen, sich zu bedanken, denn das könne für ihn verhängnisvoll werden. Marchand war gerührt von der Güte Seiner Majestät, aber noch mehr davon, daß er ihm untersagte, seine Dankbarkeit zu zeigen.

Seit der König von seiner Familie getrennt war, weigerte er sich hartnäckig, in den Garten hinunterzugehen. Wenn man es ihm vorschlug, antwortete er jedesmal: »Ich kann mich nicht entschließen, allein zu gehen; der Spaziergang machte mir nur Freude, solange ich mit meiner Familie zusammen war.« Aber obwohl er von seinen Lieben getrennt war und sich keine Illusionen über sein Schicksal machte, war er nicht mürrisch und klagte nicht: Er hatte seinen Peinigern schon vergeben. Jeden Tag schöpfte er aus der Lektüre in seinem Kabinett die Kraft, die ihm seinen

Mut erhielt; davon abgesehen widmete er sich den Beschäftigungen eines stets gleichförmigen Lebens, das aber durch eine Vielzahl von Beweisen seiner Güte verschönt wurde. Er geruhte mich so zu behandeln, als wäre ich mehr als nur sein Diener gewesen; er trat den wachhabenden Kommissaren entgegen, als ob er sich nie über sie zu beklagen gehabt hätte, und plauderte mit ihnen wie einst mit seinen Untertanen: Er führte Gespräche über ihren Stand, ihre Familie, ihre Kinder und die Pflichten und Vorteile ihres Berufs. Alle, die ihm zuhörten, waren erstaunt über seine treffenden Bemerkungen, die Fülle seiner verschiedenen Kenntnisse und die Art, wie er sie in seinem Gedächtnis geordnet hatte. Durch diese Unterhaltungen suchte er sich keineswegs von seinen Leiden abzulenken; sein Gefühl dafür war stark und tief, aber seine Ergebenheit war noch größer als sein Unglück.

Am Mittwoch, dem 19. Dezember, brachte man dem König wie gewöhnlich das Frühstück; da ich nicht an den Quatember dachte, stellte ich es ihm hin. »Heute ist Fasttag«, bemerkte der König. Ich trug das Frühstück also zurück.

»Sie werden sich wohl ein Beispiel an Ihrem Herrn nehmen und heute auch fasten?« fragte mich ein Beamter (Dorat de Cubières) in spöttischem Ton.

»Nein, Monsieur; ich habe heute mein Frühstück nötig«, antwortete ich ihm. Einige Tage später gab mir Seine Majestät eine Zeitung zu lesen, die ihm M. de Malesherbes gebracht hatte und in der diese Anekdote völlig entstellt war. »Lesen Sie«, sagte der König zu mir, »Sie sehen, daß man sie als Spötter

hinstellt; sicher hätten sie Sie lieber als Heuchler präsentiert.«

Am selben Tag (dem 19.) bemerkte der König beim
Mittagessen zu mir, in Gegenwart von drei oder vier
Kommissaren: »Heute vor vierzehn Jahren sind Sie
früher aufgestanden.« Ich verstand Seine Majestät sofort.

»Damals wurde meine Tochter geboren«, fuhr der
König fort. »Heute ist ihr Geburtstag, und ich darf sie
nicht einmal sehen!« wiederholte er gerührt. Seine
Augen füllten sich mit Tränen, und für einen Augenblick herrschte ehrerbietiges Schweigen.

Da sich Madame Royale einen Almanach in der Art
des kleinen Hofkalenders gewünscht hatte, kaufte ich
ihr auf Weisung des Königs den *Almanach de la République*, der den *Almanach royal* ersetzt hatte. Auch er las oft
darin und strich die Namen mit einem Bleistift an.

Bald sollte der König zum zweiten Mal vor der Convention erscheinen. Er konnte sich nicht mehr rasieren,
seit man ihm seine Messer weggenommen hatte, wor-
unter er sehr litt; deshalb mußte er sich mehrmals
täglich das Gesicht mit frischem Wasser waschen. Der
König befahl mir, ihm eine Schere oder ein Rasiermesser zu besorgen, aber er wollte die Kommissare nicht
selbst deswegen ansprechen. Ich erlaubte mir zu bemerken, das Volk könnte wenigstens sehen, wie barba-
risch der Generalrat ihn behandelte, wenn er so vor
der Versammlung erschiene. Seine Majestät entgegnete: »Ich darf nicht versuchen, die Leute für mich
einzunehmen!« Ich wandte mich an die Kommissare,
und die Commune entschied am folgenden Tag, dem

König sollten seine Rasiermesser zurückgegeben werden; aber er dürfe sie nur in Gegenwart von zwei Beamten benutzen.

In den drei Tagen vor Weihnachten schrieb der
König mehr als sonst; man beabsichtigte damals, ihn
ein oder zwei Tage im Kloster der Feuillants unterzu-
bringen, um den Prozeß ohne Unterbrechung beenden zu können. Ich hatte sogar schon den Befehl erhalten, mich auf die Verlegung vorzubereiten und alles
Nötige zu richten; aber der Plan wurde wieder aufge-
geben. Am Weihnachtstag setzte der König sein Testament auf. Ich habe es gelesen und abgeschrieben, als es
der Kommission des Temple übergeben wurde; es war
durchgehend in der Handschrift des Königs, mit einigen Verbesserungen. Ich glaube hier dieses schon ver-
klärte Dokument seiner Reinheit und Frömmigkeit
wiedergeben zu müssen:

Im Namen der heiligen Dreifaltigkeit, des Vaters, des
Sohnes und des heiligen Geistes. Heute, am 25. Dezember 1792, erkläre ich Louis, der sechzehnte dieses
Namens, König von Frankreich, der ich seit vier Monaten mit meiner Familie im Turm des Temple in
Paris von denen gefangengehalten werde, die meine
Untertanen waren, und seit dem 11. dieses Monats
sogar von jeder Verbindung mit meiner Familie abgeschnitten bin; der ich weiterhin in einen Prozeß verwickelt bin, dessen Ausgang wegen der menschlichen
Leidenschaften nicht voraussehbar ist und zu dem kein
bestehendes Gesetz Vorwand oder Handhabe bietet;
mit Gott als einzigem Zeugen meiner Gedanken, an

den ich mich wenden kann, erkläre ich also in seiner Gegenwart meine letzten Wünsche und Gefühle.

Ich übergebe meine Seele Gott, meinem Schöpfer, und bitte ihn, sie in seiner Barmherzigkeit aufzunehmen und sie nicht nach ihren Verdiensten zu beurteilen, sondern nach denen unseres Herrn Jesus Christus, der sich Gott, seinem Vater, für uns Menschen als Opfer dargebracht hat, wie unwürdig wir, und besonders ich, dessen auch waren.

Ich sterbe im Einklang mit unserer heiligen Mutter, der katholischen, apostolischen und römischen Kirche, die ihre Macht in ununterbrochener Folge vom heiligen Petrus herleitet, dem Christus sie anvertraut hat.

Ich glaube fest und bekenne alles, was das Glaubensbekenntnis, die Gebote Gottes und der Kirche, die Sakramente und Mysterien beinhalten, wie die katholische Kirche sie lehrt und immer gelehrt hat. Ich habe nie den Anspruch erhoben, über die verschiedenen Arten, die Dogmen zu erklären, richten zu wollen, die die Kirche Jesu Christi spalten; ich habe mich vielmehr immer und werde mich weiterhin, wenn Gott mir ein längeres Leben schenkt, auf die Entscheidungen verlassen, die die geistlichen Oberhäupter der heiligen katholischen Kirche gemäß der seit Jesus Christus befolgten Kirchenordnung treffen und treffen werden.

Ich beklage von ganzem Herzen unsere Brüder, die im Irrtum befangen sein mögen; aber ich maße mir nicht an, über sie zu richten, und ich liebe sie nichtsdestoweniger alle in Jesus Christus, wie es uns die christliche Nächstenliebe lehrt. Ich bitte Gott, mir alle

meine Sünden zu vergeben; ich habe versucht, sie gewissenhaft zu erkennen, sie zu verabscheuen und mich
vor ihm zu demütigen. Da ich mich nicht des Beistan-
des eines katholischen Priesters bedienen kann, bitte
ich Gott, das Bekenntnis meiner Sünden und besonders meine tiefe Reue darüber anzunehmen, daß ich
meinen Namen (wenn auch gegen meinen Willen)
unter Verordnungen gesetzt habe, die gegen die Ordnung und den Glauben der katholischen Kirche ver-
stoßen haben mögen*, der ich immer aus tiefstem Herzen verbunden geblieben bin. Ich bitte Gott, meinen
festen Entschluß anzunehmen, daß ich mich, wenn er
mir das Leben schenkt, sobald wie möglich des Bei-
standes eines katholischen Priesters bedienen werde,
um alle meine Sünden zu bekennen und das Bußsakra-
ment zu empfangen.

Ich bitte all jene, die ich unwissentlich gekränkt
haben mag (denn ich kann mich nicht erinnern, jemanden absichtlich beleidigt zu haben), sowie diejenigen, denen ich vielleicht ein schlechtes Beispiel gegeben oder bei denen ich Anstoß erregt habe, mir das
Böse zu verzeihen, das ich ihnen nach ihrer Überzeugung getan habe; ich bitte auch all jene, die barmher-
zig sind, ihre Gebete mit den meinen zu vereinigen,
um von Gott die Vergebung meiner Sünden zu erlan-
gen.

Ich verzeihe von ganzem Herzen all denen, die
meine Feinde geworden sind, ohne daß ich ihnen
Grund dazu gegeben hätte; und ich bitte Gott, ihnen
ebenso zu verzeihen wie denen, die mir durch falschen
oder falsch verstandenen Eifer viel Böses getan haben.

Ich empfehle Gott meine Frau, meine Kinder, meine Schwester, meine Tanten, meine Brüder und all die, die mir durch Bande des Blutes oder auf irgendeine andere Weise verbunden sind; ich bitte Gott besonders, sein barmherziges Auge auf meine Frau, meine Kinder und meine Schwester zu richten, die schon lange mit mir leiden, und sie, wenn sie mich verlieren sollten, durch seine Gnade zu stützen, solange sie in dieser vergänglichen Welt sein werden.

Ich empfehle meine Kinder meiner Frau; ich habe niemals an ihrer mütterlichen Zuneigung für sie gezweifelt. Ich empfehle ihr besonders, sie zu guten Christen und rechtschaffenen Menschen zu erziehen, ihnen die Ämter und Würden dieser Welt (wenn sie jemals das Unglück haben sollten, sie kennenzulernen), nur als gefährliches und vergängliches Gut vor Augen zu führen und ihren Blick auf den einzigen festen und dauerhaften Ruhm zu lenken, der in der Ewigkeit liegt. Ich bitte meine Schwester, auch weiterhin ihre Liebe meinen Kindern zuzuwenden und an ihnen Mutterstelle zu vertreten, wenn sie das Unglück haben sollten, ihre leibliche Mutter zu verlieren.

Ich bitte meine Frau, mir all das Leid zu verzeihen, das sie meinetwegen erduldet, und den Kummer, den ich ihr während unserer Verbindung bereitet haben mag; sie ihrerseits kann sicher sein, daß ich ihr nichts nachtrage, wenn sie glaubt, sich etwas vorwerfen zu müssen.

Ich empfehle meinen Kindern besonders dringend, nach ihren Pflichten gegen Gott, der vor allem anderen kommt, untereinander einig zu bleiben, ihrer

Mutter gegenüber ergeben und gehorsam und dankbar zu sein für alle Sorgen und Mühen, die sie sich ihretwegen im Gedenken an mich gemacht hat. Ich bitte sie, meine Schwester als ihre zweite Mutter zu betrachten.

Ich empfehle meinem Sohn, wenn er das Unglück haben sollte, König zu werden, zu bedenken, daß er gänzlich für das Glück seiner Mitbürger leben muß; daß er allen Haß und jedes Streben nach Rache unterdrücken soll, besonders die Gefühle, die aus der Erinnerung an meine gegenwärtige leidvolle, traurige Lage entstehen; daß er das Volk nur glücklich machen kann, wenn er nach den Gesetzen regiert: Diesen aber kann ein König nur dann zur Anerkennung verhelfen, und er kann das Gute, das er in seinem Herzen trägt, nur verwirklichen, wenn er über die notwendige Autorität verfügt; andernfalls ist er in seinen Handlungen gebunden, ohne Ansehen und eher schädlich als nützlich.

Ich empfehle meinem Sohn, für all jene zu sorgen, die mir Anhänglichkeit bewiesen haben, soweit die Umstände es ihm ermöglichen; daran zu denken, daß das eine heilige Schuld ist, die ich gegen die Kinder oder Angehörigen jener abzutragen habe, die meinetwegen umgekommen oder unglücklich geworden sind.

Ich weiß, daß es Leute gibt, die früher in meinen Diensten standen und sich mir gegenüber nicht so verhalten haben, wie sie sollten, oder sogar Undankbarkeit gezeigt haben; aber ich vergebe ihnen (oft ist man in Augenblicken der Verwirrung und Erregung nicht Herr seiner selbst) und bitte meinen Sohn, nur an ihr

Elend zu denken, wenn er in eine entsprechende Lage kommen sollte.

Gern würde ich hier denen meinen Dank aussprechen, die mir wahre und selbstlose Anhänglichkeit bewiesen haben: Während ich auf der einen Seite durch die Undankbarkeit und Treulosigkeit von Leuten, die selbst, deren Verwandte oder Freunde immer nur Gutes von mir erfahren haben, schmerzlich berührt bin, war es andererseits doch tröstlich für mich, die Hingabe und Aufopferung vieler anderer zu sehen; ich bitte sie alle, meinen wärmsten Dank dafür zu empfangen. Nach Lage der Dinge würde ich fürchten, sie zu kompromittieren, wollte ich mich deutlicher ausdrükken; aber ich bitte meinen Sohn dringend, alles zu versuchen, um sie ausfindig zu machen.

Dennoch würde ich glauben, die Gefühle der Nation zu verleumden, wenn ich meinem Sohn nicht offen M. de Chamilly und M. Huë ans Herz legte, die sich aus wahrer Anhänglichkeit an mich an diesem traurigen Ort haben einschließen lassen, obwohl sie fürchten mußten, Opfer ihrer Treue zu werden. Ich empfehle ihm auch Cléry, dessen Fürsorge ich viel zu verdanken habe, seit er bei mir ist: Da er bis zuletzt bei mir ausgehalten hat, bitte ich die Herren von der Commune, ihm meine Kleider, meine Bücher, meine Uhr, meine Börse und die anderen Kleinigkeiten auszuhändigen, die bei der Kommission deponiert worden sind.

Weiterhin vergebe ich sehr bereitwillig meinen Bewachern die schlechte Behandlung und die Zwänge, die sie glaubten, mir auferlegen zu müssen. Ich habe

auch einige empfindsame und mitleidige Seelen getroffen: Sie mögen die Herzensruhe genießen, die ihre
Denkweise ihnen verschaffen muß!

Ich bitte M. de Malesherbes, M. Tronchet und
M. Desèze, an dieser Stelle meinen aufrichtigen Dank
und den Ausdruck meiner Erkenntlichkeit für alle Sorgen und Mühen zu empfangen, die sie sich meinetwegen gemacht haben.

Ich schließe damit, daß ich vor Gott, vor dem zu
erscheinen ich bereit bin, bekenne, daß ich mir keines
der mir zur Last gelegten Verbrechen vorzuwerfen
habe.

Gegeben in doppelter Ausfertigung, im Turm des
Temple, am 25. Dezember 1792.

Louis

Am 26. Dezember wurde der König zum zweiten Mal
vor die Convention gebracht; ich hatte der Königin
die Nachricht zukommen lassen, damit die Trommelwirbel und die Truppenbewegungen sie nicht erschreckten. Seine Majestät ging um zehn Uhr morgens
fort und kam um fünf Uhr nachmittags zurück, immer
unter der Bewachung von Chambon und Santerre.
Am selben Abend sprachen M. de Malesherbes,
M. Desèze und M. Tronchet vor, als der König sich
gerade von der Tafel erhob; er bot ihnen Erfrischun-
gen an, aber nur M. Desèze nahm etwas. Seine Majestät bezeugte ihm seine Dankbarkeit für die Sorgfalt,
mit der er sein Plädoyer vorgetragen hatte; danach
zogen sich die Herren ins Kabinett zurück.

Am nächsten Tag geruhte Seine Majestät, mir selbst
ein gedrucktes Exemplar seiner Verteidigung zu

geben; vorher fragte er die Beamten, ob er dies ohne Bedenken tun könne. Der Kommissar Vincent, ein Bauunternehmer, der der königlichen Familie im Rahmen seiner Möglichkeiten zu Diensten war, übernahm es, der Königin heimlich ein Exemplar zukommen zu lassen; er benutzte die Gelegenheit, als der König ihm für diesen kleinen Dienst dankte, um ihn um ein Andenken zu bitten. Seine Majestät nahm daraufhin die Krawatte ab und schenkte sie ihm. Ein anderes Mal gab er einem Beamten seine Handschuhe, die dieser aus demselben Grund haben wollte. Selbst in den Augen einiger seiner Wächter waren seine Sachen schon heilig.

Am ersten Januar trat ich ans Bett des Königs und bat ihn leise um die Erlaubnis, ihm meine innigsten Wünsche für das Ende seines Unglücks darbringen zu dürfen. »Ich nehme sie gern an«, sagte er freundlich und reichte mir die Hand, die ich küßte und mit Tränen benetzte. Sobald er aufgestanden war, bat er einen Beamten, sich für ihn nach dem Befinden seiner Familie zu erkundigen und ihr seine Neujahrswünsche zu übermitteln. Die Kommissare waren erschüttert von dem Tonfall, in dem die (angesichts der Situation des Königs) herzzerreißenden Worte gesprochen wurden. Einer von ihnen fragte mich, als der König ins Zimmer zurückgegangen war: »Warum verlangt er nicht, seine Familie zu sehen? Jetzt, wo die Anhörungen abgeschlossen sind, würde das keine Schwierigkeiten machen; er sollte sich an die Convention wenden.« Der Beamte, der zur Königin gegangen war, kam zurück und teilte Seiner Majestät mit, seine Familie danke ihm für seine guten Wünsche und übermittle ihm die ihrigen. »Was für ein Neujahrstag!« sagte der König.

Am selben Abend erlaubte ich mir die Bemerkung, ich sei beinahe überzeugt, daß die Convention zustimmen würde, wenn Seine Majestät um die Erlaubnis nachsuche, seine Familie sehen zu dürfen. »In einigen Tagen wird man mir diesen Trost nicht mehr verweigern«, sagte der König, »man muß abwarten«.

Je näher der Tag des Urteils rückte (wenn man die Prozedur, die man dem König auferlegt hatte, so nennen darf), um so größer wurden meine Befürchtungen und Ängste; ich stellte den Beamten tausend Fragen, und alles, was ich von ihnen erfuhr, vergrößerte noch meine Panik. Meine Frau besuchte mich jede Woche und berichtete mir genau, was in Paris vorging. Die öffentliche Meinung schien mir immer noch günstig für den König; sie äußerte sich sogar in spektakulärer Weise im Théâtre français und im Théâtre du Vaudeville. Im erstgenannten gab man den *Freund der Gesetze**; alle Anspielungen auf den Prozeß des Königs wurden verstanden und begeistert beklatscht. Im Théâtre du Vaudeville sagte eine der Figuren in der *Keuschen Susanne* zu den beiden Alten: »Wie könnt ihr zugleich Ankläger und Richter sein?« Das Publikum verlangte mehrmals die Wiederholung dieser Passage. Ich besorgte dem König den Text des *Freunds der Gesetze*. Immer wieder versicherte ich ihm, was ich schließlich fast selbst glaubte, daß die Mitglieder der Convention sich nicht einig wären und deshalb nur auf eine Haftstrafe oder auf Deportation erkennen könnten. Seine Majestät antwortete mir: »Wenn sie sich doch wenigstens gegenüber meiner Familie so maßvoll verhalten würden! Nur um ihretwegen mache ich mir Sorgen.«

Verschiedene Personen ließen mir durch meine Frau mitteilen, daß eine beträchtliche Summe bei M. Pariseau, dem Redakteur der *Feuille du jour**, deponiert worden sei und dem König zur Verfügung stehe; man richte die Bitte an mich, seine Anweisungen einzuholen, und wenn Seine Majestät es wünsche, würde das Geld M. de Malesherbes ausgehändigt werden. Ich berichtete dem König darüber. »Danken Sie diesen Leuten vielmals in meinem Namen, aber ich kann ihr großzügiges Angebot nicht annehmen; damit würde ich sie in Gefahr bringen«, erwiderte er. Ich bat ihn, wenigstens mit M. de Malesherbes darüber zu reden, und er versprach es.

Der Briefwechsel zwischen Ihren Majestäten ging weiter: Der König hatte erfahren, daß Madame Royale krank war, und machte sich einige Tage lang große Sorgen. Nach vielen dringenden Bitten erhielt die Königin die Erlaubnis, M. Brunier, den Arzt der königlichen Kinder, in den Temple kommen zu lassen; diese Nachricht schien ihn zu beruhigen.

Am Dienstag, dem 15. Januar, am Vorabend des Urteils, sprachen seine Anwälte wie gewöhnlich vor. M. Desèze und M. Tronchet ließen Seine Majestät wissen, daß sie am nächsten Tag nicht kommen könnten.

Am Mittwoch, dem 16., blieb M. de Malesherbes ziemlich lange beim König und versprach beim Weggehen, daß er Seiner Majestät über den Verlauf der Abstimmung Bericht erstatten würde, sobald er das

Ergebnis hätte; aber da sich die Sitzung bis spät in die Nacht hinzog, wurde das Urteil erst am 17. morgens verkündet.

Am 16. um sechs Uhr abends kamen vier Kommissare zum König und verlasen ihm eine Verordnung der Commune, des Inhalts, »daß die bewußten Beamten ihn Tag und Nacht unter Bewachung halten, und daß zwei von ihnen die Nacht neben seinem Bett verbringen würden.« Der König fragte, ob das Urteil schon gesprochen sei; einer von den Kommissaren (du Roure) setzte sich zuerst in den Sessel, während Seine Majestät stehengeblieben war; dann antwortete er, er kümmere sich nicht um das, was in der Convention vorgehe; im übrigen habe er gehört, daß man noch beim Namensaufruf sei. Wenig später kam M. de Malesherbes und teilte dem König mit, die Abstimmung sei noch nicht beendet.

In diesem Augenblick schlug Feuer im Kamin eines Zimmers hoch, das der Brennholzträger des Temple-Palais bewohnte. Eine beträchtliche Menschenansammlung drang in den Hof ein. Ein Kommissar kam ganz aufgeregt ins Zimmer des Königs und sagte M. de Malesherbes, er müsse sich auf der Stelle zurückziehen. Dieser ging, nachdem er dem König versprochen hatte, er würde wiederkommen und ihn über das Urteil informieren. »Weshalb sind Sie so aufgeregt?« fragte ich den Kommissar.

»Man hat im Temple Feuer gelegt«, sagte er, »es geschah mit Absicht, um Capet im Tumult zu befreien; aber ich habe eben den Turm von einer starken Wache umstellen lassen.« Bald erfuhren wird, daß das

Feuer gelöscht war und daß es sich um einen bloßen Unfall gehandelt hatte.

Am Donnerstag, dem 17. Januar, erschien M. de Malesherbes gegen neun Uhr morgens; ich ging ihm entgegen. »Alles ist verloren«, sagte er mir, »der König ist verurteilt.« Dieser sah ihn kommen und erhob sich, um ihn zu begrüßen. Der Minister warf sich ihm zu Füßen; Schluchzen erstickte seine Stimme, und er konnte einige Minuten nicht sprechen. Der König hob ihn auf und drückte ihn gerührt an sich. M. de Malesherbes teilte ihm dann das Todesurteil mit; der König ließ kein Anzeichen von Überraschung oder Gemütsbewegung erkennen. Nur der Schmerz dieses ehrwürdigen Greises schien ihn zu betrüben, und er versuchte sogar, ihn zu trösten.

M. de Malesherbes berichtete Seiner Majestät schließlich über das Ergebnis der namentlichen Abstimmung. Denunzianten, Verwandte, persönliche Feinde, Laien, Geistliche, abwesende Mitglieder der Versammlung, alle hatten ihre Stimme abgegeben; und trotz dieser Verletzung aller Regeln hatten jene, die teils aus politischen Motiven, teils, weil sie den König für schuldig hielten, das Todesurteil verhängten, nur eine Mehrheit von fünf Stimmen erreicht; mehrere Abgeordnete hatten nur für Hinrichtung mit Aufschub gestimmt. Über diese Frage war ein zweiter namentlicher Aufruf angesetzt worden, und man konnte annehmen, daß die Stimmen derer, die den Königsmord hinauszögern wollten, gemeinsam mit denen, die gegen die Todesstrafe waren, eine Mehrheit bilden würden. Aber an den Saaltüren erschreckten

und bedrohten Mörder, die vom Herzog von Orléans*
und der Pariser Commune gedungen waren, mit
ihrem Geschrei und ihren Dolchen jeden, der sich weigerte, mit ihnen gemeinsame Sache zu machen; und
entweder die Betäubung oder die Gleichgültigkeit in
der Hauptstadt war so groß, daß niemand es wagte
oder willens war, etwas zur Rettung des Königs zu
unternehmen.

M. de Malesherbes war im Begriff wegzugehen,
aber der König setzte durch, daß er mit ihm allein
sprechen durfte. Er führte ihn in sein Kabinett, schloß
die Tür und blieb ungefähr eine Stunde mit ihm allein.
Seine Majestät brachte ihn dann bis zum Ausgang,
bat ihn noch, früh am Abend wiederzukommen und
ihn in seinen letzten Stunden nicht allein zu lassen.
»Der Schmerz dieses gütigen Greises hat mich tief gerührt«, sagte der König zu mir, als er wieder ins Zimmer kam, wo ich auf ihn wartete.

Seit der Ankunft von M. de Malesherbes zitterte ich
am ganzen Körper. Trotzdem bereitete ich das Notwendige vor, damit der König sich rasieren konnte. Er
seifte sich selbst ein; ich hielt vor ihm stehend das
Becken. Gezwungen, meinen Schmerz zu beherrschen,
hatte ich noch nicht gewagt, meinen unglücklichen
Herrn anzusehen; zufällig traf ihn mein Blick, und
gegen meinen Willen vergoß ich Tränen. Ich weiß
nicht, ob mein Zustand dem König seine Lage wieder
bewußt machte, aber eine plötzliche Blässe überzog
sein Gesicht; Nase und Ohren wurden plötzlich
schneeweiß. Bei diesem Anblick sank ich in die Knie;
der König, der meinen Schwächeanfall bemerkte, er-

griff meine beiden Hände, drückte sie heftig und sagte halblaut: »Na na, etwas mehr Mut!« Man beobachtete ihn; mein Gesichtsausdruck zeigte ihm meinen ganzen Schmerz, der ihm nahezugehen schien. Er bekam wieder Farbe und rasierte sich ruhig zu Ende; dann half ich ihm beim Ankleiden.

Seine Majestät blieb bis zum Mittagessen in seinem Zimmer; er las oder schritt auf und ab. Am Abend sah ich, wie er zum Kabinett hinüberging, und folgte ihm unter dem Vorwand, er benötige vielleicht meine Dienste. »Haben Sie den Bericht über meine Verurteilung gehört?« fragte er mich.

»Oh, Sire«, rief ich aus, »hoffen Sie auf einen Aufschub! M. de Malesherbes glaubt nicht, daß man ihn verweigert.«

»Ich gebe mich keiner Hoffnung hin«, antwortete der König, »aber es schmerzt mich sehr, daß M. d'Orléans, mein Verwandter, für meinen Tod gestimmt hat: Lesen Sie diese Liste.« Er gab mir das Protokoll der namentlichen Abstimmung, das er in der Hand hielt. Ich sagte: »Das Volk murrt vernehmlich; Dumouriez* ist in Paris; es heißt, er solle den Unwillen seiner Armee über den Prozeß übermitteln, den man Ihrer Majestät gemacht hat. Das Volk ist auch empört über das infame Verhalten von M. d'Orléans. Es geht weiter das Gerücht, die Gesandten der ausländischen Mächte würden gemeinsam bei der Convention vorstellig werden. Schließlich wird behauptet, daß die Abgeordneten einen Volksaufstand befürchten.«

»Ein solches Ereignis würde ich sehr bedauern«, erwiderte der König. »Es würde nur neue Opfer kosten.

Ich fürchte den Tod nicht; aber ich denke mit Schaudern an das grausame Schicksal, das meine Familie, die Königin und unsere unglücklichen Kinder erwartet«, fuhr er fort. »Und meine treuen Diener, die mich nicht verlassen haben, die alten Leute, die nur von den bescheidenen Pensionen leben, die ich ihnen zahlte, wer wird sie unterstützen? Ich sehe, wie das Volk der Anarchie verfällt und das Opfer der streitenden Parteien wird, wie Verbrechen auf Verbrechen folgen, wie lange Zwistigkeiten Frankreich entzweien.« Dann, nach einem Augenblick des Schweigens: »Oh, mein Gott! War das der Lohn für all meine Opfer? Habe ich nicht alles getan, um das Glück der Franzosen zu gewährleisten?« Mit diesen Worten ergriff der König meine Hände, während ich die seinen in heiliger Verehrung mit meinen Tränen benetzte: In diesem Zustand mußte ich ihn verlassen. Der König wartete vergeblich auf M. de Malesherbes. Am Abend erkundigte er sich, ob sein Anwalt gekommen sei; das gleiche hatte ich die Kommissare gefragt, alle hatten es verneint.

Auch am Freitag, dem 18., erhielt der König keine Nachricht von M. de Malesherbes, was ihn sehr beunruhigte. Ihm war eine alte Nummer des *Mercure de France* in die Hände gefallen, er fand darin ein Buchstabenrätsel, daß er mir zu raten aufgab; ich suchte vergeblich nach der Lösung. »Wie, Sie finden es nicht heraus? Es paßt aber gut auf meine jetzige Lage; die Lösung heißt *Opfer*«, sagte er. Dann befahl er mir, aus der Bibliothek den Band der Geschichte Englands zu holen, der den Bericht über den Tod Karls I. enthält; er beschäftigte sich an den folgenden Tagen damit. Bei

dieser Gelegenheit erfuhr ich, daß Seine Majestät
250 Bände gelesen hatte, seit er im Temple war. Am
Abend erlaubte ich mir, ihn darauf hinzuweisen, daß
nur ein Dekret der Convention seinen Anwälten den
Zugang zu ihm verwehren könne, und daß er verlangen solle, sie sehen zu dürfen.»Warten wir bis morgen«, antwortete der König.

Am Samstag, dem 19., kam um neun Uhr morgens
der Beamte Gobeau mit einem Papier; in seiner Begleitung war Mathey, der Schließer des Turms, der
Schreibzeug trug. Der Beamte teilte dem König mit, er
müsse ein Verzeichnis der Möbel und der anderen Sachen anlegen; Seine Majestät ließ mich mit ihm allein
und zog sich in den kleinen Turm zurück. Unter dem
Vorwand der Inventur begann der Beamte dann mit
einer haargenauen Durchsuchung, um sicherzugehen,
wie er sagte, daß keine Waffe und kein scharfes Werkzeug im Zimmer Seiner Majestät versteckt sei. Schließlich blieb nur noch ein kleiner Schreibtisch übrig, der
Papiere enthielt; der König mußte alle Schubladen
öffnen, die Papiere einzeln herausnehmen und vorzei-
gen. Hinten in einer Schublade lagen drei Rollen; der
Kommissar wollte sie sich anschauen. Der König erklärte:»Das ist Geld, das nicht mir gehört, sondern
M. de Malesherbes; ich hatte es für ihn zurechtge-
legt.« Die drei Rollen enthielten 3000 Livres in Gold;
auf alle hatte der König eigenhändig geschrieben:
»Für M. de Malesherbes.«

Während man auch den kleinen Turm genau
durchsuchte, kam der König ins Zimmer zurück, um
sich zu wärmen. Der Schließer Mathey stand in die-

sem Augenblick mit dem Rücken zum Feuer, die Rockschöße nach vorn geschlagen. Da der König sich kaum auf der einen Seite wärmen konnte und der unverschämte Mensch nicht von der Stelle wich, forderte ihn Seine Majestät etwas heftig auf, beiseitezugehen. Mathey zog sich zurück; auch die Beamten verließen den Raum, nachdem sie die Durchsuchung beendet hatten.

Am Abend sagte der König zu den Kommissaren, sie möchten sich bei der Commune nach den Gründen erkundigen, die einem Besuch seiner Anwälte entgegenständen; er wünschte wenigstens M. de Malesherbes zu sprechen. Sie sagten zu, es zur Sprache zu bringen; aber einer von ihnen gestand, es sei ihnen verboten worden, an den Generalrat irgendein Gesuch von Louis XVI weiterzuleiten, es sei denn, es wäre von ihm eigenhändig geschrieben und unterzeichnet. »Warum hat man mir das nicht schon vor zwei Tagen mitgeteilt?« fragte der König. Dann schrieb er eine Notiz und übergab sie den Beamten; erst am nächsten Tag übermittelte man sie der Commune. Der König verlangte, umgehend mit seinen Anwälten sprechen zu dürfen, und beschwerte sich über die Anordnung, ihn Tag und Nacht nicht aus den Augen zu lassen. »Man wird wohl verstehen«, schrieb er an die Commune, »daß es in meiner Lage ausgesprochen unangenehm für mich ist, nie allein zu sein und nicht die zu meiner inneren Sammlung nötige Ruhe zu haben.«

Am Sonntag, dem 20. Januar, fragte der König gleich nach dem Aufstehen die Beamten, ob sie sein Gesuch an den Rat der Commune weitergeleitet hät-

ten; sie versicherten, das sei sofort geschehen. Gegen
zehn Uhr kam ich ins Zimmer des Königs, der sofort
sagte: »M. de Malesherbes ist immer noch nicht da.«

»Sire, ich habe soeben erfahren, daß er mehrmals
vorgesprochen hat, aber der Zutritt zum Turm wurde
ihm jedesmal verwehrt«, erklärte ich ihm.

»Ich werde den Grund dafür bald wissen«, erwiderte der König, »die Commune hat sicher schon über
meinen Brief entschieden.« Er ging im Zimmer auf
und ab, las, schrieb und beschäftigte sich so den ganzen Vormittag.

Es hatte gerade zwei Uhr geschlagen, als plötzlich
die Tür aufging; der Exekutivrat trat ein, zwölf bis
fünfzehn Personen auf einmal: der Justizminister
Garat*, der Außenminister Lebrun*, der Ratssekretär
Grouvelle, der Präfekt und der Prokuralsyndikus des
Départements, der Bürgermeister und der Prokurator
der Commune, der Vorsitzende und der öffentliche
Ankläger des Kriminalgerichts. Santerre, der voran-
ging, sagte zu mir: »Melden Sie den Exekutivrat.«
Der König, der den Lärm gehört hatte, war aufgestanden und auf die Tür zugegangen; beim Anblick dieses
Zuges blieb er in edler und würdiger Haltung zwi-
schen der Zimmertür und der des Vorzimmers stehen.
Ich war neben ihm. Garat ergriff das Wort, ohne den
Hut abzunehmen, und sagte: »Louis, die Convention
hat den provisorischen Exekutivrat beauftragt, Ihnen
ihre Erlasse vom 15., 16., 17., 19. und 20. Januar zu
übermitteln; der Ratssekretär wird sie Ihnen verlesen.« Dann entfaltete der Sekretär Grouvelle das
Schriftstück und las mit schwacher, zitternder Stimme.

Dekrete der Convention vom 15., 16., 17., 19. und 20. Januar

Artikel I

Die Convention erklärt Louis Capet, den letzten König der Franzosen, für schuldig der Verschwörung gegen die Freiheit der Nation und des Anschlags auf die allgemeine Sicherheit des Staates.

Artikel II

Die Convention beschließt, daß Louis Capet mit dem Tode bestraft werden soll.

Artikel III

Die Convention erklärt den durch seine Anwälte vorgebrachten Antrag Louis Capets für null und nichtig, gegen das von der Convention über ihn gefällte Urteil bei der Nation Berufung einzulegen; sie verbietet jedermann, unter Anordnung der Verfolgung und Bestrafung wegen Anschlags auf die allgemeine Sicherheit der Republik, diesem Antrag irgendwie Folge zu leisten.

Artikel IV

Der provisorische Exekutivrat wird die vorliegende Entschließung am gleichen Tag Louis Capet bekanntgeben und die notwendigen Polizei- und Sicherheitsmaßnahmen ergreifen, um den Vollzug binnen 24 Stunden von der Bekanntgabe an sicherzustellen, und er wird sofort nach dem Vollzug der Convention über alles Bericht erstatten.

Während der Verlesung ließ das Gesicht des Königs keine Regung erkennen. Nur beim ersten Artikel, als das Wort *Verschwörung* fiel, bemerkte ich, daß ein verächtliches Lächeln um seine Lippen spielte; aber bei den Worten *soll mit dem Tode bestraft werden* zeigte ein verklärter Blick, den er über die Umstehenden schweifen ließ, daß der Tod für den Unschuldigen ohne Schrecken war. Der König trat einen Schritt auf den Ratssekretär Grouvelle zu, nahm ihm das Dekret aus der Hand, faltete es zusammen, zog seine Brieftasche heraus und steckte es hinein; dann entnahm er ihr ein anderes Papier und sagte zum Minister Garat: »Herr Justizminister, bitte überbringen Sie dieses Schreiben sofort der Convention.« Da der Minister zu zögern schien, fügte der König hinzu: »Ich werde es Ihnen vorlesen« und las mit fester Stimme:

»Ich bitte um einen Aufschub von drei Tagen, damit ich mich darauf vorbereiten kann, vor Gott zu treten; deshalb wünsche ich auch, frei mit der Person sprechen zu können, die ich den Kommissaren der Commune benennen werde. Diese Person soll keinerlei Furcht oder Unruhe hegen müssen wegen der barmherzigen Handlung, die sie an mir vollzieht.

Ich bitte darum, von der ständigen Überwachung befreit zu werden, die der Generalrat seit mehreren Tagen veranlaßt hat.

Ich bitte ferner darum, in dieser Zeit meine Familie ohne Zeugen sehen zu können, wann ich will; ich wünschte sehr, daß die Convention sich sofort mit der Zukunft meiner Angehörigen beschäftigt und ihnen erlaubt, sich ungehindert zurückzuziehen, wohin es ihnen passend erscheint.

Ich empfehle der Wohltätigkeit der Nation all jene, die in meinen Diensten standen: Viele von ihnen hatten ihr ganzes Vermögen für den Kauf ihres Amtes aufgewendet und müssen, da sie jetzt keine Einkünfte mehr haben, Not leiden; es gibt sogar Leute, die nur von diesen Einkünften lebten; unter den Beziehern von Pensionen sind viele Alte, Frauen und Kinder, die nur dieses Geld zum Leben hatten.

Im Turm des Temple, den 20. Januar 1793.

Louis«

Garat nahm den Brief des Königs an und versicherte, daß er ihn zur Convention bringen würde. Als er ging, zog Seine Majestät noch einmal seine Brieftasche heraus und sagte: »Monsieur, wenn die Convention mein Gesuch bezüglich der Person bewilligt, die ich zu sehen wünsche, hier ist die Adresse«, dann übergab er sie einem Beamten. Diese Adresse, von einer anderen Hand als der des Königs, lautete: »Monsieur Edgeworth de Firmont, Rue du Bac Nummer 483«. Der König trat zurück; der Minister und seine Begleiter entfernten sich.

Seine Majestät ging dann einen Augenblick im Zimmer auf und ab. Ich lehnte an der Tür, die Arme verschränkt und wie betäubt; der König kam auf mich zu: »Cléry«, sagte er, »holen Sie mein Essen.« Etwas später riefen mich zwei Beamte ins Speisezimmer; sie verlasen mir eine Verfügung, die im wesentlichen besagte, »daß *Louis* bei seinen Mahlzeiten kein Messer und keine Gabel mehr gebrauchen dürfe; ein Messer würde seinem Kammerdiener anvertraut werden, um in Gegenwart von zwei Kommissaren Brot und Fleisch zu schneiden, dann würde das Messer wieder weggenommen«. Die beiden Beamten wiesen mich an, das dem König mitzuteilen; ich weigerte mich.

Als er ins Speisezimmer kam, sah der König den Korb mit Essen für die Königin; er fragte, weshalb man seine Familie eine Stunde länger hätte warten lassen, diese Verzögerung könnte sie beunruhigen. Dann setzte er sich zu Tisch.» Ich habe kein Messer«, sagte er mir. Daraufhin teilte der Kommissar Minier Seiner Majestät den Beschluß der Commune mit. »Hält man mich für so feige, daß ich Hand an mich lege?« fragte der König. »Man wirft mir zwar Verbrechen vor, aber ich bin unschuldig und sterbe ohne Furcht. Ich wünschte, mein Tod könnte das Glück der Franzosen begründen und das Unheil abwenden, das ich voraussehe.« Es herrschte tiefes Schweigen. Der König aß wenig, teilte das Rindfleisch mit seinem Löffel und brach das Brot; die Mahlzeit dauerte nur wenige Minuten.

Ich gab mich in meinem Zimmer dem schrecklichsten Schmerz hin, als Garat gegen sechs Uhr abends wiederkam; ich kündigte dem König seine Rückkehr an. Vor ihm trat Santerre ein, näherte sich Seiner Majestät und sagte halblaut und spöttisch: »Hier kommt der Exekutivrat.« Der Minister trat vor und erklärte dem König, er habe seinen Brief der Convention übermittelt, und diese habe ihn beauftragt, folgende Antwort zu verlesen:

»Es sei *Louis* gestattet, einen ihm geeignet erscheinen-
den Geistlichen zu rufen und seine Familie frei und
ohne Zeugen zu sehen; die Nation, groß und gerecht
wie immer, werde sich um das weitere Schicksal seiner
Angehörigen kümmern und seinen Gläubigern ange-
messene Entschädigungen gewähren; über den Antrag
auf einen dreitägigen Aufschub sei die Convention zur
Tagesordnung übergegangen.«

Der König hörte zu, ohne eine Bemerkung zu machen,
ging ins Zimmer zurück und sagte zu mir: »Nach dem
Gesichtsausdruck Santerres zu urteilen glaubte ich,
der Aufschub wäre bewilligt.«
    Ein junger Beamter namens Botson, der sah, wie
der König mit mir sprach, kam auf uns zu. »Sie
scheinen an meinem Schicksal Anteil zu nehmen«,
meinte der König zu ihm, »ich danke Ihnen dafür.«
Der Kommissar war überrascht und wußte nicht,
was er sagen sollte, und auch ich wunderte mich über
die Worte Seiner Majestät; denn dieser Beamte, der
kaum zweiundzwanzig Jahre alt war und ein sanftes
und sympathisches Gesicht hatte, hatte unmittelbar
vorher geäußert: »Ich habe darum gebeten, in den
Temple geschickt zu werden, um die ›Grimasse‹ zu
sehen, die er uns morgen zeigen wird« (er sprach vom
König).
    »Ich auch«, hatte Merceraut geantwortet, der
Steinmetz, von dem ich schon gesprochen habe, »alle
weigerten sich zu gehen; aber ich würde auf diesen Tag
nicht für viel Geld verzichten.« So rohe und gemeine
Menschen bestimmte die Commune mit Vorliebe

dazu, den König in seinen letzten Stunden zu bewachen.

Seit vier Tagen hatte er seine Anwälte nicht mehr gesehen; die Kommissare, die sein Unglück nicht gleichgültig gelassen hatte, wichen ihm aus; von allen Untertanen, deren Vater er gewesen war, von allen Franzosen, die er mit Wohltaten überhäuft hatte, blieb ihm in seinem Leiden nur noch ein einziger Diener als Vertrauter.

Nachdem der Bescheid der Convention verlesen war, nahmen die Kommissare den Justizminister beiseite und fragten ihn, unter welchen Bedingungen der König seine Familie sehen sollte: »Ohne Zeugen«, antwortete Garat, »so hat es die Convention bestimmt.«

Die Beamten wiesen auf den Beschluß der Commune hin, der sie dazu verpflichtete, den König weder bei Tag noch bei Nacht aus den Augen zu lassen. Man einigte sich schließlich darauf, daß, um die beiden widersprüchlichen Entscheidungen in Einklang zu bringen, der König seine Familie im Speisezimmer empfangen sollte, so daß man ihn durch die Scheiben in der Tür im Auge behalten könnte; diese sollte jedoch geschlossen werden, damit das Gespräch nicht zu hören wäre.

Der König rief den Justizminister noch einmal zurück, um ihn zu fragen, ob er M. de Firmont benachrichtigt hätte. Garat antwortete, er habe ihn in seinem Wagen mitgebracht, der Priester warte schon im Ratszimmer und würde gleich heraufkommen. Seine Majestät übergab dann dem Beamten Baudrais, der sich mit dem Minister unterhielt, die Summe von 3000 Livres in Gold, mit der Bitte, sie M. de Malesherbes auszuhändigen, dem sie gehöre. Der Beamte versprach es, brachte das Geld aber auf der Stelle zum Rat, und M. de Malesherbes hat es nie bekommen. M. de Firmont erschien; der König führte ihn in den kleinen Turm und schloß sich mit ihm ein. Da Garat gegangen war, blieben nur drei Beamte in den Räumen Seiner Majestät.

Um acht Uhr kam der König aus dem Kabinett und bat die Kommissare, ihn zu seiner Familie zu bringen; die Beamten erwiderten, das sei nicht möglich, aber man würde sie holen, wenn er es wünsche. »Nun gut«, sagte der König, »aber ich kann sie doch wenigstens allein in meinem Zimmer sehen?«

»Nein«, antwortete einer, »wir haben mit dem Justizminister vereinbart, die Begegnung solle im Speisezimmer stattfinden.«

»Sie haben gehört, daß das Dekret der Convention mir erlaubt, meine Angehörigen allein zu sehen«, wandte der König ein.

»Das stimmt«, sagten die Kommissare, »Sie werden unter sich sein, wir schließen die Tür; aber durch die Scheiben behalten wir Sie im Auge.«

»Lassen Sie meine Familie kommen«, meinte der König.

In der Zwischenzeit ging Seine Majestät ins Speisezimmer, ich folgte ihm, rückte den Tisch beiseite und stellte die Stühle nach hinten, um mehr Platz zu schaffen. Der König sagte zu mir: »Sie sollten noch etwas Wasser und ein Glas bringen.« Auf dem Tisch stand bereits eine Karaffe Eiswasser; ich holte ein Glas und stellte es daneben.

»Bringen Sie Wasser, das nicht so kalt ist«, meinte der König. »Wenn die Königin hiervon trinkt, könnte ihr unwohl werden. Bitten Sie auch M. de Firmont, mein Kabinett nicht zu verlassen«, fügte er hinzu, »ich mache mir Sorgen, daß sein Anblick für meine Familie allzu schmerzlich wäre.« Der Kommissar, der sie holen gegangen war, brauchte eine Viertelstunde; inzwischen zog sich der König wieder ins Kabinett zurück, trat aber wiederholt, mit allen Anzeichen größter Aufregung, an die Eingangstür.

Um halb neun ging sie endlich auf; die Königin mit ihrem Sohn an der Hand erschien als erste; dann Madame Royale und Madame Elisabeth. Alle stürzten sich in die Arme des Königs. Mehrere Minuten herrschte dumpfes Schweigen, das nur von Schluchzen unterbrochen wurde. Die Königin machte eine Bewegung, um Seine Majestät in sein Zimmer zu ziehen.

»Nein«, sagte der König, »kommen Sie in diesen Raum hier; ich kann Sie nur dort sehen.« Sie gingen hinein, und ich schloß die Glastür. Der König nahm Platz, die Königin zu seiner Linken, Madame Elisabeth zur Rechten, fast gegenüber Madame Royale, während der kleine Prinz zwischen den Knien des Königs stehen blieb; alle beugten sich über ihn und umarmten ihn oft. Diese schmerzliche Szene dauerte ein dreiviertel Stunden, in denen draußen nichts zu verstehen war; man sah nur, daß nach jedem Satz, den der König sprach, das Schluchzen der Damen für einige Minuten heftiger wurde, bevor er fortfahren konnte. Aus ihren Bewegungen konnte man leicht schließen, daß er selbst ihnen seine Verurteilung mitgeteilt hatte.

Um Viertel nach zehn erhob sich der König als erster, und alle anderen folgten; ich öffnete die Tür. Die Königin hatte den rechten Arm des Königs ergriffen; Ihre Majestäten hielten beide den Dauphin an der Hand. Madame Royale umfaßte links die Taille des Königs, hinter ihr nahm Madame Elisabeth den linken Arm ihres erhabenen Bruders. Schmerzlich klagend machten sie einige Schritte auf die Eingangstür zu.

»Ich versichere Ihnen, daß wir uns morgen früh um acht Uhr noch einmal sehen«, sagte der König.

»Versprechen Sie uns das?« fragten alle zusammen.

»Ja, ich verspreche es.«

»Warum nicht um sieben Uhr?« warf die Königin ein.

»Gut! Ja, um sieben Uhr«, antwortete der König, »adieu...«

Wegen des Tonfalls, mit dem er das letzte Wort sprach, nahm das Schluchzen wieder zu. Madame Royale sank ohnmächtig vor dem König, den sie umfaßt hielt, zu Boden; ich hob sie auf und half Madame Elisabeth, sie zu stützen. Der König wollte dieser herzzerreißenden Szene ein Ende machen, umarmte sie alle noch einmal zärtlich und hatte die Kraft, sich von ihnen loszureißen. »Adieu... adieu«, sagte er und verschwand in seinem Zimmer.

Die Damen gingen wieder hinauf; ich wollte Madame Royale weiter stützen, die Beamten zwangen mich aber schon auf der zweiten Stufe, umzukehren. Obwohl beide Türen geschlossen waren, hörte man die Damen auf der Treppe immer noch laut schreien und klagen. Der König begab sich wieder zu seinem Beichtvater in das Kabinett.

Nach einer halben Stunde kam er heraus und ich servierte ihm das Abendessen. Der König aß wenig, aber mit Appetit.

Nach dem Essen zog sich Seine Majestät wieder ins Kabinett zurück; gleich danach kam sein Beichtvater heraus und bat die Kommissare, ihn ins Ratszimmer zu führen: Er wollte die Gewänder verlangen und alles, was er sonst brauchte, um am nächsten Morgen die Messe zu lesen. M. de Firmont erreichte nicht ohne Mühe, daß seinem Wunsch entsprochen wurde. Man schickte zur Kapuzinerkirche neben dem Hôtel de Soubise im Marais, die zur Pfarrkirche erhoben worden war, um die für den Gottesdienst notwendigen Dinge. Vom Ratszimmer aus ging M. de Firmont wieder zum König; beide zogen sich in den kleinen Turm zurück und blieben dort bis halb eins. Dann half ich dem König beim Auskleiden, und als ich ihm die Locken eindrehen wollte, sagte er zu mir: »Das lohnt sich nicht.« Zuletzt, als ich die Vorhänge seines Bettes zuzog: »Cléry, wecken Sie mich um fünf Uhr.«

Kaum hatte er sich hingelegt, als tiefer Schlaf ihn übermannte; er schlief bis fünf Uhr, ohne einmal aufzuwachen. M. de Firmont, den Seine Majestät aufgefordert hatte, ein wenig zu ruhen, warf sich auf mein Bett, während ich die Nacht auf einem Stuhl im Zimmer des Königs zubrachte und zu Gott betete, er möge ihm weiterhin Kraft und Mut verleihen.

Schlag fünf machte ich Feuer; der Lärm weckte den König, der den Vorhang zurückzog und mich fragte: »Ist es schon fünf Uhr?«

»Sire, mehrere Turmuhren haben fünf geschlagen, aber die Standuhr noch nicht.« Als das Feuer brannte, trat ich an sein Bett.

»Ich habe gut geschlafen«, sagte er, »ich hatte es auch nötig: Der Tag gestern war sehr anstrengend. Wo ist M. de Firmont?«

»Auf meinem Bett.«

»Und Sie, wo haben Sie die Nacht verbracht?«

»Auf dem Stuhl hier.«

»Das tut mir leid«, sagte der König.

»Ach, Sire, kann ich in einem solchen Augenblick an mich denken?« Er gab mir die Hand und drückte die meine sehr herzlich.

Ich half dem König beim Ankleiden und frisierte ihn; währenddessen machte er von seiner Uhrkette ein Petschaft los, steckte es in seine Westentasche und legte die Uhr auf den Kamin; dann zog er einen Ring vom Finger, betrachtete ihn länger und steckte ihn zu dem Petschaft in die Tasche. Er zog ein frisches Hemd und die weiße Weste vom Tag vorher an, und ich half ihm in den Rock. Dann nahm er seine Brieftasche, seine Lorgnette, die Tabaksdose und ein paar andere Sachen aus den Taschen; auch seine Börse legte er auf den Kamin, schweigend, in Gegenwart mehrerer Beamter. Als der König fertig war, bat er mich, M. de Firmont zu rufen; ich ging ihm Bescheid sagen, er war schon auf und folgte Seiner Majestät ins Kabinett.

Unterdessen stellte ich mitten ins Zimmer eine Kommode und richtete sie als Altar her, damit man die Messe lesen konnte; um zwei Uhr morgens hatte man alles Nötige gebracht. Ich trug das Meßgewand in mein Zimmer, und als alles bereit war, meldete ich es dem König. Er fragte mich, ob ich die Messe dienen könne; ich bejahte, fügte aber hinzu, daß ich die Antworten nicht auswendig wüßte. Daraufhin schlug er das Buch auf, das er in der Hand hielt, suchte den Text der Liturgie und gab es mir; er selbst nahm ein anderes Buch. In der Zwischenzeit legte der Priester die Gewänder an. Ich hatte vor den Altar einen Sessel gestellt und für Seine Majestät ein großes Kissen auf den Boden gelegt; der König ließ es mich wegnehmen und holte selbst aus dem Kabinett ein kleines Roßhaarkissen, das er gewöhnlich benutzte, wenn er seine Gebete sagte. Als der Priester eintrat, zogen sich die Beamten ins Vorzimmer zurück, und ich schloß einen der Türflügel. Die Messe begann um sechs Uhr. Während der erhabenen Zeremonie herrschte tiefe Stille. Der König hörte die Messe kniend, mit größter Andacht und in edler Haltung. Seine Majestät erhielt die Kommunion und zog sich nach der Messe ins Kabinett zurück; der Priester ging in mein Zimmer, um den Ornat abzulegen.

Ich benutzte diesen Augenblick, um zum König ins Kabinett zu treten; er nahm meine beiden Hände und sagte gerührt: »Cléry, ich bin mit Ihren Diensten zufrieden.«

»Ach, Sire«, sagte ich und fiel ihm zu Füßen,

»könnte ich doch durch meinen Tod Ihre Henker entwaffnen und allen guten Franzosen ein so kostbares
Leben erhalten! Hoffen Sie, Sire, sie werden es nicht
wagen, die Hand gegen Sie zu erheben.«

»Der Tod schreckt mich nicht, ich bin ausreichend
vorbereitet. Aber Sie«, fuhr er fort, »setzen Sie sich
keiner Gefahr aus; ich werde darum bitten, daß Sie bei
meinem Sohn bleiben können: Lassen Sie ihm an diesem schrecklichen Ort all Ihre Fürsorge zuteil werden;
erinnern Sie ihn immer wieder an den tiefen Schmerz,
den ich über sein Unglück empfinde: Eines Tages wird
er Ihren Eifer vielleicht belohnen können.«

»Ach, mein Herr, ach, mein König, wenn meine
tiefe Ergebenheit, mein Eifer und meine Fürsorge
Ihnen angenehm waren, erbitte ich von Ihrer Majestät als einzige Belohnung Ihren Segen; verweigern Sie
ihn nicht dem letzten Franzosen, der bei Ihnen geblieben ist.«

Ich lag immer noch vor ihm auf den Knien und
hielt seine Hand; in dieser Stellung gewährte er mir
meine Bitte, gab mir seinen Segen, hob mich dann auf
und zog mich an sich: »Geben Sie den Segen an alle
weiter, die mir treu geblieben sind; sagen Sie auch
Turgy, daß ich mit ihm zufrieden bin. Gehen Sie
wieder hinein«, fügte er hinzu, »erregen Sie keinen
Verdacht.« Dann rief er mich zurück und nahm ein
Papier vom Tisch: »Hier, das ist ein Brief, den mir
Pétion geschrieben hat, als Sie in den Temple kamen;
er kann Ihnen nützlich sein, wenn Sie hierbleiben wollen.« Ich ergriff nochmals seine Hand, küßte sie und
ging hinaus. »Adieu«, sagte er, »adieu...«

In meinem Zimmer fand ich M. de Firmont, der vor meinem Bett kniete und betete. »Was für ein Herrscher«, sagte er zu mir, als er aufstand, »mit welcher Ergebenheit, mit welchem Mut geht er in den Tod! Er ist so ruhig und gelassen, als hätte er in seinem Palast, inmitten seines Hofes die Messe gehört.«

»Eben hat er auf ergreifende Weise Abschied von mir genommen«, sagte ich, »er hat geruht mir zu versprechen, für mich um die Erlaubnis zu bitten, daß ich hier im Turm bei seinem Sohn bleiben darf: Wenn er herauskommt, erinnern Sie ihn bitte noch einmal daran, Monsieur; ich werde nicht mehr das Glück haben, ihn allein zu sprechen.«

»Seien Sie unbesorgt«, sagte M. de Firmont und begab sich wieder zu Seiner Majestät.

Um sieben Uhr kam der König aus seinem Kabinett, rief mich zu sich und sagte, wobei er mich in eine Fensternische zog: »Geben Sie dieses Petschaft meinem Sohn... den Ring der Königin. Sagen Sie ihr, daß es mir wehtut, sie verlassen zu müssen... Dieses Päckchen enthält Locken von meiner ganzen Familie; geben Sie es ihnen auch zurück... Sagen Sie der Königin, meinen lieben Kindern und meiner Schwester, daß ich ihnen zwar versprochen hatte, sie heute morgen noch einmal zu sehen, ihnen aber den Schmerz einer so grausamen Trennung ersparen wollte. Wie schwer fällt es mir zu gehen, ohne sie noch ein letztes Mal umarmt zu haben!...« Er wischte ein paar Tränen weg und fügte in schmerzlichem Ton hinzu: »Ich beauftrage Sie, ihnen in meinem Namen Lebewohl zu sagen!« Dann ging er gleich ins Kabinett.

Die Beamten, die nähergetreten waren, hatten Seine Majestät gehört und gesehen, wie er mir die verschiedenen Dinge übergeben hatte, die ich noch in den Händen hielt. Sie wollten sie mir abnehmen; nur einer von ihnen schlug vor, alles bis zur Entscheidung des Rats in meiner Obhut zu lassen, und so geschah es.

Eine Viertelstunde später kam der König aus dem Kabinett und sagte zu mir: »Fragen Sie, ob ich eine Schere haben kann«, dann machte er kehrt. Ich gab seine Bitte an die Kommissare weiter: »Wissen Sie, was er damit vorhat?«

»Nein.«

»Wir müssen es aber wissen.«

Ich klopfte an die Tür des Kabinetts, der König kam heraus. Ein Beamter, der mir gefolgt war, sagte: »Sie haben eine Schere verlangt; aber bevor wir den Antrag beim Rat stellen können, müssen wir wissen, was Sie damit wollen.«

»Cléry soll mir die Haare schneiden«, antwortete Seine Majestät. Die Kommissare zogen sich zurück; einer von ihnen ging ins Ratszimmer hinunter, wo man eine halbe Stunde diskutierte und dann die Schere verweigerte. Als der Beamte mit dem Bescheid zurückkam, sagte Seine Majestät: »Ich hätte die Schere nicht angerührt; ich wollte nur, daß Cléry mir in Ihrer Gegenwart die Haare schneiden sollte. Bemühen Sie sich noch einmal, Monsieur; bitte leiten Sie meinen Wunsch weiter.« Der Kommissar trug die Sache noch einmal dem Rat vor, der auf seiner Ablehnung beharrte.

Dann erklärte man mir, ich solle mich bereithalten,

um den König zu begleiten und ihm auf dem Schafott beim Auskleiden zu helfen. Bei diesen Worten ergriff mich Panik; aber nachdem ich meine ganze Kraft zusammengenommen hatte, bereitete ich mich darauf vor, diese letzte Pflicht gegenüber meinem Herrn zu erfüllen, dem es widerstrebte, diese Aufgabe dem Henker zu überlassen. Da kam ein anderer Kommissar, teilte mir mit, ich sollte dableiben, und fügte hinzu: »Der Henker ist gut genug für ihn.«

Seit fünf Uhr morgens stand ganz Paris unter Waffen; die Trommeln schlugen Generalalarm. Waffengeklirr, Pferdegetrappel, das Rollen hin- und hergeschobener Geschütze, alles war im Turm zu hören.

Um neun Uhr nimmt der Lärm zu, Türen werden krachend aufgestoßen; Santerre tritt mit sieben oder acht Beamten ein, gefolgt von zehn Gendarmen, die er in zwei Reihen aufstellt. Als der König das hörte, kam er aus seinem Kabinett: »Kommen Sie mich holen?« fragte er Santerre.

»Ja.«

»Bitte noch einen Augenblick«, und Seine Majestät ging in das Zimmer zurück, kam aber sofort mit dem Priester wieder heraus. Der König hielt sein Testament in der Hand und wandte sich an den Beamten Jacques Roux*, einen Priester der Republik, der ganz vorne stand. »Bitte übergeben Sie dieses Papier der Königin, meiner Frau.«

»Das geht mich nichts an«, antwortete der Priester und weigerte sich, das Schriftstück zu nehmen, »ich bin hier, um Sie zum Schafott zu führen.«

Daraufhin wandte sich Seine Majestät an Gobeau,

einen anderen Beamten: »Bitte händigen Sie dieses Papier meiner Frau aus. Sie können es lesen; es enthält Verfügungen, die die Commune, wenn es nach mir geht, zur Kenntnis nehmen soll.«

Ich stand hinter dem König am Kamin; er drehte sich zu mir um, und ich wollte ihm seinen Überrock reichen.

»Ich brauche ihn nicht«, sagte er, »geben Sie mir nur meinen Hut«, was ich tat. Seine Hand berührte die meine, und er drückte sie zum letzten Mal. Zu den Kommissaren gewandt, sagte er: »Meine Herren, ich wünsche, daß Cléry bei meinem Sohn bleibt, der an seine Fürsorge gewöhnt ist; ich hoffe, die Commune wird mir diese Bitte gewähren.« Dann schaute er Santerre an: »Gehen wir.«

Das waren die letzten Worte, die er im Zimmer sprach. An der Treppe begegnete er Mathey, dem Schließer, und sagte: »Ich bin Ihnen gegenüber vorgestern etwas heftig gewesen; seien Sie mir nicht böse.« Mathey antwortete nicht und zog sich sogar ostentativ zurück, als der König mit ihm sprach.

Ich blieb allein im Zimmer zurück, von Schmerz übermannt und beinahe von Sinnen. Trommeln und Trompeten verkündeten, daß Seine Majestät den Turm verlassen hatte... Eine Stunde später hörte man Artilleriesalven und Rufe »Es lebe die Nation! Es lebe die Republik!«... Der beste aller Könige war nicht mehr.

Louis XVI,
des Königs von Frankreich
letzte Stunden.
Von Abbé
EDGEWORTH DE FIRMONT,
seinem geistlichen
Beistand

Über das Schicksal des Königs war noch nicht entschieden, als M. de Malesherbes, den persönlich zu kennen ich nicht die Ehre hatte und der mich weder bei sich empfangen noch aufsuchen konnte, mich um ein Treffen an einem neutralen Ort bitten ließ; die Zusammenkunft fand bei Mme. de Sénozan statt. Dort übergab mir M. de Malesherbes eine Nachricht des Königs, in der der unglückliche Monarch mich bat, ihm im Tode beizustehen; die Grausamkeit der Menschen nötigte ihn zu diesem äußersten Schritt.

Die Nachricht enthielt Formulierungen, die zu verschweigen ich als meine Pflicht betrachten würde, wenn sie nicht den Charakter des Fürsten, dessen letzte Augenblicke ich schildere, veranschaulichten. Er trieb die Rücksicht so weit, den Dienst, den er von mir forderte, als »Gunst« zu bezeichnen; er beanspruchte ihn als »letztes Pfand meiner Anhänglichkeit; er hoffe, daß ich ihm dies nicht verweigern würde. Nur für den Fall, daß ich nicht den Mut dazu hätte, erlaube er mir, einen anderen Geistlichen als Ersatz zu schicken, dessen Wahl er mir überlassen wolle.«

Eine solche Botschaft wäre für jeden anderen zweifellos eine sehr dringende Aufforderung gewesen. Ich betrachtete sie als einen kategorischen Befehl und forderte M. de Malesherbes auf, Seiner Majestät, wenn es noch möglich wäre, alles mitzuteilen, was mir in einem solchen Augenblick meine empfindsame Seele und mein gramgebeugtes Herz eingaben.

Einige Tage vergingen; und da ich nichts weiter hörte, hoffte ich schon auf eine Deportation des Königs oder wenigstens auf einen Aufschub der Hinrichtung, als am 20. Januar gegen vier Uhr nachmittags ein Unbekannter bei mir vorsprach und mir ein Schreiben des provisorischen Exekutivrats mit folgendem Inhalt überbrachte: »Der Exekutivrat hat dem Bürger Edgeworth de Firmont eine Sache von höchster Wichtigkeit mitzuteilen und ersucht ihn, für einen Augenblick an seinem Sitzungsort vorbeizukommen.« Der Unbekannte erklärte, er sei beauftragt, mich zu begleiten, und ein Wagen warte unten auf mich. Ich verließ das Haus, und wir fuhren los.

In den Tuileries, wo der Rat tagte, fand ich alle seine Mitglieder versammelt. Bestürzung stand in ihren Gesichtern. Als ich eintrat, erhoben sie sich und traten schnell auf mich zu. Der Justizminister ergriff das Wort und fragte: »Sind Sie der Bürger Edgeworth de Firmont?«

»Ja«, sagte ich.

»Louis Capet«, fuhr der Minister fort, »hat den Wunsch geäußert, Sie in seinen letzten Stunden bei sich zu haben; wir haben Sie herkommen lassen, um zu erfahren, ob Sie bereit sind, ihm den geforderten Dienst zu erweisen.«

Ich antwortete: »Da der König das wünscht und mich namentlich genannt hat, ist es meine Pflicht, mich zu ihm zu begeben.«

»In diesem Fall«, sagte der Minister weiter, »können Sie mit mir zum Temple kommen, denn ich fahre jetzt gleich dort hin.« Dann nahm er ein Bündel Papiere vom Tisch, sprach noch einen Augenblick leise mit seinen Kollegen, ging unvermittelt hinaus und forderte mich auf, ihm zu folgen.

Eine Eskorte von berittenen Gardisten erwartete uns unten beim Wagen des Ministers; ich stieg als erster ein. Wie alle katholischen Priester im damaligen Paris trug ich Zivil; mir fiel aber ein, was ich einerseits dem König schuldig war, der diese Art Kleidung ungewöhnlich finden mußte, und andererseits der Religion selbst, der zum ersten Mal eine Art Ehre von der neuen Regierung erwiesen wurde; deshalb glaubte ich bei dieser Gelegenheit berechtigt zu sein, die äußeren Zeichen meines Standes wieder anzulegen, oder wenigstens den Versuch zu unternehmen: Ja ich hielt das sogar für meine Pflicht. So sprach ich mit dem Minister darüber, bevor wir die Tuileries verließen; aber er wies meinen Vorschlag mit Worten zurück, die es mir nicht erlaubten, zu insistieren, ohne daß er jedoch irgendwie beleidigend geworden wäre.

Die Fahrt von den Tuileries zum Temple verlief in drückendem Schweigen; nur zwei- oder dreimal versuchte der Minister, ein Gespräch anzufangen.

»Großer Gott!« rief er aus, nachdem er die Fenster des Wagens verschlossen hatte, »was für einen scheußlichen Auftrag habe ich übernommen! Was für ein Mann! (Er meinte den König.) Welche Ergebenheit, welcher Mut! Nein, die Natur allein könnte ihm nicht soviel Kraft verleihen; es ist etwas Übermenschliches im Spiel.«

Solche Geständnisse boten mir eine ganz natürliche Gelegenheit, eine Unterhaltung zu beginnen und ihm bittere Wahrheiten zu sagen. Ich überlegte einen Augenblick, was ich tun sollte; da ich aber einerseits dachte, es sei meine vornehmste Pflicht, dem König den Beistand der Religion zu verschaffen, um den er mich so dringend gebeten hatte, und da ich andererseits befürchtete, die intensive Diskussion, die mit dem Minister erforderlich gewesen wäre, könnte mich daran hindern, meine Mission zu erfüllen, zog ich es vor beharrlich zu schweigen. Der Minister schien mein Verhalten richtig zu deuten und sagte den ganzen Weg über kein Wort mehr.

So erreichten wir den Temple, fast ohne miteinander gesprochen zu haben, und das äußere Tor wurde sofort geöffnet; aber als wir zu dem Gebäude gelangten, das den Hof vom Garten trennt, hielt man uns an – ich glaube, so lauteten die Instruktionen. Damit man passieren konnte, mußten die Kommissare aus dem Turm kommen, um die betreffenden Personen zu identifizieren und den Zweck ihres Kommens zu erfragen.

Sogar der Minister schien, wie auch ich, dieser Formalität unterworfen zu sein. Wir mußten fast eine Viertelstunde auf die Kommissare warten, bis sie endlich kamen; dabei sprachen wir kein Wort. Einer der Beamten war ein junger Mann von siebzehn oder achtzehn Jahren. Sie begrüßten den Minister wie einen Bekannten; er erklärte ihnen mit wenigen Worten, wer ich sei und was ich für eine Aufgabe hätte. Daraufhin bedeuteten sie mir, ihnen zu folgen, und wir durchquerten alle zusammen den Garten, durch den man in den Hof gelangt.

Hier bot sich ein schrecklicher Anblick: Die Tür des Turmes war zwar sehr klein und niedrig, ging aber mit furchtbarem Krachen auf, wegen der vielen Riegel und Eisenstangen, mit denen sie gesichert war. Wir gelangten durch einen Raum, in dem viele Wachen waren, in einen noch größeren Saal, der nach seiner Form zu urteilen früher eine Kapelle gewesen sein mußte.

Dort waren die Kommissare der Commune versammelt, die für die Bewachung des Königs verantwortlich waren. Auf ihren Gesichtern standen bei weitem nicht die Bestürzung und Verlegenheit, die mir bei dem Minister aufgefallen waren. Es waren ungefähr zwölf, die meisten gekleidet wie Jakobiner. Das Mienenspiel, ihr Benehmen, ihre Kaltblütigkeit, alles deutete auf rohe Naturen, die der Anblick des größten Verbrechens nicht schreckte. Ich muß um der Wahrheit willen jedoch sagen, daß diese Beschreibung nicht allen gerecht wird und daß ich in der Gruppe einige zu bemerken glaubte, die nur Schwäche an diesen Ort des Grauens geführt haben konnte.

Wie dem auch sei, der Minister zog sie alle ohne Unterschied in eine Ecke des Raumes und verlas ihnen leise die Papiere, die er mitgebracht hatte. Danach wandte er sich brüsk um und forderte mich auf, ihm zu folgen. Der Rat widersetzte sich ziemlich aufgeregt. Sie traten noch einmal in einer Ecke zusammen und berieten flüsternd einige Augenblicke; das Ergebnis war, daß die eine Hälfte der Kommissare den Minister begleiten sollte, während die anderen zu meiner Bewachung dablieben.

Als die Abordnung weg und die Türen des Saals sorgfältig verschlossen waren, trat der älteste Kommissar höflich, aber verlegen an mich heran: Er sprach von der schrecklichen Verantwortung, die auf mir laste, bat mich tausendmal um Entschuldigung wegen der Freiheit, die er sich nehmen müsse, usw. usw. Ich begriff, daß diese Vorrede darauf hinauslief, mich zu durchsuchen, und ich machte ihm klar, ich hätte mir nicht geschmeichelt, daß man bei meinem Besuch im Temple eine Ausnahme machen würde, da nicht einmal das Ansehen von M. de Malesherbes ihm diese Formalität erspart hätte. Im übrigen hätte ich nichts Verdächtiges in meinen Taschen; es liege bei ihm, sich dessen zu vergewissern. Trotz meiner Erklärung wurde ich ziemlich gründlich durchsucht. Auch meine Tabaksdose wurde geöffnet, und sie probierten den Tabak. Ein kleiner Bleistift mit Stahlhülse, den ich zufällig in der Tasche hatte, wurde genauestens überprüft, aus Furcht, er könne einen Dolch enthalten. Die Papiere, die ich bei mir trug, beachteten sie nicht; und da alles in Ordnung war, wiederholte man die anfänglichen Entschuldigungen und bat mich, Platz zu nehmen. Kaum saß ich, als zwei Kommissare, die mit zum König gegangen waren, herunterkamen und mir sagten, ich dürfe ihn endlich sehen.

Sie führten mich über eine Wendeltreppe, die so eng war, daß dort kaum zwei Personen aneinander vorbeikommen konnten. In regelmäßigen Abständen wurde diese Treppe durch Schranken blockiert, und an jeder

stand ein Wachposten; diese Posten waren echte Sans-
culottes und fast alle betrunken. Die schrecklichen
Schreie, die sie ausstießen und die von den Gewölben
widerhallten, waren wirklich furchterregend. Als ich
zu den Räumen des Königs gelangte, deren Türen alle
offenstanden, sah ich den Fürsten inmitten einer
Gruppe von acht oder zehn Personen. Es war der Justizminister (Garat der Jüngere) mit einigen Mitgliedern der Commune, und sie hatten ihm eben das verhängnisvolle Dekret verlesen, das seinen Tod unwider-
ruflich auf den nächsten Tag festsetzte.

Er stand mitten unter ihnen, ruhig und gelassen, ja
sogar heiter; und nicht ein einziger von denen, die ihn
umringten, sah so selbstsicher aus wie er. Sobald ich
erschien, machte er ihnen ein Zeichen, sich zurückzuziehen; sie gehorchten schweigend. Er schloß selbst die
Tür hinter ihnen, und ich blieb mit ihm allein. Bisher
war es mir gelungen, die verschiedenen Regungen zu
beherrschen, die mich aufwühlten; aber beim Anblick
des einst so großen und jetzt so unglücklichen Fürsten
konnte ich meine Tränen nicht mehr zurückhalten:
Sie flossen über mein Gesicht, und ich fiel ihm zu
Füßen, ohne daß ich etwas anderes als meinen
Schmerz hätte ausdrücken können. Diese Szene rührte
ihn tausendmal mehr als der Beschluß, den man ihm
soeben verlesen hatte. Zunächst antwortete er auf
meine Tränen nur mit den seinen; aber bald faßte er
sich und sagte: »Verzeihen Sie, bitte verzeihen Sie diesen Augenblick der Schwäche, wenn man es denn so
nennen kann. Seit langem lebe ich umgeben von Feinden, und die Macht der Gewohnheit hat mich gewis-

sermaßen mit diesem Zustand vertraut gemacht; aber der Anblick eines treuen Untertanen rührt mein Herz ganz anders an; an so ein Schauspiel sind meine Augen nicht mehr gewöhnt, und es geht mir wider Willen nahe.«

Mit diesen Worten hob er mich gütig auf und führte mich in sein Kabinett, um zwangloser mit mir sprechen zu können; denn in seinem Zimmer konnte man alles hören. Dieses Kabinett befand sich in einem der kleinen Türme des Temple; es gab dort weder Tapete noch irgendwelchen Schmuck; ein schlechter Kachelofen ersetzte den Kamin, und die einzigen Möbel waren ein Tisch und drei lederbezogene Stühle. Dort ließ er mich neben sich Platz nehmen und sagte dann: »Jetzt steht also die große Angelegenheit an, Monsieur, die mich ganz und gar beschäftigen muß! Ach, es ist die einzig wichtige Sache, denn was sind alle anderen Dinge dagegen? Aber ich muß Sie noch um etwas Zeit bitten, denn meine Familie kommt gleich herunter. Fürs erste haben Sie hier ein Papier; ich bin sehr froh, es Ihnen übergeben zu können.« Dabei zog er aus der Tasche ein Dokument, dessen Siegel er erbrach.

Es war sein Testament, das er schon im Dezember aufgesetzt hatte, also zu einer Zeit, als er noch nicht wußte, ob man ihm erlauben würde, in seinen letzten Stunden und bei seinem letzten Kampf den Beistand eines katholischen Priesters in Anspruch zu nehmen. Alle, die dieses bewegende, eines christlichen Königs so würdige Schriftstück kennen, können leicht den tiefen Eindruck ermessen, den es auf mich machen mußte;

das Erstaunlichste ist aber sicherlich, daß dieser Fürst die Kraft hatte, es selbst vorzulesen, und sogar zweimal. Er sprach mit fester Stimme, und seine Züge veränderten sich nur, wenn er die Namen derer aussprach, die ihm teuer waren. Dann zeigte sich das ganze Ausmaß seiner zärtlichen Liebe; er mußte innehalten, und er konnte seine Tränen nicht unterdrükken. Wenn aber nur von ihm selbst und seinem Unglück die Rede war, schien er nicht bewegter, als die meisten Menschen zu sein pflegen, wenn sie von den Leiden anderer hören.

Als er mit dem Vorlesen zu Ende war und die königliche Familie immer noch nicht kam, fragte er gleich nach seinen Geistlichen und nach der derzeitigen Lage der Kirche in Frankreich. Trotz seiner strengen Haft hatte er einiges erfahren; er wußte ungefähr, daß die katholischen Priester, die ihr Vaterland hatten verlassen müssen, in London aufgenommen worden waren; aber die Einzelheiten waren ihm ganz unbekannt. Ich hielt es für meine Pflicht, ihm einiges darüber zu erzählen, was ihm tiefen Eindruck machte; er beklagte das Los des französischen Klerus und wurde nicht müde, die Großmut des englischen Volkes zu preisen, das das Schicksal der Verbannten zu erleichtern suchte. Aber er beschränkte sich nicht auf so allgemeine Fragen und kam bald auf Einzelheiten zu sprechen, die mich selbst erstaunten: Er wollte wissen, was aus verschiedenen Geistlichen geworden war, die ihn besonders zu interessieren schienen. Vor allem beschäftigten ihn offenbar der Kardinal de la Rochefoucauld* und der Bischof von Clermont*; bei der bloßen Erwähnung des Erzbischofs von Paris* steigerte sich seine Aufmerksamkeit noch.

Er fragte mich, wo dieser letzte sich aufhalte, was er tue und ob es mir möglich sei, mit ihm in Verbindung zu treten. »Lassen Sie ihn wissen«, sagte er, »daß ich als Mitglied seiner Gemeinde sterbe und daß ich niemals einen anderen Oberhirten als ihn anerkannt habe. Ach, ich fürchte, er ist mir ein wenig böse, weil ich seinen letzten Brief nicht beantwortet habe; ich lebte noch in den Tuileries, aber zu dieser Zeit überstürzten sich die Ereignisse um mich herum schon derart, daß ich nicht die Zeit dazu fand. Im übrigen wird er mir verzeihen, dessen bin ich sicher; er ist so gütig!« Der Abbé de F... wurde auch nicht vergessen. Ihn hatte der König nie gesehen, aber er wußte von allen Diensten, die dieser achtbare Geistliche der Diözese von Paris in den schwierigsten Zeiten erwiesen hatte. Er fragte mich, was aus ihm geworden sei; als ich ihm sagte, daß jener das Glück gehabt hatte zu entkommen, sprach er von ihm in Worten, die zeigten, welchen Wert er der Rettung dieses Mannes beimaß und wie hoch er seine Tugenden schätzte.

Dann kam die Rede auf den Duc d'Orléans: »Was habe ich meinem Vetter nur getan, daß er mich so verfolgt«, fragte er. »Aber warum sollte ich ihm böse sein? Er ist mehr zu beklagen als ich. Meine Lage ist gewiß traurig; aber selbst, wenn sie noch trauriger wäre, nein, ich wollte auf keinen Fall mit ihm tauschen.«

Dieses angeregte Gespräch wurde von einem der Kommissare unterbrochen, der dem König mitteilte, seine Familie sei jetzt da, und er dürfe sie endlich sehen. Das schien ihn sehr aufzuregen, und er lief sofort hinaus. Die Begegnung fand (soweit ich es beobachten konnte, denn ich war nicht dabei) in einem kleinen Zimmer statt, das nur durch eine Glastür vom Raum der Kommissare getrennt war, so daß diese alles sehen und hören konnten. Obwohl ich in dem Kabinett blieb, in dem der König mich zurückgelassen hatte, konnte sogar ich leicht die Stimmen unterscheiden und wurde wider Willen Zeuge der rührendsten Szene, die ich je erlebt habe. Nein, keine Feder kann je niederschreiben, wie herzzerreißend sie war. Fast eine halbe Stunde lang wurde kein Wort gesprochen; es gab weder Tränen noch Schluchzen, sondern nur durchdringende Schreie, die sogar außerhalb des Turms zu hören sein mußten. Der König, die Königin, Madame Elisabeth, der Dauphin und Madame Royale klagten alle zugleich, und ihre Stimmen schienen sich zu vermischen. Endlich versiegten die Tränen, weil die Kraft zum Weinen fehlte; sie sprachen leise und ziemlich ruhig.

Das Gespräch dauerte fast eine Stunde, dann verabschiedete sich der König von seiner Familie, wobei er ihr Hoffnung auf ein Wiedersehen am anderen Tag machte. Er kam dann sofort zu mir zurück, war aber so verstört und erregt, wie es nur eine tief verletzte Seele sein kann.

»Ach, Monsieur«, sagte er und ließ sich auf einen Stuhl fallen, »was für eine Begegnung war das eben! Warum muß ich lieben und geliebt werden? – Aber es ist vorbei; vergessen wir alles andere, und denken wir nur noch an unser Seelenheil; nur das allein darf jetzt alle meine Gefühle und Gedanken in Anspruch nehmen.«

Er sprach weiter, und seine Worte zeugten von seiner Empfindsamkeit und seinem Mut, als Cléry kam, um ihn zum Abendessen zu holen. Der König zögerte einen Augenblick; aber er besann sich und stimmte zu. Das Essen dauerte nicht länger als fünf Minuten, und als er zurückkam, schlug er mir vor, es ihm gleichzutun. Ich hatte kaum den Mut dazu, aber um es ihm nicht abschlagen zu müssen, zog ich es vor, zu gehorchen oder wenigstens so zu tun.

Seit längerem ging mir ein Gedanke im Kopf herum, und seit ich in der Nähe des Königs war, beschäftigte er mich noch mehr: nämlich ihm um jeden Preis die heilige Kommunion zu ermöglichen, auf die er so lange hatte verzichten müssen. Ich hätte sie ihm heimlich bringen können, wie man es damals bei allen Gläubigen tun mußte, die das Haus nicht verlassen konnten; aber die genaue Durchsuchung, der man sich beim Betreten des Temple zu unterziehen hatte, und die Profanierung, die das unweigerlich bedeutet hätte, waren ein mehr als ausreichender Grund dagegen. Mir blieb also nichts anderes übrig, als, wenn irgend möglich, im Zimmer des Königs die Messe zu lesen.

Ich schlug ihm das vor, aber anfangs schien er darüber erschrocken; da er jedoch den ganzen Wert dieser Gnade empfand, da er sogar glühend danach verlangte und sein Widerstand sich nur aus der Furcht ergab, die Anfrage könnte mich kompromittieren, bat ich ihn dringend, mir freie Hand zu lassen, und versprach, mit Vorsicht und Diskretion vorzugehen. Endlich gestattete er es: »Versuchen Sie es, Monsieur; aber ich fürchte, Sie werden keinen Erfolg haben, denn ich kenne die Leute, mit denen Sie es zu tun bekommen: Sie gewähren nur, was sie nicht abschlagen können.«

Derart zum Handeln ermächtigt, wurde ich auf meine Bitte hin in das Ratszimmer geführt, wo ich im Namen des Königs mein Gesuch vorbrachte. Die Forderung, mit der die Kommissare im Turm nicht gerechnet hatten, versetzte sie in äußerste Ratlosigkeit; sie suchten verschiedene Vorwände, um sie abzuweisen. »Wo sollen wir jetzt einen Priester auftreiben?« fragten sie mich. »Und wenn wir einen haben, wie sollen wir uns die notwendigen Geräte beschaffen?«

»Der Priester ist schon da, denn ich bin einer«, gab ich zurück, »und was das übrige betrifft, die nächstgelegene Kirche wird es zur Verfügung stellen; Sie brauchen es nur abholen zu lassen. Davon abgesehen ist meine Forderung berechtigt, und es wäre gegen Ihre Grundsätze, sie abzulehnen.«

Darauf ergriff einer der Kommissare das Wort und gab (wenn auch in schonenden Formulierungen) zu verstehen, meine Bitte könnte nur eine Falle sein; unter dem Vorwand, dem König die Kommunion zu reichen, könnte ich ihn vergiften. Er fügte hinzu: »Die Geschichte bietet genügend derartige Beispiele, um uns zur Vorsicht zu veranlassen.« Ich begnügte mich damit, ihn scharf anzusehen und zu sagen: »Die gründliche Durchsuchung, der ich mich bei meiner Ankunft unterziehen mußte, sollte Ihnen bewiesen haben, daß ich kein Gift bei mir trage; wenn man morgen welches fände, müßte ich es also von Ihnen bekommen haben, da alles, was ich fordere, durch Ihre Hände geht.« Er wollte antworten, aber seine Kollegen hießen ihn schweigen; und als letzte Ausflucht erklärten sie mir, der Rat sei nicht vollzählig, sie könnten die Verantwortung nicht übernehmen; sie würden aber die abwesenden Mitglieder zusammenrufen und mir das Ergebnis ihrer Beratung mitteilen.

Eine Viertelstunde verging damit, die Fehlenden zu holen und zu diskutieren. Schließlich wurde ich wieder hineingerufen, und der Vorsitzende ergriff das Wort: »Bürger Religionsdiener, der Rat hat den Antrag, den Sie im Namen von Louis Capet gestellt haben, in Erwägung gezogen und beschlossen, daß er den Gesetzen entspricht, die die Freiheit der Religionsausübung garantieren, und daher bewilligt wird. Wir stellen jedoch zwei Bedingungen: Erstens, daß Sie sofort ein schriftliches Gesuch aufsetzen und unterzeichnen; zweitens, daß Ihr Gottesdienst spätestens morgen um sieben beendet sein muß, denn um Punkt acht Uhr soll Louis Capet zum Ort seiner Hinrichtung aufbrechen.« Diese letzten Worten wurden wie die übrigen mit einer Kaltblütigkeit ausgesprochen, die einen grausamen Charakter verriet, der ohne Reue dem größten aller Verbrechen entgegensah. Ich faßte mein Gesuch ab und ließ es auf dem Tisch liegen.

Sofort brachte man mich zum König zurück, der ziemlich beunruhigt auf den Ausgang der Sache wartete; mein kurzer Bericht, der alle näheren Umstände ausließ, schien ihm große Freude zu machen.

Es war schon nach zehn Uhr. Ich blieb bis tief in die

Nacht bei Seiner Majestät; aber da ich sah, daß er müde war, schlug ich ihm vor, ein wenig zu ruhen. Er stimmte mit seiner gewöhnlichen Liebenswürdigkeit zu und forderte mich auf, dasselbe zu tun.

Auf seine Weisung ging ich hinüber in ein kleines Zimmer, das Cléry bewohnte und das nur durch eine Bretterwand von dem des Königs getrennt war; und während mich die bedrückendsten Gedanken beschäftigten, hörte ich, wie der Fürst ruhig seine Anordnungen für den nächsten Tag gab, sich dann hinlegte und in tiefen Schlaf fiel.

Schon um fünf Uhr morgens stand der König auf und machte wie gewöhnlich Toilette. Wenig später ließ er mich rufen und unterhielt sich mit mir fast eine Stunde lang in dem Kabinett, wo er mich schon am Abend vorher empfangen hatte. Als ich es verließ, fand ich im Zimmer des Königs einen Altar vorbereitet. Die Kommissare hatten alles, was ich von ihnen verlangt hatte, genauestens ausgeführt; sie waren sogar über meine Wünsche hinausgegangen, denn ich hatte nur um das Nötigste gebeten.

Der König hörte die Messe auf dem Boden kniend, ohne Betstuhl und ohne Kissen; er nahm die Kommunion. Danach ließ ich ihn für kurze Zeit allein, damit er sein Gebet beenden konnte. Bald darauf ließ er mich wieder rufen, und ich fand ihn neben dem Ofen sitzend, der nur wenig Wärme abgab. »Mein Gott!« sagte er, »wie glücklich bin ich, meinen Prinzipien treu geblieben zu sein! Wo wäre ich jetzt ohne sie? Mit ihnen dagegen erscheint mir der Tod ganz leicht. Ja, es gibt oben einen unbestechlichen Richter, und er wird mir die Gerechtigkeit vollständig gewähren, die mir die Menschen hier unten verweigern.«

Das Amt, das ich bei diesem Fürsten versah, erlaubt mir nur, einige Passagen aus den verschiedenen Gesprächen mitzuteilen, die er in seinen letzten sechzehn Stunden mit mir führte; aber nach dem wenigen, was ich sagen kann, vermag man sich eine Vorstellung von all dem zu machen, was ich hinzufügen könnte, wenn es mir erlaubt wäre, alles wiederzugeben.

Der Morgen graute, und schon schlugen die Trommeln in allen Sektionen von Paris Generalalarm. Das außergewöhnliche Treiben konnte man im Turm deutlich hören, und ich muß gestehen, daß mir das Blut in den Adern gefror; aber der König blieb ruhiger als ich, horchte einen Augenblick darauf und sagte dann ganz gelassen zu mir: »Das ist wahrscheinlich die Nationalgarde, die man zusammenruft.« Wenig später ritten Kavallerieabteilungen in den Hof des Temple ein, und man vernahm deutlich die Stimmen der Offiziere und das Getrappel der Pferde. Der König horchte wieder auf und sagte immer noch ungerührt: »Es scheint, daß sie kommen.«

Er hatte der Königin beim Abschied versprochen, daß er sie am nächsten Morgen noch einmal sehen würde, und wollte ihr sein Wort halten, da er nur auf die Stimme seines Herzens hörte; aber ich bat ihn flehentlich, sie nicht auf eine Probe zu stellen, der sie nicht gewachsen wäre. Er zögerte einen Augenblick und sagte dann im Ton tiefsten Schmerzes: »Sie haben recht, es würde ihr den Todesstoß versetzen; besser ist es, auf diesen süßen Trost zu verzichten und sie einige Augenblicke länger in der Hoffnung leben zu lassen.«

Zwischen sieben und acht Uhr wurde oft unter verschiedenen Vorwänden an die Tür des Kabinetts geklopft, in das ich mich mit dem König zurückgezogen hatte, und jedesmal zitterte ich, es könnte das Ende sein; aber der König, gefaßter als ich, stand jedesmal gelassen auf, ging zur Tür und antwortete ruhig denen, die ihn so störten. Ich weiß nicht, wer sie waren; aber unter ihnen befand sich sicher eines der größten Ungeheuer, das die Revolution hervorgebracht hatte, denn ich hörte ganz deutlich, wie jemand in höhnischem Ton (ich weiß nicht, in welchem Zusammenhang) zu dem Fürsten sagte: »Na, na! Das war in Ordnung, solange Sie König waren; aber Sie sind es nicht mehr.« Der König erwiderte kein Wort, sondern sagte nur achselzuckend, als er zurückkam: »Da sehen Sie, wie diese Leute mich behandeln! Aber man muß alles ertragen können.«

Als er ein anderes Mal einem der Kommissare geantwortet hatte, kam er zurück und sagte lächelnd: »Diese Leute sehen überall Dolche und Gift; sie fürchten, daß ich mich töte. Ach! Sie kennen mich sehr schlecht: Das wäre Schwäche. Nein, da es sein muß, werde ich zu sterben wissen.«

Schließlich wird zum letzten Mal angeklopft: Es war Santerre mit seinen Leuten. Der König öffnete wie gewöhnlich, man teilte ihm mit (ich weiß nicht, mit welchen Worten), er müsse gehen. »Ich bin noch beschäftigt«, antwortete er mit Würde. »Warten Sie hier, ich komme sofort.« Dann schloß er die Tür und warf sich mir zu Füßen: »Es ist vollbracht, Monsieur; geben Sie mir zum letzten Mal den Segen und bitten Sie Gott, er möge mir bis zum Ende Kraft verleihen.«

Dann erhob er sich wieder, verließ das Kabinett und trat auf die Soldaten im Schlafzimmer zu. Ihre Mienen waren alles andere als selbstsicher; trotzdem behielten sie alle ihre Hüte auf. Der König bemerkte das und fragte sofort nach dem seinen. Während Cléry ihn tränenüberströmt holen ging, fragte der König: »Ist unter Ihnen ein Mitglied der Commune? Ich vertraue ihm dieses Schriftstück an.«

Es war sein Testament, das einer der Anwesenden entgegennahm.[1] »Ich empfehle der Commune auch meinen Kammerdiener Cléry, der seinen Dienst zu meiner vollen Zufriedenheit verrichtet hat. Man soll ihm meine Uhr und alle meine Sachen aushändigen, die ich hier habe oder die die Commune aufbewahrt; ich wünsche auch, daß man ihn als Belohnung für seine Treue zu mir in den Dienst der Königin – in den Dienst meiner Frau übernimmt« (denn der König gebrauchte beide Ausdrücke). Da niemand antwortete, sagte der König in entschlossenem Ton: »Gehen wir.«

Bei diesen Worten setzte sich der ganze Trupp in Bewegung. Der König durchschritt zu Fuß den ersten Hof (der vorher der Garten gewesen war); er drehte sich ein- oder zweimal nach dem Turm um, als wolle

---

[1] Jacques Roux hat sich noch am Todestag des Königs in seinem Bericht an die Commune gerühmt, ihm bei dieser Gelegenheit geantwortet zu haben: »Wir sind nicht gekommen, um von dir Aufträge entgegenzunehmen, sondern um dich zum Schafott zu führen.« Ich habe dieses gräßliche Wort nicht gehört, aber der gewagt hat, sich dessen zu rühmen, war auch fähig, es zu sagen. (Anmerkung Firmonts.)

er dem, was ihm in dieser irdischen Welt das Teuerste war, Lebewohl sagen, und an seiner Haltung konnte man erkennen, daß er seine Kraft und seinen Mut zusammennahm.

Am Eingang in den zweiten Hof stand eine Droschke; zwei Gendarmen hielten den Schlag auf. Als sich der König näherte, stieg einer von ihnen als erster ein und setzte sich auf den Vordersitz; der König folgte und ließ mich neben sich im Fond Platz nehmen; der andere Gendarm sprang als letzter hinein und schloß die Tür. Es wird behauptet, einer der beiden Männer wäre ein Priester* gewesen; ich hoffe zu Ehren des geistlichen Standes, daß das ein Gerücht ist. Es heißt weiterhin, sie hätten den Befehl gehabt, den König beim geringsten Anzeichen von Unruhe unter den Zuschauern zu ermorden. Ich weiß nicht, ob das ihr Auftrag war; aber ich meine, es wäre ihnen sehr schwer gefallen, dieses Vorhaben auszuführen, es sei denn, sie hätten noch andere Waffen bei sich gehabt als die, die sie sichtbar trugen; denn mir fielen nur ihre Gewehre auf, die sie unmöglich hätten benutzen können.

Im übrigen war der Aufstand, den man befürchtete, keineswegs ein Hirngespinst: Eine große Zahl von Anhängern des Königs hatte beschlossen, ihn gewaltsam seinen Henkern zu entreißen, oder wenigstens alles dafür zu wagen. Zwei der Hauptbeteiligten, junge Leute, die einen illustren Namen trugen*, hatten mich am Tag vorher davon in Kenntnis gesetzt; und ich muß zugeben, daß ich, ohne fest damit zu rechnen, bis an den Fuß des Schafotts darauf gehofft habe.

Ich erfuhr später, daß die Anordnungen für diesen

schrecklichen Morgen so raffiniert getroffen und mit solcher Präzision ausgeführt worden waren, daß von vier- bis fünfhundert Personen, die entschlossen waren, sich für den König zu opfern, nur fünfundzwanzig den Treffpunkt hatten erreichen können; alle übrigen vermochten wegen der schon bei Tagesanbruch auf allen Straßen von Paris getroffenen Maßnahmen nicht einmal ihre Häuser zu verlassen. Wie dem auch sei, der König befand sich eingezwängt in einem Wagen, wo er weder zu mir sprechen noch mir zuhören konnte, ohne belauscht zu werden, und er entschloß sich zu schweigen. Ich bot ihm gleich mein Brevier an, das einzige Buch, das ich bei mir hatte. Er schien es gern anzunehmen und sogar zu wünschen, daß ich ihn auf die Psalmen hinwies, die am besten auf seine Lage paßten: Er las sie dann abwechselnd mit mir. Die Gendarmen schienen, obwohl sie nichts sagten, zugleich fasziniert und verwirrt angesichts der ergebenen Frömmigkeit eines Herrschers, den sie sicherlich noch nie aus der Nähe gesehen hatten.

Die Fahrt dauerte fast zwei Stunden. Überall am Straßenrand standen Bürger mit Piken und Gewehren in mehreren Reihen. Außerdem war der Wagen selbst von einem imposanten Corps Soldaten umgeben, das offensichtlich aus den korruptesten Individuen von Paris gebildet war. Um die Vorsicht auf die Spitze zu treiben, ließ man vor den Pferden eine Menge Trommler marschieren, die eventuelle Sympathiekundgebungen für den König übertönen sollten. Aber wie hätte man etwas hören können? Keiner zeigte sich an den Türen oder Fenstern, und auf den Straßen waren nur bewaffnete Bürger zu sehen, die, zumindest aus Schwäche, zu einem Verbrechen beitrugen, das sie vielleicht aus tiefstem Herzen verabscheuten.

Der Wagen erreichte so in vollkommener Stille die Place Louis XV und hielt mitten auf dem Platz, den man um das Schafott freigehalten hatte. Ringsum standen Kanonen; und dahinter sah man, so weit das Auge reichte, eine bewaffnete Menschenmenge.

Als der König merkte, daß der Wagen hielt, drehte er sich um und sagte mir ins Ohr: »Wir sind da, wenn ich mich nicht täusche.« Mein Schweigen zeigte ihm, daß er recht hatte. Gleich kam einer der Henkersknechte und öffnete ihm den Schlag; aber der König gebot ihnen Einhalt, legte die Hand auf mein Knie und sagte in befehlendem Ton: »Messieurs, ich empfehle Ihnen diesen Herrn hier an; sorgen Sie dafür, daß ihm nach meinem Tod kein Schimpf angetan wird; ich beauftrage Sie, darauf zu achten.« Die beiden Männer antworteten nicht, und der König wollte seine Rede lauter wiederholen; aber der eine schnitt ihm das Wort ab: »Ja, ja«, sagte er, »wir sorgen dafür; lassen Sie uns nur machen.« Ich muß hinzufügen, daß diese Worte in einem Ton gesagt wurden, der mich hätte erstarren lassen, wäre ich in einem solchen Augenblick in der Lage gewesen, mich mit mir selbst zu beschäftigen.

Als der König ausgestiegen war, umringten ihn drei Henkersknechte und wollten ihm den Rock ausziehen; aber er stieß sie stolz zurück und legte ihn selbst ab. Er knöpfte auch Kragen und Hemd auf und machte sich eigenhändig zurecht. Die Henkersknechte, die die stolze Haltung des Königs einen Moment verunsichert hatte, schienen ihre Kühnheit zurückzugewinnen; sie umringten ihn von neuem und wollten ihm die Hände binden. »Was haben Sie vor?« fragte der König und zog seine Hände schnell zurück. »Sie fesseln«, antwortete einer der Henkersknechte. – »Mich fesseln!« erwiderte der König empört, »nein, das werde ich niemals hinnehmen! Tun Sie, was Ihnen befohlen wurde, aber Sie werden mich nicht fesseln; nehmen Sie davon Abstand.« Die Henkersknechte insistierten; sie wurden lauter und schienen Hilfe herbeirufen zu wollen, um es mit Gewalt zu tun.

Das war der schrecklichste Moment dieses trostlosen Vormittags: Noch eine Minute, und der beste aller Könige hätte vor den Augen seiner rebellischen Untertanen eine Kränkung hinnehmen müssen, die tausendmal unerträglicher ist als der Tod, wegen der Gewaltanwendung, zu der man offenbar entschlossen war. Er schien dies selbst zu fürchten; und zu mir gewandt sah er mich starr an, als wolle er mich um Rat bitten. Ach, ich konnte ihm keinen geben; zunächst antwortete ihm nur mein Schweigen; aber da er den Blick auf mich gerichtet hielt, sagte ich unter Tränen: »Sire, in dieser neuen Kränkung sehe ich nur eine letzte Gemeinsamkeit zwischen Eurer Majestät und dem Gott, der Ihnen als Lohn zuteil werden wird.«

Bei diesen Worten erhob er die Augen mit einem Ausdruck des Schmerzes zum Himmel, den ich niemals beschreiben könnte. »Gewiß«, antwortete er, »es bedarf wirklich eines Beispiels, damit ich mich einem derartigen Affront unterwerfe.« Und zu seinen Henkersknechten gewandt fügte er sofort hinzu: »Tun Sie, was Sie wollen; ich werde den Kelch bis zur Neige leeren.«

Die Stufen, die zum Schafott führten, waren äußerst steil. Der König mußte sich auf meinen Arm stützen, und wegen der Mühe, die ihm das Steigen zu bereiten schien, fürchtete ich einen Augenblick, sein Mut würde schwinden. Aber wie erstaunt war ich, als ich oben auf der letzten Stufe sah, daß er sich gewissermaßen meinen Händen entzog, festen Schritts über das ganze Schafott ging, mit einem einzigen Blick fünfzehn oder zwanzig Trommler, die ihm gegenüberstanden, zum Schweigen brachte und mit so lauter Stimme, daß man es bis zum Pont-Tournant hören konnte, die für immer denkwürdigen Worte deutlich aussprach: »Ich sterbe unschuldig an den Verbrechen, die man mir vorwirft. Ich vergebe den Urhebern meines Todes und bitte Gott, das Blut, das sie vergießen werden, möge niemals über Frankreich kommen.«

Die letzten Jahre
der Herrschaft
und des Lebens von
Louis XVI,
vom Kammerdiener
Huë

(Auszug)

Der Prince de Poix hatte dem König vorgeschlagen, in Zukunft im Hôtel de Noailles zu residieren; aber Seine Majestät war in ihren Entscheidungen nicht mehr frei. Eine Kommission war gebildet worden, um die Entscheidung der Gesetzgebenden Körperschaft in dieser Angelegenheit vorzubereiten. Sie schwankte zwischen dem Luxembourg-Palais und dem Amtssitz des Kanzlers, als die neue Commune von Paris, die die Verantwortung für die königliche Familie tragen sollte, den Temple vorschlug und sich damit durchsetzte. Es war nicht das einzige Mal, daß der Magistrat scheinbar bloß einen Vorschlag machte, aber in Wirklichkeit der Nationalversammlung Gesetze diktierte.

Als der König von dieser Entscheidung hörte, ließ er mich nach seinen Anweisungen eine Liste der Personen aufsetzen, die er in seiner Nähe haben wollte, um ihn und die königliche Familie zu bedienen. Wenn ich hier die von Seiner Majestät Erwählten nenne, ehre ich damit ihr Andenken.

Die Aufstellung, die ich dem Bürgermeister von Paris zur Vorlage beim Rat der Commune übergab, benannte:

für den Dienst an der Person des Königs, M. de Fresnes, Stallmeister; M. Lorimier de Chamilly, erster Kammerdiener; M. Bligny, Kammerdiener, und M. Testard, Bedienter;

für den Dienst bei der Königin und Madame Royale, Mme. Thibaud, erste Kammerfrau; Mme. Auguié und Mme. Basire, Kammerfrauen; für den Dienst beim Dauphin, Mme. Saint-Brice und M. Huë;

für den Dienst bei Madame Elisabeth, M. de Saint-Pardoux, Stallmeister, und Madame Navarre, erste Kammerfrau.

Zu dieser Liste fügte der König noch die Namen der Princesse de Lamballe, der Marquise de Tourzel und ihrer Tochter hinzu.

Am 14. August*, dem für die Verlegung des Königs in den Temple vorgesehenen Tag, erhielt er einige Stunden vor der Abfahrt das Manifest der Prinzen, seiner Brüder*, und Briefe von ihnen. Nachdem er alles gelesen hatte, mußte er die Schriftstücke schnellstens verschwinden lassen, aber so, daß sie den Argusaugen entgingen, die die königliche Familie umgaben. Der König vertraute mir diesen Auftrag an, den ich auch ausführte.

Am Nachmittag erschien der Bürgermeister mit einem Magistratsbeamten beim König; er teilte ihm mit, daß der Rat der Commune beschlossen habe, keine der benannten Personen dürfe der königlichen Familie in den Temple folgen. Der König erreichte durch nachdrückliche Vorhaltungen, daß die Damen Thibaud, Basire, Saint-Brice und Navarre, M. de Chamilly und ich von dieser Regelung ausgenommen wurden.

Die Stunde der Abfahrt rückte näher. Die königliche Familie und die, die ihr folgen durften, brachen auf; sie bahnten sich nur mit Mühe einen Weg durch die Menge, die sich in dem Gang im Kloster der Feuillants und im Hof drängte; endlich erreichten sie die für sie bestimmten Wagen. Es waren zwei große Kutschen, jede mit zwei Pferden. Der König, die Königin, ihre Kinder, Madame Elisabeth, die Princesse de Lamballe, die Marquise de Tourzel und ihre Tochter stiegen in den ersten Wagen. Der Bürgermeister, der Prokurator der Commune* und ein Magistratsbeamter nahmen auch bei ihnen Platz. Während der ganzen Fahrt behielten sie ostentativ den Hut auf. Im zweiten Wagen befanden sich das Gefolge des Königs und zwei Beamte. Nationalgardisten zu Fuß, die den Lauf ihrer Gewehre nach unten gerichtet hielten, eskortierten den Zug. Eine riesige Menschenmenge mit Waffen der verschiedensten Art hatte sich dieser Truppe angeschlossen. Man hörte nur Drohungen und Beschimpfungen. Mitten auf der Place Vendôme blieb der Wagen des Königs einige Zeit stehen; er sollte in aller Ruhe die Reiterstatue Louis des Großen betrachten können, die der Pöbel vom Sockel gestürzt, zerschlagen und mit Füßen getreten hatte. »So werden Tyrannen behandelt«, schrie die unbändige Meute immer wieder...

Während dieser unheimlichen Fahrt, die mehr als eine Stunde dauerte, legten die Beamten, die die königliche Familie zu eskortieren hatten, eine grausame Freude an den Tag, klatschten in die Hände, schrien »Es lebe die Nation!« und forderten die Menge heraus, ihrerseits mit Geschrei zu antworten.

Von tiefem Schmerz erfüllt erreichte die königliche

Familie den Temple. Als erster erschien Santerre im Hof, als sie ausstiegen. Er machte den Beamten ein Zeichen, dessen Sinn ich zunächst nicht verstand. Seit ich die Örtlichkeiten im Temple kennengelernt habe, weiß ich, daß es nur bedeuten konnte, der König sollte sofort in den Turm gebracht werden. Eine Kopfbewegung seitens der Beamten kündigte an, daß es noch nicht so weit war.

Die königliche Familie wurden in den Palais genannten Gebäudetrakt geführt, wo der Comte d'Artois bei seinen Parisaufenthalten zu residieren pflegte. Die Beamten nahmen in Gegenwart des Königs den Hut nicht ab und sprachen ihn nur mit *Monsieur* an. Ein Mann mit langem Bart, den ich zuerst für einen Juden gehalten hatte, wiederholte diese Anrede betont in jedem Satz.[1] Einige der Beamten, die sich bei dieser Gelegenheit so fürchterlich aufführten, schienen später ihr Benehmen zu bedauern und über die Gefangenschaft des Königs aufrichtig betrübt zu sein.

Der Tag der Überführung der königlichen Familie in ihr Gefängnis schien für das Volk von Paris ein Freudentag; die Leute zogen in Massen zum Temple und schrien aus Leibeskräften: »Es lebe die Nation!« An den Vorsprüngen der Außenmauern des Temple hatte man Lampions angebracht, die die barbarische Freude dieser verblendeten Menge beleuchteten.

In der Überzeugung, das Palais des Temple würde in Zukunft seine Wohnung sein, wollte der König die

1 Dieser Mann, Vorsitzender der Commune vom 10. August, hieß Truchon. Er hatte einige Zeit wegen Bigamie in der Bastille gesessen. (Anmerkung Huës)

Gemächer besichtigen. Während die Beamten ein grausames Spiel mit seinem Irrtum trieben, um hinterher seine Überraschung besser auskosten zu können, legte Seine Majestät bereits mit Vergnügen die Aufteilung der verschiedenen Appartements fest.

Sofort wurden überall im Temple Posten aufgestellt. Das Reglement war so streng, daß man keinen Schritt tun konnte, ohne angehalten zu werden. Unter all diesen Satelliten legte der König eine Gelassenheit an den Tag, die von seinem ruhigen Gewissen zeugte.

Um zehn Uhr wurde das Abendessen serviert. Während der Mahlzeit, die nicht lange dauerte, stand Manuel neben dem König. Danach ging die königliche Familie in den Salon zurück. Von diesem Zeitpunkt an war Louis XVI der aufrührerischen Commune ausgeliefert, die ihm Aufseher oder eher Kerkermeister an die Seite stellte, denen sie den Titel ›Kommissare‹ gab. Als die Beamten in den Temple gekommen waren, hatten sie die Dienerschaft davon in Kenntnis gesetzt, daß die königliche Familie nicht im Palais schlafen, sondern sich dort nur tagsüber aufhalten würde; so waren wir nicht überrascht, als uns einer der Kommissare gegen elf Uhr abends den Befehl gab, das bißchen Wäsche und Kleidung zu nehmen, das man hatte besorgen können, und ihm zu folgen.

Ein Beamter mit einer Laterne ging vor mir her. Bei ihrem schwachen Licht suchte ich die Örtlichkeit auszumachen, die man für die königliche Familie bestimmt hatte. Wir blieben am Fuß eines Bauwerks stehen, das mir in der nächtlichen Dunkelheit sehr groß erschien. Ohne Näheres erkennen zu können, bemerkte ich immerhin einen Unterschied zwischen der Silhouette dieses Gebäudes und dem Palais, aus dem wir kamen. Der vordere Teil des Daches, der offenbar von Spitzen überragt wurde, die ich für Glockentürme hielt, trug Zinnen, auf denen in regelmäßigen Abständen Lampions brannten. Trotz des flackernden Lichts, das sie verbreiteten, konnte ich mir nicht vorstellen, was das für ein Gebäude sein könnte, das nach einem außergewöhnlichen Plan errichtet oder zumindest mir völlig neu war.

In diesem Augenblick brach einer der Beamten das düstere Schweigen, das er bisher gewahrt hatte, und sagte: »Dein Herr ist an goldgetäfelte Räume gewöhnt. Nun gut, er wird sehen, wie man die Mörder des Volkes unterbringt! Folge mir.« Ich stieg mehrere Stufen hinauf; durch eine enge, niedrige Tür kam ich zu einer Wendeltreppe. Als ich von da aus eine kleinere Treppe erreichte, die in den zweiten Stock führte, fiel mir auf, daß ich in einem Turm war. Ich betrat ein Zimmer, das nur durch ein einziges Fenster Tageslicht bekam und in dem ein Teil der notwendigsten Möbel fehlte; es gab nämlich nur ein schlechtes Bett und drei oder vier Sitzgelegenheiten. »Hier wird dein Herr schlafen«, sagte der Beamte. Chamilly war mir gefolgt, wir schauten uns an, ohne ein Wort zu sagen: gnädigerweise warfen sie uns ein paar Bettücher hin. Schließlich ließ man uns einige Augenblicke allein.

Ein Alkoven ohne Tapeten und Vorhänge[1] barg

1 Nach einigen Tagen der Gefangenschaft im Temple wurden Vorhänge am Bett des Königs angebracht. (Anmerkung Huës)

eine Schlafstelle, deren alter Lattenrost offenbar voller Ungeziefer war. Wir bemühten uns, Zimmer und Bett so sauber wie möglich zu machen. Der König kam; er ließ weder Überraschung noch Verärgerung erkennen. An den Wänden hingen Stiche, die größtenteils unschicklich waren; er entfernte sie selbst. »Ich will nicht, daß meine Tochter so etwas zu sehen bekommt«, sagte er. Seine Majestät ging gleich zu Bett und schlief friedlich. Chamilly und ich saßen die ganze Nacht bei ihm. Wir betrachteten mit Ehrerbietung die Ruhe des untadeligen Mannes, der gegen das Unglück kämpfte und es durch seinen Mut überwand. »Was denn«, fragten wir uns, »einer, der eine solche Selbstbeherrschung besitzt, wäre nicht in der Lage, anderen zu befehlen?« Die Posten an der Zimmertür wurden stündlich abgelöst, und jeden Tag übernahmen neue Beamte die Wache.

Nach seiner Ankunft im Temple legte der König sofort seinen Tagesablauf fest und wich nie mehr davon ab. Sobald er angekleidet war, ging er in einen kleinen Turm, der an sein Zimmer grenzte; dort blieb er allein, betete und las bis zum Frühstück. Dann kam er mit seiner Familie zusammen und blieb bis nach dem Abendessen bei ihr. Wenn er in sein Zimmer zurückkehrte, zog er sich erneut in den kleinen Turm zurück und nahm seine Lektüre vom Morgen wieder auf, bis er um elf Uhr schlafen ging. Das Kabinett Seiner Majestät, ich hätte fast gesagt das Allerheiligste der Frömmigkeit und Tugend, war nur mit einigen Stühlen und einem kleinen Tisch möbliert; auf ihm fand Seine Majestät neben anderen Büchern *Das Buch von der Nachfolge Christi*, in dem er morgens und abends las. Da es mir trotz wiederholter Bitten nicht erlaubt wurde, den Schrank im Zimmer zu benutzen, mußte ich die Kleidungsstücke und andere Sachen Seiner Majestät auf einem wackligen Spieltisch ablegen, dessen Tuch ganz abgenutzt war.

Gegenüber dem Zimmer des Königs wohnten Madame Elisabeth und Mlle. de Tourzel einige Tage in einer Küche, in der man alle Geräte gelassen hatte; dort waren lediglich zwei Feldbetten aufgestellt worden. Ein sehr kleiner Raum, in dem es nur ein Oberlicht gab, trennte die Küche vom Zimmer des Königs; dort schlief ich. Schon in den ersten Tagen wurde dieses Oberlicht ganz zugemauert, unter dem Vorwand, ich könnte mich durch die Öffnung mit dem Posten verständigen. Dieser Posten, von dem ich kaum die Beine sehen konnte, wurde stündlich abgelöst.

Da ich nachts in den Turm gekommen war, konnte ich mir erst am folgenden Tag eine Vorstellung von der Anlage des Gebäudes machen, als ich aus der < dritten > Etage*, in der der König untergebracht war, nach unten ging; ich werde die Räume in der Reihenfolge beschreiben, wie ich sie kennenlernte.

Die erste Etage hatte den gleichen Grundriß wie die zweite < und dritte >. In einer Art Vorraum genau unter meinem Zimmer schlief die Princesse de Lamballe. Links davon bewohnte die Königin mit Madame Royale einen Raum mit Blick auf den Garten; dort verbrachte die königliche Familie den Tag. Der Dauphin, seine Erzieherin Mme. de Tourzel und Mme. Saint-Brice bewohnten gemeinsam ein Zimmer

186

rechts davon. Unten mündete die Treppe in einen Flur, über den man die Eingangstür erreichte. Diese Tür schien zu schwach und wurde bald mit einem riesigen Schloß versehen, das man aus dem Gefängnis des Châtelet* holte. Rechts vom Gang lag die Loge zweier Wachhunde in Menschengestalt, denen der Magistrat die Aufsicht über die Tür anvertraut hatte; der eine hieß Rocher, der andere Risbey. Der schreckliche Anblick Rochers deutete auf eine schwarze Seele hin[1]; Risbey erwies sich trotz seines weniger abstoßenden Äußeren als ebenso besessen davon, der königlichen Familie nachzustellen, wie sein Kollege. Bei der Loge, neben der Stube der beiden Kerkermeister, lag auch das Speisezimmer[2]; es grenzt an einen der kleinen Türme, in dem eine Bibliothek untergebracht war.

Da die Küche sich nicht im kleinen Turm befand, zwang mein Dienst mich oft, mehrere Wachtposten zu passieren; das bedeutete bei jedem Schritt Behinderungen über Behinderungen, Fragen über Fragen und zahllose Beschimpfungen. Die Beamten, die mich überallhin begleiteten, applaudierten diesen Kränkungen und provozierten sie oft durch ihr Beispiel.

1 Rocher war Sattler gewesen und wurde dann Offizier der Rebellenarmee*. Er soll über die erhabenen Gefangenen gesagt haben: »Marie Antoinette gab sich stolz, aber ich habe sie von ihrem hohen Roß heruntergeholt. Gegen ihren Willen grüßen mich ihre Tochter und Elisabeth höflich: Der Schalter ist so niedrig, daß sie sich vor mir bücken müssen, wenn sie hinauswollen. Jedesmal blase ich der Elisabeth Pfeifenrauch ins Gesicht. Kürzlich fragte sie unsere Kommissare: ›Warum raucht Rocher bloß immer?‹ ›Offensichtlich, weil es ihm Spaß macht‹, antworteten sie. (Anmerkung Huës)
2 In diesem Raum schliefen Mme. Thibaud und Mme. Basire während der wenigen Tagen, die sie im Temple blieben. (Anmerkung Huës)

Wenn manchmal die Empörung in mir hochstieg, dachte ich an meinen Herrn und sagte mir: »Der König leidet und schweigt.« Im Palais des Temple, ganz in der Nähe des Turms, hatten die Kommissare der Commune einen Versammlungsraum, den sie »Ratszimmer« nannten; die Wäsche und alle anderen Dinge, die für die königliche Familie hinein- oder herausgeschafft wurden, wurden dort zuerst gründlich durchsucht. Wenn Sachen dorthin zu bringen oder abzuholen waren, ließ mich ein Kommissar rufen, begleitete mich hin und auch wieder zurück. Alles, was für die königliche Familie bestimmt war, wurde von den Kommissaren genau überprüft. Bevor irgend etwas den Eingang des Turms passieren konnte, wiederholten andere Beamte die Prozedur, schnitten die Brote und alle Lebensmittel durch, die ihnen verdächtig erschienen. Kurz und gut, nichts kam ohne die strengste Kontrolle hinein. Diese betrüblichen Details bereiteten den mißtrauischen Bewachern der königlichen Familie barbarische Freude.

Am Tag nach seiner Ankunft im Temple schaute sich Seine Majestät das Innere des großen und des kleinen Turmes an. Der Rat der Commune baute das Gefängnis aus, um es sicherer zu machen[1]. Auf seine Anordnung hin mußte der große Turm völlig isoliert werden, und zu diesem Zweck wurden die umliegenden Gebäude abgerissen. Zunächst wurde ringsum ein tiefer Graben angelegt, aber bald danach aus mir un-

---

[1] Der Maurer Palloy* leitete die Arbeiten. Nachdem er die Bastille abgetragen hatte, errichtete er so das Gefängnis, das die Revolte für den König erbaute. (Anmerkung Huës)

bekannten Überlegungen heraus wieder zugeschüttet. Man erhöhte die Umfassungsmauern auf das Doppelte; fast alle Fenster im Turm, die auf den Rotonde genannten Teil des Temple und auf das Haupttor gingen, wurden zugemauert.

Da die königliche Familie bei ihrer Ankunft absolut nichts bei sich hatte[1], mußte man für alle Dinge des täglichen Gebrauchs Verbindung zur Außenwelt aufnehmen, wobei sich tausend Schwierigkeiten ergaben; so kam es bald zu Verdächtigungen. Alle Angehörigen des Gefolges der königlichen Familie im Temple wurden bei der Commune denunziert, die sie aus dem Turm wegbringen ließ.

Noch am selben Tag kamen zwei Beamte ins Zimmer des Königs; er und seine Familie waren gerade beim Mittagessen.[2] Man kündigte an, infolge eines Erlasses der Commune hätten alle Bedienten, die Seine Majestät in den Turm begleitet hatten, den Temple unter strenger Bewachung zu verlassen. »Meine Herren«, antwortete der König, »diese Leute sind mir auf Befehl des Bürgermeisters gefolgt.«

»Egal«, erwiderte man, »die Anweisung der Commune geht vor; sie wird andere Personen für Ihre Bedienung auswählen.« Dahinter steckte die Absicht, die königliche Familie mit Frauen und Verwandten der Beamten zu umgeben.

»Wenn man darauf besteht, uns die einzigen Diener

---

1 Der König mußte in der ersten Zeit die Toilettenutensilien von Chamilly und mir mitbenutzen. (Anmerkung Huës)

2 Der König aß in diesem Raum, weil aus dem eigentlichen Speisezimmer noch nicht die Archive des Ordens von Malta entfernt worden waren. (Anmerkung Huës)

wegzunehmen, die uns hier geblieben sind, erkläre ich nochmals, daß meine Familie und ich selbst für uns sorgen werden«, fügte der König hinzu. »Man braucht uns also niemanden zu schicken.« Die Beamten gingen, um, wie sie sagten, dem Rat der Commune über ihre Mission Bericht zu erstatten. Der unerwartete Befehl traf uns wie ein Blitz; und schon der Gedanke an eine so grausame Trennung versetzte uns in gräßliche Bestürzung.

Gegen fünf Uhr kam Manuel in den Temple. Empfänglich für den Kummer, den die Königin und Madame Elisabeth an den Tag legten, versprach er, die Durchführung der beschlossenen Maßnahme auszusetzen, und er ging, um mit dem Rat der Commune noch einmal darüber zu beraten.

Am selben Abend sprachen zwei Beamte im Turm vor. Ohne die Gründe für ihr Erscheinen zu nennen, nahmen sie die Namen der Princesse de Lamballe, von Mme. de Tourzel, ihrer Tochter und überhaupt allen, die im Dienst der königlichen Familie standen, zu Protokoll. Der Befehl, die Leute aus dem Temple wegzubringen, den die Commune bereits erteilt hatte, wurde in der Nacht vom 19. August ausgeführt.

Der König war schon zu Bett gegangen; Chamilly und ich hatten uns soeben auf die Matratze geworfen, die uns beiden als Lager diente. Gegen Mitternacht kamen zwei Kommissare herein. »Seid ihr die Kammerdiener?« fragten sie. Als wir bejahten, befahlen sie uns, aufzustehen und ihnen zu folgen. Meine Hände berührten zufällig die von Chamilly und drückten sie fest. Einer der Beamten hatte am gleichen Tag in unserer Anwesenheit gesagt: »Die Guillotine kennt keine Pause und befördert die angeblichen Diener von Louis vom Leben zum Tode.« So glaubten wir, unsere letzte Stunde hätte geschlagen.

Im Vorzimmer der Königin, einem sehr engen Raum, in dem die Princesse de Lamballe schlief, trafen wir auf diese Dame und Mme. de Tourzel, die schon fertig zum Aufbruch waren. Diese beiden, die Königin, deren Kinder und Madame Elisabeth hielten einander umschlungen; sie nahmen zärtlich und rührend voneinander Abschied.

Der Befehl, sich fertigzumachen, war auch an die anderen Diener ergangen. Gemeinsam erwarteten wir in düsterem Schweigen unser weiteres Schicksal. Schließlich ging die Tür auf. Im Schein einiger Fakkeln schritten wir durch den Garten; am Eingangstor des Temple-Palais ließ man uns in Droschken einsteigen. Beamte der Commune folgten uns, Gendarmen bildeten die Eskorte. Mit den schlimmsten Vorahnungen fuhren wir los, ohne zu wissen, wohin man uns brachte.

Die Wagen hielten endlich vor dem Rathaus, und wir gingen hinein. Da unsere Bewacher dem sensationslüsternen Volk das Vergnügen unseres Anblicks bereiten, uns demütigen und den Beschimpfungen der Menge aussetzen wollten, führten sie uns durch den Sitzungssaal zum Sekretariat. Dort warteten wir mehr als eine Stunde auf Bänken, zwischen uns Beamte, die jeden Kontakt und jedes Gespräch verhinderten. Endlich begann das Verhör; jeder von uns wurde einzeln in den Saal geführt, wo die Commune tagte. Ich wurde

als letzter aufgerufen und hoffte, dort meine Leidens-
genossen wiederzutreffen und wenigstens durch gewisse Zeichen von ihnen zu erfahren, wie es ihnen
ergangen sei. Aber wie groß war mein Erstaunen, als
ich dort im Raum keine der Personen sah, die vor mir
an der Reihe gewesen waren (es war inzwischen sechs
Uhr morgens).

Bis der Vorsitzende, neben dem man mir einen Platz
anwies, mich ins Verhör nahm, konnte ich von der
Tribüne aus die Leute im Saal beobachten. Es waren
Mitglieder der Commune mit Bändern in den Nationalfarben, Männer aus dem Volk, Frauen und sogar
Kinder; ein Teil dieser bizarren Versammlung hatte
sich auf den Bänken ausgestreckt und döste.

Als man mich endlich befragte, mußte ich meinen
Namen und meinen Beruf angeben. In der Meinung,
ich sollte dem antworten, der mich ansprach, wandte
ich mich an ihn. Einer der Stellvertreter des Prokurators der Commune (Billaud de Varennes*) sagte mir
im Tonfall eines Senators: »Bürger, antworte dem
souveränen Volk.« Ich drehte mich zu dem angeblichen Souverän um, der größtenteils schlief und den
Fragen nicht mehr Aufmerksamkeit schenkte als den
Antworten. Die, die wach waren, richteten alle gleichzeitig das Wort an mich; ich wußte nicht, was ich sagen
sollte.

Zuerst wollte man wissen, was sich im Tuilerienschloß in der Nacht vom 9. auf den 10. August zuge-
tragen hatte. Schon an der Fragestellung war zu erkennen, daß die Zuhörer in dieser Hinsicht viel besser
unterrichtet waren als ich. Was konnten sie, die in

dieser verhängnisvollen Nacht Anführer oder Agenten des Aufstands gewesen waren, von einem Mann erfahren, der nur die Rolle eines Zuschauers oder Opfers gespielt hatte? Ich antwortete so, daß ich niemanden kompromittierte. Vor allem ließ ich mich über das Vorgehen der rechtmäßigen Autoritäten aus; mehrere ihrer Vertreter hatten sich in dieser Nacht mit dem Minister im Kabinett des Königs versammelt. Ich erzählte auch, wie ich dem Tod entgangen war.

Die zweite Frage bezog sich auf eine Lieferung, die wenige Tage vor dem 10. August für die Königin und Madame Elisabeth gekommen sein sollte. Ich antwortete, davon keine Kenntnis gehabt zu haben; bis heute weiß ich nichts darüber.

Dann fragte man mich nach der Flucht des Königs nach Montmédy*. Ich antwortete: »Ich habe von seiner Abreise zur gleichen Zeit wie die Öffentlichkeit erfahren, obwohl ich in meiner Eigenschaft als sein Kammerdiener am Abend vorher beim Zubettgehen des Königs dabeigewesen war.«

Als man dann wissen wollte, ob ich am Tag der Flucht M. de La Fayette im Schloß gesehen hätte, antwortete ich: »Nein.«

»Wer war alles dabei, als der König zu Bett ging?«

»Alle, die Dienst hatten.«

Nach dem Verhör durfte ich mich ins Sekretariat zurückziehen. Die Versammlung beriet sofort, ob ich in den Turm des Temple zurückgebracht werden sollte oder nicht; eine Mehrheit war dafür. Der Vorsitzende ließ mich rufen; er teilte mir das Ergebnis mit, unterzeichnete in meiner Gegenwart den Befehl, mich wieder in den Turm zu schicken, und übergab ihn einem Beamten zur Ausführung.[1]

Wie glücklich war ich, in den Temple zurückzukehren! Ich lief sofort zum Zimmer des Königs. Er war bereits aufgestanden, hatte sich angezogen und widmete sich im kleinen Turm seiner gewohnten Lektüre. Als er mich sah, kam er mir entgegen, voller Ungeduld zu erfahren, was vorgefallen war; aber die Anwesenheit der diensthabenden Beamten verhinderte jede Unterhaltung. Ich gab ihm durch Blicke zu verstehen, daß es für den Augenblick besser sei zu schweigen. Der König, der diese Notwendigkeit ebenso empfand wie ich, fing wieder an zu lesen und wartete einen günstigeren Augenblick ab. Ein paar Stunden später informierte ich ihn in aller Eile über die Fragen, die man mir gestellt hatte, und über meine Antworten.

Ich war mit der Zuversicht zurückgekommen, bald die anderen wiederzusehen, die man mit mir weggeholt hatte. Vergebliche Hoffnung! Am Nachmittag gegen sechs Uhr sprach Manuel vor; er kündigte dem König seitens der Commune an, die Princesse de Lamballe, Mme. und Mlle. de Tourzel, Chamilly und die anderen würden nicht in den Temple zurückkehren.

»Was ist aus ihnen geworden?« fragte der König.

---

1 Dieser Beamte hieß Michel. Unterwegs fragte ich ihn, was aus den Leuten geworden sei, die man mit mir zusammen zum Rathaus gebracht hatte. Er sagte: »Meine Kollegen waren völlig erschöpft, nachdem sie schon einige Nächte nicht geschlafen hatten, und haben sich hingelegt. Heute abend wird die Versammlung vollzählig sein und über das Schicksal dieser Leute entscheiden. Das Verhör ist abgeschlossen; ich nehme an, man schickt sie zurück.« (Anmerkung Huës)

»Sie werden im Gefängnis La Force[1] gefangengehalten«, antwortete Manuel.

»Was soll mit dem letzten Diener geschehen, den ich noch bei mir habe?« fragte der König und schaute mich dabei an.

»Die Commune läßt ihn hier«, sagte Manuel, »aber weil er Sie nicht allein bedienen kann, werden Leute zu seiner Unterstützung geschickt.«

»Ich will keine anderen; was er nicht bewältigen kann, werden wir übernehmen. Das verhüte Gott, daß wir freiwillig denen, die man von uns wegbringt, den Kummer bereiten, daß wir sie durch andere ersetzen!«

Vor den Augen Manuels halfen mir die Königin und Madame Elisabeth, für die neuen Insassen des Gefängnisses La Force[2] das Notwendigste herzurichten. Manuel wunderte sich über die Aktivität, die die beiden Fürstinnen entwickelten, um mit mir die Wäsche und die anderen Sachen zusammenzupacken; er erkannte, daß die königliche Familie ohne fremde Diener auskommen konnte, wie der König angekündigt hatte. Von diesem Tag an blieb ich bis zu dem Zeitpunkt, als ich erneut und diesmal endgültig aus dem

---

1 Dieser Bau, der der Familie de Caumont de la Force gehört hatte, war von der Regierung gekauft und in ein Gefängnis für Verbrecher und Leute umgewandelt worden, die man in Schuldhaft nahm. (Anmerkung Huës)

2 Die Gefangenen mußten am zweiten September, dem Tag der Massaker, vor dem Tribunal erscheinen, das so viele Opfer in den Tod schickte. Es wurden jedoch alle außer der Princesse de Lamballe freigesprochen. Dazu gehörte auch Chamilly, den Louis XVI in seinem Testament durch die gleiche Empfehlung auszeichnete wie mich. Später starb er auf dem Schafott. Kann man glauben, daß er angeklagt wurde, das Testament von Louis XVI verfaßt zu haben? Als ob ein anderer als der fromme Monarch der Urheber hätte sein können! (Anmerkung Huës)

Temple geholt wurde, beinahe allein verantwortlich für die Bedienung der königlichen Familie. Die Damen hatten nicht einmal mehr eine Frau, die ihnen aufwarten konnte!

[Hier folgt eine Schilderung des Tagesablaufs im kleinen Turm, die im wesentlichen mit der von Cléry übereinstimmt.]

Ich erinnere mich, daß man mir auftrug, den Zeichenlehrer[1] von Madame Royale um Abbildungen von Köpfen zum Kopieren zu bitten; er schickte mir einige. Das erregte den Unwillen eines Beamten gegen die königliche Familie, da er in diesen Köpfen nach antiken Mustern unbedingt Portraits der mächtigsten gegen Frankreich verbündeten Monarchen sehen wollte. Es hätte nicht viel gefehlt, und er hätte sie beschlagnahmt und mich angezeigt.

Man erlegte der königlichen Familie mit voller Absicht jede nur mögliche Entbehrung auf: Kleidung, Leib-, Bett- und Tischwäsche, Bestecke und Teller, kurz alle ganz gewöhnlichen Dinge waren in so geringer Anzahl vorhanden, daß sie für den täglichen Bedarf nicht ausreichten. An einigen Abenden konnte ich das Bett des Dauphins nur mit löchrigen Bettüchern beziehen.

Nach dem Essen[2] ging der König gewöhnlich ins Lesekabinett des Archivars der Malteserritter, der vorher im Turm gewohnt hatte. Die Bibliothek war an

1 M. Van Blarenberg, der sich gleichermaßen durch sein Talent und durch seine Treue zur königlichen Familie empfahl. (Anmerkung Huës)
2 Der König aß um zwei Uhr zu Mittag und um neun zu Abend. (Anmerkung Huës)

Ort und Stelle geblieben, und Seine Majestät ging sich dort Bücher holen. Eines Tages, als ich mit dem König in dem Kabinett war, wies er mit dem Finger auf die Werke von Rousseau und Voltaire. »Diese beiden Männer haben Frankreich auf dem Gewissen«, sagte er leise. In der Absicht, seine Kenntnisse der lateinischen Sprache aufzufrischen, damit er während der Gefangenschaft dem Dauphin die ersten Stunden darin geben könnte, übersetzte der König Oden von Horaz und manchmal Cicero. Damit er sich von seiner Lektüre und den Arbeiten, zu denen er immer schnell zurückkehren wollte, etwas erholte, spielten die Königin und Madame Elisabeth mit ihm nach dem Essen eine Partie Piquet oder Trictrac; und am Abend las eine der Damen laut ein Theaterstück vor.

[…]

Der König wagte es nur beim Aufstehen oder Zubettgehen, mir ein paar Worte zu sagen. Hinter seinen Bettvorhängen konnte er von dem Kommissar nicht belauscht werden. Einmal, als Seine Majestät auf die Beschimpfungen aufmerksam geworden war, die der wachhabende Beamte gegen mich gerichtet hatte, sagte er: »Sie haben heute viel mitmachen müssen. Sei's drum! Nehmen Sie mir zuliebe weiter alles hin, ohne zu reagieren.« Diese Anweisung zu befolgen fiel mir leicht. Je schwerer das Unglück auf meinem Herrn lastete, um so heiliger wurde mir seine Person.

Ein anderes Mal, als ich am Kopfende seines Bettes eine schwarze Stecknadel anbrachte, die ich zum Aufhängen der Taschenuhr hergerichtet hatte, steckte mir der König ein zusammengerolltes Stück Papier zu:

»Hier ist eine Haarlocke von mir«, sagte er, »es ist das einzige Geschenk, das ich Ihnen im Augenblick machen kann.« Oh, auf ewig teurer Schatten! Ich will sie sorgfältig bewahren, dieses kostbare Geschenk! Als Erbe meines Sohnes wird es auf meine Nachfahren übergehen; und alle werden an diesem besonderen Beweis der Güte von Louis XVI erkennen, daß sie einen Vater hatten, der sich durch seine Treue die Zuneigung seines Königs verdiente!

Der König, daran zweifle ich nicht, sah voraus, daß man mich bald aus dem Turm wegschleppen würde; diese Vorstellung quälte ihn. Von den beiden Türen des Raumes, in dem ich schlief, führte die eine ins Schlafzimmer Seiner Majestät, die andere zur Treppe. Von dort drangen oft mitten in der Nacht plötzlich Beamte ein, um zu sehen, ob ich nicht mit Geheimkorrespondenz beschäftigt war. In einer dieser Nächte war der König von dem Lärm aufgewacht, den ein Beamter bei der Kontrolle gemacht hatte, und sorgte sich meinetwegen. Gleich bei Tagesanbruch schaute Seine Majestät barfuß und im Hemd durch die Verbindungstür bei mir herein. Ich wurde sofort wach. Der Anblick des Königs in diesem Aufzug beeindruckte mich tief. »Sire«, fragte ich gerührt, »wünscht Ihre Majestät etwas?«

»Nein; aber diese Nacht war Lärm in Ihrem Zimmer zu hören; ich fürchtete, daß man Sie weggebracht hätte. Ich wollte mich überzeugen, ob Sie noch in meiner Nähe wären.« Wie ergriff mich das! Dann legte sich der König wieder hin und schlief friedlich.

Unterdessen gestalteten sich die Beziehungen, die

ich wegen des Dienstes bei der königlichen Familie mit den Kommissaren der Commune unterhalten mußte, immer schwieriger. Um die notwendigsten Dinge zu erhalten, mußte ich mehrmals vorstellig werden. In dieser Situation kam ein Individuum in den Temple, ich weiß nicht, was seine Funktion war. Er hatte einen herrischen Ton an sich, kommandierte, mischte sich in alles ein und machte sich wichtig. Da mich seine scheinbare Macht irreführte, schmeichelte ich mir, durch die Vermittlung dieses neuen Herrn das erhalten zu können, was mir die Härte der anderen oft nur mit großen Verzögerungen gewährte; deshalb wandte ich mich an ihn. Dieser Versuch zeitigte verhängnisvolle Konsequenzen. Da die anderen Beamten ihre Zuständigkeit eifersüchtig verteidigten, untersagten sie mir jeden Verkehr mit diesem »Intriganten« – so nannten sie ihn. Er hat lange eine aktive Rolle in der Revolution gespielt. Ein paar Monate später war er Adjutant von Ronsin*, als dieser grausame Mann Robespierres das Oberkommando über die Revolutionsarmee von Paris hatte, ließ mich eigenmächtig festnehmen und war schuld daran, daß ich elf Monate im Gefängnis saß.

[Es folgen weitere Details über die Willkür der Kommissare.]

Um dem König einen summarischen Überblick über den Inhalt der Zeitungen zu geben, schlich ich mich jeden Abend in den kleinen Turm, wenn die Kolporteure unter den Mauern des Temple die Neuigkeiten ausriefen. Dort reckte ich mich zu einem Fenster hoch, das zu zwei Dritteln verbarrikadiert war, und verharrte in dieser Position, bis ich das Interessanteste erfaßt hatte; dann ging ich in den Raum vor dem Zimmer der Königin. Madame Elisabeth zog sich gleichzeitig in ihre Kammer zurück. Ich folgte ihr unter irgendeinem Vorwand und berichtete ihr, was ich mitbekommen hatte. Madame Elisabeth trat dann auf den Balkon des einzigen Fensters im Zimmer der Königin, das nicht wie alle anderen fast ganz zugemauert worden war. Der König stellte sich neben sie, ohne den Verdacht der Beamten zu erregen, als ob er Luft schöpfen wollte; seine erhabene Schwester wiederholte ihm dann, was ich ihr hatte mitteilen können. Auf diesem Weg hörte Seine Majestät vom Einmarsch der Koalitionstruppen in Frankreich, von der Kapitulation Longwys und Verduns* und erfuhr, daß M. de La Fayette mit seinem Stab desertiert war*; er wurde auch vom Tod von M. de Laporte*, dem Verwalter der Zivilliste, und von M. de Durosoi unterrichtet[1], überhaupt von den meisten wichtigen Ereignissen.

Mag sein, daß die Aufmerksamkeit, die ich täglich auf die Ausrufer verwandte, bemerkt worden war, oder daß man sich vorgenommen hatte, die erhabenen Gefangenen noch mehr in Angst und Unruhe zu versetzen – die Kolporteure verbreiteten täglich Schreckensnachrichten und manchmal auch Falschmeldungen. Eines Tages kündigte einer von ihnen an,

1 Durosoi gab die Zeitung *La Gazette de Paris* heraus. Als er am 25. August, dem Fest des heiligen Ludwig, zum Tode geführt wurde, sagte er, es sei schön für einen Royalisten wie ihn, am Tag des heiligen Ludwig zu sterben. (Anmerkung Huës)

ein Dekret verfügte die Trennung des Königs von seiner Familie. In diesem Augenblick erlitt die Königin, die sich gerade in Hörweite aufhielt, einen Schock, von dem sie sich nur schwer erholte; bei ihr blieb ein Gefühl der Panik zurück, das nie mehr verschwand.

Jeder Tag stellte die Geduld des Königs auf neue Proben. Eines Morgens trat der diensthabende Kommissar auf Seine Majestät zu, als dieser sich gerade anzog, und wollte ihn durchsuchen. Ohne die geringste Ungeduld erkennen zu lassen, leerte der König seine Taschen und legte alles auf den Kamin. Der Beamte schaute jedes Ding genau an; dann gab er mir alles zurück und sagte: »Was ich getan habe, ist mir so befohlen worden.« Hinterher wies mich der König an, ihm in Zukunft seine Kleidung nur noch mit nach außen gekehrten Taschen zu reichen; infolgedessen nahm ich jeden Abend, wenn er zu Bett gegangen war, alles heraus, was er bei sich trug. Einige Tage darauf starb der Beamte auf tragische Weise.[1]

Um die gleiche Zeit händigte mir ein anderer Beamter, ein Schulmeister aus Paris, der gerade als Kommissar der Commune im Temple Dienst tat, ein Schreiben aus, in dem er darum bat, zum Lehrer des

---

[1] Dieser Kommissar hieß Meunier. Er handelte mit Bildern. In Paris ging ein Pferd aus den Ställen des Louvre mit ihm durch, das er unvorsichtigerweise bestiegen hatte, und er kam am Pont au Change vorbei. Der Posten rief ihn mehrfach an, aber der Beamte konnte das Tier nicht zum Stehen bringen. Daraufhin glaubte der Posten an einen Verstoß gegen seine Vorschriften, schoß auf ihn und tötete ihn. Die Commune des 10. August, der er angehörte, ehrte ihn durch eine Zivilbestattung auf den Ruinen der Bastille. (Anmerkung Huës).

Dauphin bestimmt zu werden; eine Abschrift davon hatte er, wie er sagte, dem Comte Alexandre de Beauharnais* übergeben, als dieser Abgeordnete den Vorsitz in der Verfassunggebenden Versammlung führte. Thomas – so hieß er – bat mich, mit dem König über seine Bittschrift zu sprechen und ein gutes Wort für ihn einzulegen. »Es ist mir beinahe unmöglich, Ihnen zu Diensten zu sein«, antwortete ich, »ich spreche nur mit dem König, wenn Seine Majestät geruht, das Wort an mich zu richten. Im übrigen könnte Ihr Gesuch unter den gegenwärtigen Umständen nicht bewilligt werden«, fügte ich hinzu.

In diesem Augenblick trat der König ein. Thomas beteuerte ihm seine Ergebenheit und zeigte sich empört über die Beleidigungen, die Seine Majestät täglich von mehreren seiner Kollegen hinnehmen mußte. »Ich würde mich erniedrigen, wenn mich die Art berührte, wie man mich hier behandelt«, sagte der König. »Sollte Gott mir erlauben, eines Tages wieder die Zügel der Regierung zu ergreifen, wird man sehen, daß ich vergeben kann.« Der Beamte benutzte diese Gelegenheit, um sein Gesuch hervorzuholen. »Für den Augenblick kann ich allein für die Erziehung meines Sohnes Sorge tragen«, erklärte Seine Majestät.

Vor der Verlegung des Königs in den Temple war die Zivilliste abgeschafft worden. Ein Dekret hatte ihm jährlich 500000 Livres für seine persönlichen Ausgaben zugestanden. Vergeblich schrieb ich im Auftrag Seiner Majestät mehrfach an den Bürgermeister, um Abschlagszahlungen auf diese Summe zu verlagen: Ich erhielt keine Antwort. Dieses Schweigen traf den

König empfindlich. Da er voraussah, welches Schicksal ihm bestimmt war, hätte er jeden Monat seinen Verpflichtungen gegenüber den Lieferanten nachkommen wollen.

Ebenso hatte ich beim Bürgermeister schriftlich darum nachgesucht, daß es den Leibärzten der königlichen Familie erlaubt würde, sie zu behandeln, und daß die benötigten Medikamente beim Apotheker Seiner Majestät gekauft würden. Diese Anfragen blieben fast immer unbeantwortet.

Als der König im Temple ankam, hatte er nur sehr wenig Bargeld bei sich. Manuel besorgte verschiedene Dinge, die ich ihm aufgeschrieben hatte, und er schickte sie mir mit Rechnungen in Höhe von 526 Livres. Als der König die von Manuel unterschriebene Aufstellung sah, erklärte er mir: »Ich bin außerstande, diese Schuld aus meiner Tasche zu begleichen.« Eine Summe von 600 Livres, die mir geblieben war, ersparte dem König die Demütigung, Manuel gegenüber finanzielle Verbindlichkeiten zu haben. Seine Majestät fand sich bereit, meinem Wunsch zu entsprechen, daß ich das Ganze bezahlen dürfte.

Gewisse Zeitungen haben zu Unrecht geschrieben, der König hätte in seiner Verlegenheit ein Darlehen von Pétion angenommen. Es stimmt zwar, daß der Bürgermeister Seiner Majestät schließlich eine Summe aushändigte; aber dabei handelte es sich um einen Abschlag auf das, was ihm das Dekret der Nationalversammlung zugestand. Die Quittung, die der König ausstellte, hatte folgenden Wortlaut:

»Der König bestätigt, von M. Pétion die Summe von 2526 Livres erhalten zu haben, einschließlich der 526 Livres, die die Herren Kommissare des Magistrats M. Huë zu übergeben versprochen haben, der sie für den Dienst beim König ausgelegt hatte. Paris 3. September 1792.

Louis«

Man hätte glauben können, daß jeder Beamte mit dem ausdrücklichen Auftrag in den Temple kam, der königlichen Familie ihren Aufenthalt zu erschweren. »In welchem Viertel wohnen Sie?« fragte die Königin einmal einen dieser Menschen, die beim Mittagessen dabeiwaren.

»Im Vaterland«, antwortete er arrogant.

»Das Vaterland ist Frankreich«, erwiderte die Königin. Ich habe Kommissare hartnäckig darauf bestehen sehen, bis zum Zeitpunkt des Zubettgehens im Zimmer der Königin zu bleiben; erst, wenn sie aufgefordert wurden, gingen sie hinaus. Die Bewegungen, Gesten, Worte, Blicke, alles, sogar das Schweigen Ihrer Majestäten wurde böswillig ausgelegt.

Da ich allein für die Bedienung im Turm verantwortlich war, fürchtete der König, diese ständige Anstrengung könnte über meine Kräfte gehen. Um mich zu entlasten, stellte Seine Majestät beim Rat der Commune den Antrag, jemand für die schweren Arbeiten in den Turm zu schicken. Der Bürgermeister benannte dafür den ehemaligen Zollwächter Tison. Dieser zog mit seiner Frau in den Temple. Bis zu dem Zeitpunkt, wo ich aus dem Turm weggebracht wurde, hatte ich mich über keinen von beiden zu beklagen. Die Frau war von sanftem und mitfühlendem Wesen; ihr Mann dagegen war wie die meisten Vertreter seines Standes voller Vorurteile gegen den König. Ich verwandte jede erdenkliche Mühe darauf, sie auf unsere Seite zu ziehen und dazu zu bringen, daß sie im Rahmen ihrer Möglichkeiten die Gefangenschaft der königlichen Familie erleichterten.

Ich hatte erfahren, daß es in Paris nachts oft Haussuchungen gab, daß viele Geistliche, Adlige, Militärs, kurz: Personen, die man verdächtigte, der Revolution feindlich gegenüberzustehen, verhaftet wurden; das berichtete ich der Königin. Sie sagte: »Ich muß mir nicht vorwerfen, an der Festnahme derer, die uns dienten, schuld zu sein: Schon lange vor dem 10. August bin ich nie schlafen gegangen, ohne vorher alle Papiere, die unsere Freunde hätten kompromittieren können, verbrannt zu haben.«

Am 24. August drangen zwischen Mitternacht und ein Uhr morgens mehrere Beamte ins Zimmer des Königs ein. Der Lärm weckte mich, und ich stand eilends auf; ich sah, wie sie ans Bett Seiner Majestät traten. »In Ausführung eines Beschlusses der Commune kommen wir, um Ihr Zimmer auf Waffen zu durchsuchen«, sagte einer von ihnen.

»Ich habe keine«, antwortete der König. Trotzdem suchten sie, und als sie nichts fanden, wandten sie sich nochmals an ihn: »Das ist nicht genug. Als Sie in den Temple kamen, hatten Sie einen Degen. Geben Sie ihn ab.« Seiner Majestät blieb nichts anderes übrig, als alles hinzunehmen; er befahl mir, seinen Degen zu bringen. Die Vorstellung, wenn auch unfreiwillig mitzuhelfen, meinen König zu entwaffnen, empörte mich. Ich übergab ihm den Degen. »Meine Herren«, sagte er, »ich lege ihn in Ihre Hände. Je schwerer mir dieses Opfer fällt, um so weniger brauchen Sie an meiner Liebe zur öffentlichen Sicherheit zu zweifeln.«

Als er sich am nächsten Morgen erhob, erklärte mir der König, wie schwer ihn diese Kränkung getroffen habe. Nichts anderes schien ihn bis dahin so sehr mitgenommen zu haben. Seine Majestät beauftragte mich auf der Stelle, dem Bürgermeister von Paris die Ereignisse der vergangenen Nacht schriftlich mitzuteilen und in seinem Namen darum zu ersuchen, daß endlich geregelt würde, auf welche Weise ihm die Beschlüsse der Commune zur Kenntnis gebracht werden sollten. Pétion antwortete nicht.

Daß dem König der Degen weggenommen worden war, vermehrte meine Sorge um sein Leben. Am gleichen Abend schien das Erscheinen eines neuen Beamten (es war ein Mützenmacher) meine Befürchtungen zu bestätigen. Dieser Mensch war großgewachsen, von robuster Statur, sonnengebräunt, schaute düster drein und hielt einen Knotenstock in der Hand; er betrat das Zimmer des Königs, als Seine Majestät gerade zu Bett gegangen war. »Ich werde hier eine genaue Durchsuchung vornehmen«, sagte er. »Man weiß nicht, was passieren kann. Ich will sicher gehen, daß Monsieur (er meinte den König) keine Möglichkeit zur Flucht hat.« Dieser Anfang steigerte meine Unruhe noch weiter. Ein solcher Mensch, dachte ich mir, hat sicher kriminelle Absichten. Dann sprach ich ihn an: »Ihre Kollegen haben erst letzte Nacht alles durchsucht; der König hat es bereitwillig hingenommen.«

»Ihm blieb wohl nichts anderes übrig«, antwortete der Beamte, »wer wäre der Stärkere gewesen, wenn er Widerstand geleistet hätte?« Bei diesen Worten hielt ich meinen Argwohn mehr denn je für begründet. Entschlossen, das Leben meines Herrn bis zum letzten Atemzug zu verteidigen, sagte ich zu dem Kommissar: »Ich lege mich nicht hin, ich bleibe bei Ihnen.«

»Gehen Sie schlafen, müde, wie Sie sind«, sagte der König, »ich befehle es Ihnen.« Ohne darauf zu antworten, zog ich mich zurück; aber da der König von seinem Bett aus meines durch die Türöffnung nicht sehen konnte, legte ich mich angezogen hin, die Augen auf diesen Menschen gerichtet und bereit, bei der geringsten Bewegung zu meinem Herrn zu stürzen. Mein Schrecken war unbegründet; der Beamte, der sich so furchterregend eingeführt hatte, schlief tief und fest bis zum Morgen. Am nächsten Tag sagte der König beim Aufstehen zu mir: »Dieser Mensch hat Sie sehr beunruhigt; es hat mir leidgetan, daß Sie sich Sorgen gemacht haben, und auch ich habe mich nicht ganz sicher gefühlt; aber in der Lage, in die man mich gebracht hat, bin ich auf alles gefaßt.«

Am übernächsten Tag schrieb der Bürgermeister, M. Cléry böte sich für die Bedienung des Dauphin an. »Lesen Sie diesen Brief«, sagte Seine Majestät zu mir, »und antworten Sie dem Bürgermeister, daß ich einverstanden bin; fügen Sie hinzu, ich könne meine Empörung darüber nicht verhehlen, daß der Magistrat mit Absicht nicht auf meine Gesuche antwortet, vor allem nicht auf die Bitte, den Leibarzt meiner Kinder vorzulassen.[1]«

Noch am gleichen Tag brachte ein Beamter M. Cléry in den Turm.[2]

Da die Königin und Madame Elisabeth ununterbrochen von den Kerkermeistern der Commune verfolgt wurden, konnten sie mir nur heimlich Anweisungen geben und manchmal von ihren Qualen sprechen. Als mich eines Tages mein üblicher Dienst ins Zimmer von Madame Elisabeth führte, fand ich die Prinzessin im Gebet vor; meine erste Reaktion war, mich zurückzuziehen. »Bleiben Sie«, sagte sie zu mir, »tun Sie Ihre Arbeit, das stört mich nicht.« Hier will ich ihr Gebet wiedergeben, das ich mit ihrer Erlaubnis abgeschrieben habe:

»Was wird heute mit mir geschehen, o mein Gott! Es ist mir noch verborgen. Alles, was ich weiß, ist, daß mir nichts widerfahren wird, was Sie nicht seit Ewigkeiten vorausgesehen haben. Das genügt mir, o mein Gott, um ruhig zu sein. Ich verehre Ihren ewigen Plan; ich unterwerfe mich ihm von ganzem Herzen. Ich will alles, ich nehme alles hin, ich opfere Ihnen alles auf; ich vereinige mein Opfer mit dem Ihres teuren Sohnes, meines Erlösers, und ich bitte Sie bei seinem heiligen Herzen und seinen unendlichen Verdiensten um Geduld in unseren Leiden und um die vollkommene

1 Dieser Arzt war M. Brunier. Am Tag nach dem Tod des Königs erlaubte man diesem treuen Diener, in den Temple zu kommen und die königliche Familie zu versorgen. (Anmerkung Huës)

2 M. Cléry stand seit mehreren Jahren als Kammerdiener im Dienst beim Dauphin. (Anmerkung Huës)

Unterwerfung, die wir Ihnen in allem schulden, was Sie wollen und erlauben.«

Als sie ihr Gebet beendet hatte, erläuterte sie: »Ich bete zum Himmel weniger um des unglücklichen Königs willen als für sein verirrtes Volk. Möge der Herr sich erweichen lassen und einen mitleidigen Blick auf Frankreich werfen!« Dieser Beweis heroischen Edelmutes machte auf mich einen starken Eindruck, was der Prinzessin nicht entging. »Mut!« sagte sie, »Gott schickt uns niemals mehr Leiden, als wir ertragen können.«

Der Zwang, dem die Gefangenen durch die Beamten ausgesetzt waren, ging so weit, daß die Damen nur an einem einzigen Ort im Turm allein sein durften, soweit ging die Rücksicht auf die Schicklichkeit gerade noch. Wenn die Königin oder Madame Elisabeth durchs Vorzimmer gingen und mir ein Zeichen gaben, folgte ich ihnen unter dem Vorwand, ich hätte irgend etwas für sie zu tun. Das Zimmer, in dem Madame Elisabeth schlief, lag vor dem Ort, den ich meine*; dort konnte ich ohne Zeugen die Anweisungen der einen oder anderen Dame entgegennehmen. Unter diesen Bedingungen wurde mir die Ehre mehrerer Gespräche zuteil; zwei davon muß ich hier mitteilen.

Die vereinigten Truppen des Kaisers und des Königs von Preußen unter dem Kommando des Herzogs von Braunschweig waren kurz vorher in Frankreich eingedrungen. Die Aufrührer gerieten in Panik und waren gereizter denn je gegenüber der königlichen Familie. Die Königin, die das wußte, sagte mir einmal: »Alles deutet darauf hin, daß man mich vom König trennen will. Ich hoffe, Sie können bei ihm bleiben. Sie, ein Franzose und einer seiner Getreuen, müssen immer ganz erfüllt sein von den Gefühlen, die Sie ihm gegenüber zum Ausdruck bringen sollen und die auch ich ihm oft bezeigt habe. Wenn Sie den König allein sprechen können, erinnern Sie ihn daran, daß das ungeduldige Verlangen, unsere Ketten zu sprengen, ihm niemals ein seines Ruhms unwürdiges Opfer abringen darf. Besonders keine Teilung Frankreichs. In dieser Hinsicht darf ihn keine Rücksicht in die Irre führen: Er soll weder um seine Schwester noch um mich Angst haben. Stellen Sie ihm vor Augen, daß wir beide lieber endlos in Gefangenschaft bleiben wollen, als die Befreiung der Preisgabe einer einzigen Festung zu verdanken. Für den Fall, daß die göttliche Vorsehung uns die Freiheit zurückgibt, hat der König beschlossen, für den Augenblick seinen Sitz in Straßburg zu nehmen. Das ist auch mein Wunsch. Es könnte sein, daß diese bedeutende Stadt versucht wäre, sich ihre Stellung in der germanischen Welt zurückzuerobern. Das gilt es zu verhindern und sie Frankreich zu erhalten.«

»Ich bin tief beeindruckt von dem Vertrauensbeweis, mit dem die Königin mich zu ehren geruht«, antwortete ich, »aber darf ich meine Doppelrolle als Untertan und Diener aus den Augen verlieren? Und kann ich mir erlauben, Madame...?«

»Die Interessen Frankreichs gehen vor«, erwiderte die Königin.

Die Art, wie Ihre Majestät sich ausdrückte, ließ mich spüren, daß die Tochter Maria Theresias,

Schwester Josephs und Leopolds und Tante Franz' II*
in dieser Lage nur noch Gattin des Königs von Frankreich und Mutter des Thronerben war.

Zwei Tage später hatte ich am gleichen Ort wieder
ein Gespräch mit der Königin; es war nach der Rückkehr vom Spaziergang im Garten, wobei Santerre die
königliche Familie begleitet hatte. »Dieser Mensch,
den Sie heute als unseren Kerkermeister sehen«, sagte
mir die Königin, »hat vom König mehrfach bedeutende Summen aus dem Fonds der Zivilliste erbeten
und bekommen. Wieviele andere in der Nationalgarde
und selbst in der Nationalversammlung haben unter
verschiedenen Vorwänden finanzielle Hilfe erhalten
und geben sich jetzt als unsere Todfeinde zu erkennen!
Vor dem 10. August haben die Verirrungen von Dumouriez, die Verzagtheit von M. de La Fayette und
die Irrtümer des Duc de Liancourt alle unsere Hoffnungen enttäuscht; was haben uns die bedeutenden
Summen[1] genützt, die unsere Freunde an Pétion, Lacroix* und andere Verschwörer verteilt haben? Sie
haben das Geld genommen und uns verraten.«

Seit Tison und seine Frau im Temple waren und
Cléry sich den Dienst mit mir teilte, hatte sich der
Umfang der Pflichten verringert, die ich eine Zeitlang
allein erfüllt hatte. Aber wenn auch die körperliche
Anstrengung weniger wurde, stand mir doch eine
Herzensqual bevor, die alles andere überstieg. Die Be-

[1] Diese großen Summen kamen hauptsächlich vom Generalprokurator des
Malteserordens (dem Bailli d'Estourmel), vom Duc du Châtelet, von M. Bert-
rand de Molleville und einigen anderen treuen Untertanen. Der Duc du
Châtelet* wurde dafür und wegen seiner Hingabe an die Sache des Königs
verurteilt und starb auf dem Schafott. (Anmerkung Huës)

weise ausdrücklichen Wohlwollens, die mir der König und seine Familie gaben, erregten den Verdacht bestimmter Beamter. Ich hatte dies bereits bemerkt und sogar Grund zu fürchten, man könnte mich von einem Augenblick zum anderen aus dem Turm wegschleppen. Meine Angst war nur zu begründet; dennoch deutete nichts auf den Schlag hin, der mich bald treffen sollte.

Am 2. September hatte ich wie gewohnt meinen Dienst getan; der König und seine Familie gingen im Garten spazieren. Ich stand allein im Zimmer der Königin am Fenster, um einen Augenblick Luft zu schöpfen. Gegen fünf Uhr schlugen die Trommeln plötzlich Generalalarm. Lärm, der verworren an mein Ohr drang, ließ mich auf außerordentliche Aufregung in Paris schließen. Mir kam wieder in den Sinn, was mir ein Beamter ein paar Tage vorher vertraulich über Haussuchungen, die Requirierung aller Waffen und zahlreiche Festnahmen gesagt hatte. Tausend schlimme Vermutungen gingen mir durch den Kopf, als ich plötzlich zwei Kommissare aus dem Palais des Temple kommen und mit großen Schritten auf die königliche Familie zugehen sah; sie zwangen sie, sofort in den Turm zurückzukehren. Als der König und seine Familie wieder im Zimmer der Königin waren, erschienen zwei andere Beamte. Einer von ihnen war der Ex-Kapuziner Mathieu; mein Leben lang werde ich die grausige Rede nicht vergessen, die dieser abtrünnige Mönch Seiner Majestät zu halten wagte.

»Monsieur«, sagte er, »Sie wissen nicht, was in Paris vorgeht. In allen Vierteln trommelt man die Bürger

zusammen, die Kanonen haben Alarmschüsse abge-
feuert, das Volk rast und will sich rächen. Es war
Ihnen noch nicht genug, am 10. August unsere Brüder
morden und mit gehacktem Blei auf sie feuern zu lassen, wovon man Unmengen in den Tuileries gefunden
hat; Sie lassen auch einen grausamen Feind gegen uns
marschieren, der droht, uns zu vernichten und unsere
Frauen und Kinder zu ermorden. Unser Tod ist be-
schlossene Sache, das wissen wir; aber vorher werden
Sie und Ihre Familie von der Hand eben jener Beamten sterben, die Sie bewachen. Noch ist es Zeit, und
wenn Sie wollen, können Sie . . .«

»Ich habe alles für das Glück des Volkes getan«,
antwortete der König bestimmt, »mehr kann ich
nicht.«

Oft habe ich an diese Antwort denken müssen,
wenn von einem Brief die Rede war, den Louis XVI
dem König von Preußen geschrieben haben soll, um
diesen Monarchen zum Rückzug zu bewegen.[1] M. de
Malesherbes und M. Desèze, die Verteidiger des Königs, haben mir bestätigt, daß es einen solchen Brief
nicht gibt; er stünde auch in offensichtlichem Gegensatz zu den Wünschen, die ich Louis XVI und seine
Familie für ihre Befreiung äußern hörte.

Kaum hatte der König, neben dem ich gerade
stand, dies gesagt, als Mathieu fortfuhr: »Ich nehme
Sie fest.«

---

1 Es wurde verbreitet, dieser Brief wäre geschrieben worden, als der König
von Preußen schon Herr von Longwy und Verdun war, an der Spitze einer
siegreichen Armee auf Châlons in der Champagne zumarschierte und nur
noch fünfundvierzig Meilen von Paris entfernt war. (Anmerkung Huës)

»Wen? Mich?« fragte Seine Majestät.

»Nein, Ihren Kammerdiener.«

»Was hat er getan? Er ist mir treu ergeben, das ist sein Verbrechen. Schonen Sie wenigstens sein Leben!«

»Mit welchem Recht nehmen Sie mich fest?« fragte ich meinerseits den Beamten, »wohin wollen Sie mich bringen?«

»Ich bin dir keine Rechenschaft schuldig«, antwortete Mathieu, »ich habe meine Befehle.« Ich wollte hinauf in mein Zimmer gehen, aber er hielt mich am Arm fest.

»Bleib hier«, sagte er zu mir, »du stehst unter meiner Aufsicht.« Ich durfte nur mit ihm zusammen gehen.

Ich wollte etwas Wäsche und Rasiermesser mitnehmen. »Kein Rasiermesser«, befahl der Beamte, »wo ich dich hinbringe, wirst du schon rasiert, ich kann dir sogar versichern, daß du an Barbieren keinen Mangel haben wirst.«

Ich verstand den wahren Sinn von Mathieus Worten... In der Überzeugung, ich würde direkt aufs Schafott geführt, sagte ich nichts. Kaum hatte ich mein Zimmer verlassen, als beide Türen versiegelt wurden; erst nach dem Tod von Louis XVI wurden sie wieder geöffnet. Im Zimmer der Königin gab ich dem König mit Erlaubnis der Beamten noch einige Papiere zurück, die ihn betrafen.[1]

»Unglücklicher«, sagte der König schmerzlich berührt, »das bißchen Geld, das Ihnen blieb, haben Sie

---

1 Unter diesen Papieren waren die Wäschezettel und eine Aufstellung persönlicher Ausgaben des Königs. (Anmerkung Huës)

für mich ausgelegt[1]; heute müssen Sie fortgehen und sind mittellos!«

»Sire, ich brauche nichts…« Tränen und Schluchzen erstickten meine Stimme. Jedes Mitglied der königlichen Familie erwies mir die Ehre, mir irgendwie sein Mitgefühl zu bezeugen. Diese rührende Szene hätte unheilvolle Folgen haben können; so überwand ich mich noch einmal. »Ich bin bereit, Ihnen zu folgen«, sagte ich zu meinen Aufsehern.

Am Ausgang des Turms schlossen sich Mathieu zwei Gendarmen an. Wir stiegen in eine Droschke und fuhren los.

Welch fürchterliches Schauspiel bot sich unterwegs meinen Blicken dar! Die Passanten flohen voller Schrecken; man schloß überstürzt Läden, Fenster und Türen; jeder flüchtete sich in den entlegensten Winkel seiner Wohnung. Ich hörte das schreckliche Gebrüll der Mörder und das Jammern der Opfer; blutbesudelte Ungeheuer mit Dolchen, Messern und Knüppeln liefen durch die Straßen und zeigten dem Volk die blutigen Trophäen ihrer Grausamkeiten. Triumphierend trugen sie auf ihren Piken Teile menschlicher Körper umher.

Auf der Place de Grève* ergriff mich schließlich unbeschreiblicher Schrecken. Eine gewaltige Menschenmenge bevölkerte den Platz; die meisten schwenkten Piken, Säbel oder Gewehre. Da der Wagen unmöglich bis zur Treppe des Rathauses vor-

---

1 Die Summe von 526 Livres, die ich für den Dienst beim König vorgestreckt hatte, wurde mir vom Magistrat mehrere Monate nach meiner Entlassung aus dem Gefängnis zurückerstattet. (Anmerkung Huës)

fahren konnte, ließ man mich aussteigen und führte mich mitten durch das Gedränge. »Gut!« rief man, »hier kommt Arbeit für die Guillotine, es ist der Kammerdiener des Tyrannen.« Angesichts der drohenden Gefahr wollte ich um keinen Preis das Opfer meines Lebens entehren und bat Gott, mir Kraft zu verleihen. Dieser Gedanke beschäftigte mich ausschließlich, als ich den Sitzungssaal der Commune betrat; man wies mir den Platz neben dem Vorsitzenden an.

Ganz in der Nähe saß Santerre. Der Kommandant der Pariser Miliz hörte sich mit sachkundiger Miene die Pläne an, die ihm Halbbetrunkene vortrugen, um den Vormarsch der feindlichen Armeen aufzuhalten; andere schlugen vor, ein Volksheer aufzustellen und gegen den Feind vorzurücken.

Im Parkett, wo gewöhnlich der Prokurator der Commune sitzt, ereiferten sich Billaud de Varennes, einer der Stellvertreter, und Robespierre; sie schrien, gaben Anweisungen und schienen sehr erregt. In diesem Saal und den Nebenräumen herrschte großer Tumult.

Mitten in diesem Chaos gebot der Vorsitzende Schweigen und stellte mir eine erste Frage. Bevor ich antworten konnte, schrie man von allen Seiten: »Zur Abbaye! Nach La Force!« Dort brachte man gerade die Gefangenen um. Als wieder Ruhe einkehrte, wurde ich verhört. Man warf mir Dinge vor, die größtenteils erfunden waren.

Einer der Beamten sagte: »Du hast in den Turm des Temple einen Koffer mit Bändern in den Nationalfarben und verschiedenen Verkleidungen geschafft; damit sollte der königlichen Familie zur Flucht verholfen werden.«

Ein anderer rief: »Ich habe gehört, wie der König zu ihm *Fünfundvierzig* sagte, und die Königin *Zweiundfünfzig*. Diese beiden Wörter benannten den Prince de Poix und den Verräter Bouillé*.« Man warf mir auch vor, ich hätte eine Weste und eine Hose in der Farbe Savoyens machen lassen, was ein sicherer Beweis für eine Verbindung zum König von Sardinien* wäre. Ich hatte wirklich die Bestellung solcher Kleidungsstücke für Tison unterschrieben und von den Kommissaren mit dem Sichtvermerk versehen lassen. Schließlich klagte man mich an, dem König und der Königin heimlich bestimmte Briefe übergeben zu haben und Hieroglyphen zu verwenden, um ihnen die Korrespondenz zu ermöglichen. Diese Hieroglyphen waren nichts weiter als ein Arithmetik-Lehrbuch. Jeden Abend, bevor der Dauphin schlafen ging, legte ich dieses Buch auf mein Bett, damit sich der kleine Prinz morgens auf die Rechenstunde vorbereiten konnte, die ihm der König gab.

Ein unverzeihliches Vergehen war, daß ich im Turm das Lied *O Richard! ô mon Roi!** gesungen haben sollte. Ich hatte weder die Melodie noch den Text intoniert; und wenn ich es getan hätte, wäre es nur zu wahr gewesen, daß der König ebenso verlassen war wie Richard, daß die ihm und seiner Sache ergebensten Untertanen sich von ihm entfernt hatten, um ihm besser dienen zu können, und daß man von denen, die bei ihm geblieben waren, die einen am 10. August massakriert hatte, während die anderen derzeit im Gefängnis saßen oder auf der Flucht waren. Hätte ich gegenüber dem Unglück meines Herrn ebenso gleichgültig sein sollen wie seine Verfolger?

Ein letzter Vorwurf betraf die Anteilnahme, die mir die königliche Familie ostentativ bezeigte, während sie mit den Beamten kaum sprach.

Auf diese letzte Beschuldigung erwiderte ich nichts. Wieder ertönten die Rufe: »Zur Abbaye! Nach La Force!« Die Wut gegen mich war auf dem Höhepunkt angelangt, als Billaud de Varennes schrie: »Dieser Diener, den wir schon einmal in den Temple zurückgeschickt haben, hat das Vertrauen des Volkes mißbraucht; er verdient eine exemplarische Strafe.« In diesem Augenblick stand ein Beamter auf. Er erklärte: »Dieser Mann hält die Fäden einer Intrige in der Hand, die im Turm gesponnen wurde. Es wäre nützlicher und klüger, ihn in Gewahrsam zu nehmen, in eine Einzelzelle zu stecken und ihm alle Informationen zu entlocken, die er geben kann, statt ihn in die Abbaye oder nach La Force zu schicken.« Was für ein Motiv er auch gehabt haben mag, seine Bemerkung rettete mir das Leben; man beschloß, mich in eines der Verliese im Rathaus zu sperren. Sofort wurde ich einem Schließer übergeben, der mich nach unten brachte, durchsuchte, zu meiner Zelle führte, eine Eisentür öffnete und sie hinter mir schloß.[1]

1 Vom 2. September, dem Tag meiner ersten Inhaftierung an, kommt es M. Cléry, der meine Stelle einnahm, zu, genauer über die Ereignisse im Turm des Temple zu berichten. (Anmerkung Huës)

Kommissar VERDIER:
Wirklichkeitsgetreuer
Bericht über den Aufenthalt
der königlichen Familie
im Temple nach dem
10. August 1792

Ich verfasse die vorliegende historische Notiz über die unglückliche Familie von Louis XVI, die im Temple eingesperrt war, mit um so größerer Genugtuung, da ich nicht nur als Augenzeuge berichten kann, sondern weil obendrein unter den Beamten der berühmten Commune des 10. August nur wenige den Weg dieser Unglücklichen so lange verfolgt haben wie ich und das Talent hatten, zu beobachten und zu schreiben; im übrigen strotzen alle Berichte, die man über sie verfaßt hat, vor Irrtümern und Lügen. Der berühmte *Friedhof der Madeleine** ist nichts als ein Roman, und man müßte lange suchen, um darin einen einzigen wahren Satz zu finden; das kann ich durch den Hinweis auf Irrtümer beweisen, die dort mit einer Selbstverständlichkeit vorgebracht werden, von der sich viele Leser täuschen lassen.

Meine Kritik richtet sich nicht gegen die Memoiren von M. Cléry, dem Kammerdiener von Louis XVI, den ich gekannt habe und der mich gekannt hat. Er selbst hat sich von den Lügen distanziert, die man vor den Memoiren in seinem Namen veröffentlicht hat, obwohl sie, wie es scheint, nach seinen Angaben abgefaßt wurden. Ich will seiner Wahrhaftigkeit Gerechtigkeit widerfahren lassen. Aber Cléry konnte nur sehen, was in den Zimmern der Gefangenen vor sich ging, während ich ein Gutteil von dem beobachtet habe, was er dort sehen konnte, und außerdem vieles, was anderswo im Temple passierte, da mein Ausweis mir alle Türen öffnete. Übrigens scheint dieser loyale und ehrenwerte Chronist nur aus dem Gedächtnis geschrieben zu haben, ohne die Fähigkeit, seine Gedanken klar wiederzugeben, ich dagegen stützte mich sowohl auf meine Erinnerung als auch auf Schriftstücke, die ich aufbewahrt habe. Er konnte fast nur nebensächliche Details sammeln, und ich glaube interessantere Informationen geben zu können. Ich werde mich aber bei den Dingen auf ihn stützen, die er besser sehen und erfahren konnte als ich.

Diese Beweggründe nötigen mich, für diese Notiz mehr Raum zu beanspruchen, als mir zur Verfügung gestellt wurde.

Während der ganzen Revolution gab es keinen berühmteren Tag als den 10. August 1792. Alle Bürger von Paris, die ihn miterlebt haben, machen sich von ihm eine mehr oder weniger konkrete und mehr oder weniger richtige oder falsche Vorstellung; es haben ihn so viele Schriftsteller beschrieben und werden ihn noch beschreiben, daß er für immer einen hervorragenden und glanzvollen Platz in den Annalen der Menschheit einnehmen wird. Es gehört nicht zu meinem Thema, ihn zu schildern. Ich könnte an den vorhandenen Darstellungen nur einige Züge ergänzen, die meine Absicht und meinen Gegenstand betreffen.

Dieser Tag war eine wahre und große Umwälzung für die monarchische Regierung und sogar für den Verlauf der Revolution; er wurde in der Nacht vom 9. auf den 10. August von den Hauptakteuren im Sektionskomitee ermöglicht, von den Mitgliedern des Jakobinerclubs und des Clubs der Cordeliers, von den zahlreichen Freiwilligen aus Marseille*, die sich zu dieser Zeit kampfbereit in Paris aufhielten, und von den Sektionen, die schon früh am Morgen dieses großen Tages zusammentraten und auch in der Folgezeit nicht auseinandergingen, um Gefahren vom Vaterland abzuwenden. Aber dieses Ereignis war seit langem geplant, und zahlreiche führende Köpfe arbeiteten darauf hin. Es war die Fortsetzung der mißlungenen Expedition vom 20. Juni*. Während im Juli das Sektionskomitee tagte, kanzelte Pétion, der Bürgermeister von Paris, beinahe jeden Tag um elf Uhr die regelmäßig oder zufällig anwesenden Mitglieder der Commune wegen des Mißerfolgs der Unternehmung vom 20. Juni ab und redete ihnen wegen eines zweiten Versuchs und der Möglichkeiten, ans Ziel zu gelangen, ins Gewissen. Aber er sprach dieses Ziel nicht offen aus. Er hatte damals nur vor, die glühenden Patrioten dazu zu bewegen, daß sie ihn bei der Ausführung des Vorhabens zuverlässig unterstützten, das er mit den Größen der Revolution plante. Ich habe mehrere seiner Reden gehört, die er nach der jeweiligen Lage und als Reaktion auf die Scheinmanöver improvisierte, die von Zeit zu Zeit, vor allem im Faubourg Saint-Antoine*, unternommen wurden; aber ich verstand ihn nicht. Um ihn zu begreifen, benötigte man einen Schlüssel, und den hatte ich nicht.

In dieser Nacht bildete sich spontan die berühmte Commune des 10. August, die sich aus den eifrigsten Kommissaren der Sektionskomitees und den Beamten zusammensetzte, die an diesem Tag von den Sektionen ernannt worden waren, sechs pro Sektion. Ich gehörte, wie bereits erwähnt, diesem großen Komitee an, aber ich wurde nicht für jenes bedeutende Unternehmen ausgewählt, offensichtlich, weil man mir mißtraute. Als ich gerüchteweise erfuhr, was passierte, begab ich mich zur Generalversammlung der Sektion Plantes*, der ich angehörte. Man bestimmte dort mehrere ehrenwerte, ausgezeichnete Bürger, damit sie sich den neuen Beamten anschlössen; aber obwohl jene nicht den Mut hatten, abzulehnen, wagten sie auch nicht hinzugehen. Sicherlich lag es an dieser allgemeinen Verzagtheit in sämtlichen Sektionen, daß diese Commune dann aus so vielen dummen Leuten der unteren Klassen bestand. Quelaveine wollte meine Nominierung durchsetzen, aber einer der Rädelsführer, der an diesem Tag den Ton angab und den ich öffentlich hatte behaupten hören, man müsse sich des Dauphins entledigen, lenkte die Aufmerksamkeit auf andere Kandidaten, offenbar, weil er mich als ungeeignet für diese Mission betrachtete. Ich hätte mich ohne weiteres ohne diesen Auftrag dahin begeben können, da die Kommissare des Komitees die erste Säule des neuen Gebäudes waren; doch hatte ich es mir zwar zur Pflicht gemacht, an allen Versammlungen teilzunehmen, hielt mich dabei aber an die Regel, nichts zu fordern und mich keiner Aufgabe zu verweigern, aber auch nichts ohne einen ordnungsgemäßen Auftrag zu tun.

Anfang August nahmen das Geschrei und die revolutionären Umtriebe von Tag zu Tag zu, und der Hof, der überall seine Agenten hatte, mußte über die Pläne der Aufrührer informiert sein. Am 9. um acht Uhr abends, schreibt Cléry, waren die Höfe des Tuilerienschlosses, die Wohnräume und die Souterrains von etwa 8000 Mann in der Uniform der Nationalgarde und der Schweizer Garde besetzt, die gewillt schienen, den König zu verteidigen. Die Hofleute und die Diener der königlichen Familie versammelten sich an diesem Abend voller Unruhe bei ihr. Die Minister zitierten Pétion in die Tuileries und hielten ihn dort als Geisel fest, was als Verbrechen gegen die nationale Souveränität betrachtet worden ist. Nach Mitternacht läutete man im Rathaus Sturm, und die Trommeln schlugen Generalalarm. Auf den Lärm hin ließ man den Bürgermeister frei, der die eben sich konstituierende Commune informierte.

Am 10., um sechs Uhr früh, kam der König in den Schloßhof hinunter und schritt die Formation der Nationalgarde und der Schweizer ab, die schworen, ihn zu verteidigen. Die Königin und die Kinder folgten ihm, zusammen mit Mme. de Tourzel und Mme. de Lamballe. Man vernahm aus den Reihen einige unwillige Äußerungen über die Anwesenheit und die Reden der Königin; das wiederum provozierte Rufe: »Es lebe der König! Es lebe die Nation!« Aber es lag auch an der Unüberlegtheit der Königin, daß die Revolutionäre in Reden und Liedern verbreiteten, »Madame Veto« (so pflegten sie die Königin zu nennen) hätte ganz Paris massakrieren wollen.

Etwas später marschierte das Bataillon aus Marseille mit Kanonen auf das Schloß zu.

[...]

Im Temple wurden fünf Mitglieder der Familie fest-gehalten: der König und die Königin, der Dauphin oder Kronprinz und Madame Royale, ihre Kinder, und die Schwester des Königs, Madame Elisabeth, die sie nicht verlassen wollte.

Die Pariser Commune, der die Verantwortung für ihre Bewachung übertragen wurde, ließ sie alle fünf ständig von acht schärpentragenden Kommissaren* beobachten, die jeweils achtundvierzig Stunden im Turm blieben; jeden Tag wurden vier neue geschickt. Die Kommissare waren wie alle anderen Bewacher be-auftragt, jede Kommunikation zwischen den Gefange-nen und der Außenwelt zu unterbinden und ihnen nichts zukommen zu lassen, was nicht von der Kom-mission, die sie im Temple bildeten, genauestens untersucht worden wäre.

Ein junger Mann, der Sohn eines mit mir befreun-deten Geburtshelfers, der mein Schüler gewesen war und der seinen Patriotismus etwas übertrieb, verhielt sich hier ganz korrekt, was man vielleicht gern hören wird. Er war einer von denen, die die Familie in den Temple brachten, und blieb dort drei Tage, den letz-ten davon allein. Da er ziemlich schlecht gekleidet und schmutzig war, verspotteten ihn Madame Elisabeth und Mme. de Tourzel und machten sich über ihn lu-stig, und er hörte das in einer Ecke ruhig an, ohne darauf zu reagieren. Aber als Mme. de Tourzel ihn später als den Sohn ihres Geburtshelfers erkannt hatte, sprachen sie mit ihm und freundeten sich mit ihm an, und der junge Mann antwortete ihnen freundlich. Sie faßten so viel Vertrauen zu ihm, daß Madame Elisa-

beth ihm einen Brief gab, mit der Bitte, ihn abzuschik-
ken. Daraufhin ergriff der junge Mann ihre Hand und
hielt sie über eine brennende Kerze, so daß sie sich
verbrannte, mit den schönen Worten: »Madame, das
ist alles, was ich für Sie tun kann.«

Bald erfuhr man, daß der König von Preußen in die
Champagne eingefallen war, auf Châlons marschierte
und Paris bedrohte. Schon legte man bei Paris ein
Feldlager an; man wollte Truppen gegen ihn aufstel-
len. Viele Freiwillige meldeten sich, und es wurden
Legionen gebildet. Aber es hieß, die Freiwilligen wollten nicht in den Kampf ziehen, solange sie nicht die
Gewißheit hätten, daß ihre Frauen und Kinder in
Paris sicher wären; wenigstens war das der Vorwand
für die unerhörten Massaker, die in den Gefängnissen
am Sonntag, dem 2. September, um die Mittagszeit
anfingen. Ein Kanonenschuß auf dem Pont Neuf gab
das Alarmzeichen für dieses schreckliche Unternehmen, auf das das Volk schon vorbereitet war.

Sofort wurden zwei Beamte zur königlichen Familie
in den Temple geschickt. Der Exkapuziner Matthieu
führte das Wort, berichtete dem König vom Angriff
des Königs von Preußen auf die Champagne und er-
suchte ihn dringend, an diesen zu schreiben, er solle
nicht weiter vorrücken; dadurch könne er sich selbst
und die Hauptstadt vor dem Unglück bewahren, das
dem Vaterland drohe, welches nach der Feststellung
der Nationalversammlung in Gefahr sei*. Matthieu
brachte auch M. Huë ins Gefängnis La Force, der darauf bestanden hatte, Tison und seine Frau vom Dienst
bei den Personen der königlichen Familie auszuschlie-

ßen. Ich glaube, die Princesse Lamballe und Mme. Tourzel waren damals schon dort in Haft.

Am Abend begannen die Massaker ... Die Princesse Lamballe saß also im Gefängnis La Force. Die diensthabenden Beamten wollten sie vor den Mördern retten. Sie entrissen sie einem von ihnen, den ich als einen sehr glaubwürdigen Menschen kannte und der mir das berichtet hat. Man schnitt ihr den Kopf ab, und an diesem schrecklichen Tag schleiften die Mörder ihren Körper an Seilen durch die Straßen und trugen ihren Kopf auf einer Pike herum. Am Nachmittag schleppte man ihre Überreste zum Temple, um sie den Gefangenen zu zeigen und die Königin zu zwingen, den Kopf zu küssen, wie mir einer der Beamten, die dieser schrecklichen Szene beiwohnten, erzählt hat. Aber die diensthabenden Beamten überredeten das Volk, den Leichnam draußen zu lassen; dann brachten sie mit vieler Mühe die Anführer, die im Ratszimmer versammelt waren, dazu, den Kopf nicht zu den Zimmern der Königin zu bringen; jene gaben sich wirklich damit zufrieden, ihn mit lautem Geschrei um den Temple herumzutragen. Aber während dieser Debatte ging Palloy, der die Bauarbeiten am Temple leitete, zu den Gefangenen hinauf, um sie auf das Schauspiel vorzubereiten; es blieb jedoch bei der schrecklichen Ankündigung, und Cléry hat die Sache notwendigerweise falsch dargestellt.

Der Abbé d'Anjou, den ich gut kenne und der damals nur Subdiakon und Besitzer einer Pfründe war, und die dienstuenden Beamten hielten eine gewaltige Volksmenge auf, die dem Kopf folgte; und sie ließen sich eine Methode einfallen, die jeder unvoreingenommene Betrachter bewundern muß. Das große Eingangstor des Temple mußte immer offen bleiben, weil sich, wie es hieß, alles unter den Augen des souveränen Volkes abspielen sollte. Sie hielten ihm vor, es müsse vertrauensvoll den Beamten gehorchen, die es sich gewählt hatte; dann sperrten sie das offene Tor mit einem dünnen dreifarbigen Band ab, und diese merkwürdige Schranke wurde nicht durchbrochen, auch später nicht; man passierte sie nur mit der Erlaubnis der Posten.

Die Royalisten haben verbreitet, Beamte hätten die Massaker in den Gefängnissen angeordnet. Der äußere Anschein hat ihnen diese Verleumdung wohl noch eher eingegeben als ihre Unaufrichtigkeit. Die Beamten, die den Rat der Commune bildeten, sahen das Schreckliche, was geschah, aus der Nähe, aber mit Ausnahme der in die Geheimnisse Eingeweihten wußten sie über die Gründe und Ursachen nicht mehr als die anderen Bürger. Als man dem Rat der Commune die Massaker meldete, schickte er Abordnungen los, um sie zu unterbinden. Sie trafen etwa zwölf Richter an, die an einem Tisch saßen und die Gefangenen aburteilten, die man ihnen brachte; sofort nach dem Urteil beseitigten sie die Mörder. Die Beamten wollten ihren Auftrag erfüllen; aber die Versammlung forderte sie in jenem Ton auf, der alle zittern machte, zu denen diese schrecklichen Menschen sprachen: »Steckt eure Schärpen in die Tasche und übernehmt den Vorsitz!« Die Beamten mußten gehorchen und wurden gegen ihren Willen festgehalten. Sie konnten nicht viel Gutes tun, aber sie verhinderten wenigstens einiges Übel. Ich erfuhr das von mehreren von ihnen, die in verschiedenen Gefängnissen den Vorsitz führen.

Während der Massaker war die Commune, die aus sechs Delegierten jeder Sektion bestand, mit Arbeit überlastet und forderte von jeder Sektion zwei neue Kommissare an. Als es in der Versammlung meiner Sektion darum ging, sie zu bestimmen, schlug mich ein Schüler von siebzehn Jahren vor – er hatte mich in seinem Internat in Gesellschaft seines Lehrers gesehen und gehört, der mein Freund war; im Handumdrehen wurde ich per Akklamation gewählt, und noch am Abend des 4. September sprach ich beim Rat der Commune vor und wurde akzeptiert. Man stellte mir einen anderen Bürger zur Seite, der aber nicht wagte, mich zu begleiten, und nie im Temple erschien. Der Sekretär sah nur mich, und der Name meines Kollegen endete auf *in*; er las ihn falsch und trug mich als *Martin Verdier* ein, und unter diesem Namen blieb ich dort bekannt, obwohl ich Jean heiße.

Alle, die meinen Freund kennen, haben mich für den Mut, den ich durch die Übernahme dieser Mission bewies, sehr gelobt. Manche Royalisten dagegen, Leute, deren Prinzipien richtig, deren praktisches Verhalten jedoch gemein war und die sich nur in ihren Reden zur königlichen Familie bekannten, haben darin ein Verbrechen gesehen. Sie erkannten nicht, die Gedankenlosen! wieviel größer das Unglück der Gefangenen gewesen wäre, wenn sie nicht rechtschaffene, mitfühlende und humane Beamte um sich gehabt hätten, und ich wage zu sagen, daß diese in der Mehrheit waren.

Der Rat der Commune tagte ohne Unterbrechungen, und im Rathaus waren in der Zeit zwischen den allgemeinen Versammlungen Tag und Nacht immer zwölf Beamte anwesend, um denen zur Verfügung zu stehen, die sich an den Rat wandten, ehe sie dann nach ihrem eigenen Belieben handelten. Am 6. und 7. September war ich einer dieser Beamten. In der Nacht nahm einer meiner Kollegen, der Bürger Marino, Arbeiter, fanatischer Demokrat, großer Schwätzer, der nicht die Spur von gesundem Menschenverstand hatte, Anstoß an meinen Reden und kündigte mir an, er würde mich auf die Guillotine bringen. Später wurde er selbst hingerichtet! Über die Äußerungen dieses dummen Menschen konnte ich nur lachen. Aber ein gewisser Chevalier, mit dem ich einmal allein in einer Ecke stand, hielt mir nach einer belanglosen Unterhaltung unter dem Siegel der Verschwiegenheit folgenden Vortrag: »Bürger, ich merke, daß Sie ein anständiger Mensch sind, aber von einer Offenheit, die Ihnen hier verhängnisvoll werden könnte. Unser Haufen besteht zum größten Teil aus dummen Menschen, die zum Teil ehrlich sind, zum anderen Teil aber keine anderen Prinzipien haben als ihre fanatische Hingabe an die Demokratie; einige davon sind richtige Verbrecher. Grundsätzlich muß man bis zu einem gewissen Punkt ihre Sprache sprechen. Schon ein Wort kann jedem aufrechten Patrioten zum Verhängnis werden. Alles, was Sie sehen, ist und bleibt das Werk des Komitees für öffentliche Sicherheit, und wir sind nur sein willenloses Werkzeug. Dieses Komitee ist anfangs vom Rat der Commune ernannt worden und bestand aus zwölf Beamten, zu denen ich gehörte. Sechs davon haben die schrecklichsten Maßnahmen vorgeschlagen; ich und fünf andere haben Einwände erheben wollen. Die sechs übrigen haben uns an die Luft gesetzt und für unfähig erklärt, und wir haben uns ohne Widerspruch zurückgezogen. Wir wurden durch Marat* und fünf andere Patrioten seines Schlages ersetzt, die nicht der Commune angehören. Diese zwölf Männer leiten die Massaker, organisieren die Mörder, schicken Abordnungen von Revolutionären in alle Départements und führen alles aus, wofür man die Commune verantwortlich macht, ohne sie zu konsultieren und ihr Bericht zu erstatten, aber sie benutzen dazu Mittelsmänner, die zum Teil mit der Commune in Verbindung stehen, zum Teil nicht; diese sind eingeweiht und Mitwisser und geben in der Generalversammlung den Ton an.« Die guten Ratschläge veranlaßten mich, die Verhaltensmaßregeln zu entwerfen, denen ich seitdem mit Erfolg treu geblieben bin, ohne in ernstliche Gefahr zu geraten. Trotzdem habe ich nie meine Meinung oder mein Auftreten geändert; ich habe immer gesagt, was ich dachte, aber in einer Weise, mit den Rücksichten und Vorsichtsmaßnahmen, die ich für geeignet hielt, jeden Verdacht abzulenken.

Einige Tage später wurde ich in den Temple geschickt, um dort die üblichen achtundvierzig Stunden Wache abzuleisten. Man gab mir Instruktionen, die besagten, ich dürfe die Gefangenen, die ich zu bewachen hatte, keinen Moment aus den Augen lassen, ich müsse immer den Hut aufbehalten, mich hinsetzen, wenn ich es für angebracht hielte, nur mit ihnen sprechen, wenn sie mich etwas fragten, ihnen nichts von aktuellen Ereignissen mitteilen und sie nur mit »Monsieur« oder »Madame« anreden; dabei aber höflich bleiben und nichts zu ihnen sagen, was sie verletzen oder beunruhigen könnte. Die Gefangenen waren zu dieser Zeit in dem kleinen Seitenturm untergebracht, der an den großen angebaut ist; ihre Räume dort wurden noch hergerichtet. Gegen elf Uhr, nach dem Abendessen schickte man mich ins Vorzimmer des Königs im dritten Stock; er schlief tief und schnarchte laut. Ich verbrachte die Nacht in dem Nebenraum in einem der kleinen Türme. Auf dem Tisch lag etwa ein Dutzend Bücher, in denen der König gerade las; es waren ein Stundenbuch, die *Christlichen Gedanken* und andere. Als der König am Morgen aufgestanden war und sich angezogen hatte, kam er aus seinem Zimmer. Ich überließ ihm das Kabinett; er betete und widmete sich lange der Lektüre.

Um neun Uhr erschienen die Königin, die Kinder und Madame Elisabeth. Sie und der König umarmten sich und unterhielten sich liebevoll miteinander. Dann servierte man ihnen ein reichhaltiges Frühstück mit Kaffee, Schokolade, Obst und Milchspeisen. Danach widmete sich das Königspaar seinen Kindern: Der König unterrichtete seinen Sohn in Geographie, die Königin ließ ihre Tochter ein Diktat schreiben und kümmerte sich außerdem mit Madame Elisabeth zusammen um die kleinen Dinge des Haushalts wie eine gute Bürgersfrau und Mutter.

Auch das Mittag- und Abendessen war immer reichlich und ausgezeichnet. Es wurde jeweils nach den

Wünschen der Gefangenen von einem Küchenchef und einem Oberkoch zubereitet, die elf Gehilfen hatten. Die Beamten ließen sie die Gerichte in den Turm bringen, aber vorher mußten die Verantwortlichen jede Speise und alle Weine kosten. Man servierte den Gefangenen zwei Gänge und ein Dessert, außerdem Rotwein und Weißwein. Sie beendeten ihre Mahlzeiten schnell. Der König aß mit gutem Appetit, aber mäßig; er trank nur etwa eine halbe Flasche Weißwein aus der Champagne und ein Fläschchen Malvasier.

Ich vermag den hochmütigen Tonfall nicht wiederzuerkennen, den die Gefangenen nach Cléry gegenüber allen Personen in der Umgebung an den Tag gelegt haben sollen. Im Gegenteil, ich fand sie leutselig, natürlich und sogar fröhlich. Sie sprachen allerdings mehr miteinander als mit uns. Dennoch beobachteten sie uns genau. Es gelang ihnen immer, unsere Namen, unseren Stand, unsere Lebensweise, sogar unsere Wohnung in Erfahrung zu bringen. Aber sie waren nicht geschickt genug, um uns zu ihren Werkzeugen zu machen. Sie gefährdeten sogar jene, die ihnen Dinge verrieten, von denen sie nichts wissen sollten. Ich selbst dachte, schon bei meinem ersten Wachdienst das Opfer meiner Unvorsichtigkeit zu werden.

Es wurde verbreitet, die Beamten behandelten sie streng. Das ist eine Verleumdung, die man aus Parteilichkeit erfunden hat. Es mag sein, daß einige sich vergessen haben, aber es waren nur wenige. Der Schließer Rocher, der die äußere Tür des kleinen Turms bewachte, versuchte, seinen Patriotismus durch grobe Reden zu zeigen, wenn die Familie an ihm vorbei ins Speisezimmer ging. Er trieb es sogar so weit, dem König den Pfeifenrauch ins Gesicht zu blasen. Dieser beschwerte sich. Man zitierte den unverschämten Menschen vor die Kommission; ihm wurde befohlen, damit aufzuhören und nur noch vor seiner Tür zu rauchen, sonst würde er davongejagt. Von da an hat die Familie keine solchen Beleidigungen mehr erfahren.

Der König war unpäßlich, und er war schon einige Tage nicht mehr mit seiner Familie im Garten spazieren gegangen. Am zweiten Tag meiner Wache sagte die Königin nach dem Frühstück zu mir, sie hätten vor, sich gegen elf Uhr in den Garten zu begeben. Das teilte ich meinen Kollegen mit; sie antworteten mir, sie hätten gerade beschlossen, den Spaziergang abzuschaffen. Ich erhob Einwände wegen der bedenklichen Folgen des Bewegungsmangels für die Gesundheit der Gefangenen. Die anderen beharrten auf ihrem Standpunkt und ich auf dem meinen. Ich erklärte, wenn sie meine berechtigten Bedenken nicht zur Kenntnis nähmen, würde ich sie am Abend der Generalversammlung vortragen. Daraufhin lenkten sie ein, nannten mich aber einen Starrkopf, dem alle nachgeben müßten. Ich begleitete die Gefangenen dann selbst nach unten. Vier Beamte und der Kommandant der Wache des Temple folgten ihnen, und sie unterhielten sich miteinander, während Cléry mit dem kleinen Prinzen spielte.

Die beiden letzten Septembertage waren schrecklich für die Familie, die jedoch Trost bei eben denen fand, die sie für ihr Unglück verantwortlich machte. Man teilte ihnen einen Beschluß des Generalrats der Commune mit, der anordnete, den Gefangenen und ihren Bedienten Papier, Federn und Bleistifte wegzunehmen, und Cléry damit beauftragte, die Gesuche der Gefangenen jeweils in ein Register im Ratszimmer einzutragen. Diese Verfügung hatte ihren Grund in den Briefen und Zetteln, die sie, wie man wußte, schrieben und nach draußen schmuggeln ließen, sogar von Beamten.

Dann kündigten die Kommissare ihnen an, daß einem anderen Erlaß zufolge der König in den großen Turm verlegt würde, die Damen dagegen im kleinen zu bleiben hätten, daß sie nicht mehr gemeinsam essen und sich nur noch sehr selten sehen würden. Das traf die Gefangenen wie ein Blitz aus heiterem Himmel, sie vergossen Ströme von Tränen und stießen schreckliche Schreie aus. Simon, der berühmte Simon, einer der Kommissare, sagte zur Königin: »Oh, Sie weinen, Madame; am 10. August haben Sie nicht geweint, als Sie die Truppen inspizierten, die das Volk ermorden sollten.« Da spürten die beiden Damen, daß sie sich vor der Autorität der Stärkeren beugen mußten, und bemühten sich, die Beamten zu rühren.

Cléry sucht zu meinem Erstaunen den Eindruck zu erwecken, die Gefangenen hätten sich dieses schreckliche Unglück durch ihre ständigen Unbedachtsamkeiten im Umgang mit ihm zugezogen, aber ich habe von all dem, was er sagt, nichts bemerkt. Meines Wissens war der einzige Anlaß für diese strenge Maßnahme, daß sie trotz wiederholter Aufforderungen, in Anwesenheit der Beamten stets laut zu sprechen, zu oft leise untereinander redeten.

Simon war gerührt von ihrem Kummer und ihren Bitten und wies sie auf diese Tatsache hin. Sie versprachen, sich in Zukunft anders zu verhalten. Da brachten die Beamten sie auf eigene Verantwortung zusammen, ließen sie an diesem Tag miteinander essen und stellten beim Rat den Antrag, sie auch in Zukunft nicht zu trennen. Alle wurden im großen Turm untergebracht: der König mit seinem Sohn im zweiten Stock, die Damen im dritten, und alle blieben dort während der ganzen Zeit, die ich im Temple war.

Die Räume im großen Turm waren wesentlich größer und bequemer als im kleinen. Dennoch scheint es, daß sich die Gefangenen aus gutem Grund dorthin zurücksehnten: Dort konnten sie ungehindert aus den Fenstern auf die Nachbarschaft sehen, vielleicht sogar Leute in den Nebenhäusern erkennen und sich mit ihnen durch verabredete Zeichen verständigen; die Fenster im großen Turm dagegen hatten Blenden, die ihnen einen Teil Luft und Licht nahmen und ihnen nur den Blick auf die Räume freiließen.

Charbonnier und Simon, denen lediglich Cléry eine bedeutende Rolle in dieser Zeit zuschreibt, der erste Kurzwarenhändler, der andere Schuster, waren beide Mitglieder einer Kommission, die in den Temple entsandt worden war, um die Arbeiten an der Außenmauer und den Gebäuden zu überwachen. Simon war nie zuständig für die Ausgaben der Gefangenen, wie Cléry behauptet, und solange der König lebte, hatte der Kronprinz keine anderen Lehrer als seinen Vater und seine Mutter. Charbonnier war dick und gutmütig; Simon war im Grunde sensibel, menschlich und sogar großherzig, aber nicht besonders geistreich und voller Enthusiasmus für Freiheit und Gleichheit; er genoß in vollen Zügen und ohne jede Einschränkung seine Rechte, im Umgang mit den Gefangenen ebenso wie mit den Beamten und allen anderen.

Man kann sich aufgrund der folgenden Anekdote eine Meinung bilden. Eines Tages kam er schweißgebadet herein. Die Königin fragte: »Ihnen ist wohl sehr warm, M. Simon, möchten Sie ein Glas Wein?«

»Madame«, antwortete er mit republikanischem Stolz, »ich trinke nicht so einfach mit jedem.«

Aber einer der Vertreter des Prokurators der Commune, der unter dem Namen *Père Duchesne* bekannt wurde, wollte Simon zum Werkzeug seiner Niederträchtigkeiten machen, durch das Lob, das er ihm pausenlos spendete und das ihn davon überzeugte, er wäre der beste Patriot von allen; das hat beide auf die Guillotine gebracht.

Während der ganzen Zeit fiel es der Commune sehr schwer, die Unterhaltskosten für die Gefangenen im Temple aufzubringen. Sie hatte die 15 000 Francs ausgegeben, die man in den Truhen gefunden hatte, war verpflichtet, weitere Ausgaben zu bestreiten, und konnte nicht zahlen. Der Innenminister, M. Roland*, gegen den sie sich erhoben hatte, machte die Commune für alle Mißstände verantwortlich, die er mit seiner begrenzten Autorität nicht abstellen konnte; er verabscheute sie, wollte ihr keinen Sou geben und warf ihr Verschwendung vor, die ihr gar nicht möglich gewesen wäre. Inzwischen hatte die Gesetzgebende Versammlung eine Summe von 500 000 Livres für den

Unterhalt der Gefangenen im Temple während zwei
Monaten bereitgestellt. Man beauftragte mich und
< Profinet* >, einen sehr begabten jungen Mann, die
Summe gemeinsam mit dem Bürgermeister bei den
zuständigen Stellen einzutreiben. Pétion entzog sich
dem unter verschiedenen Vorwänden, erlaubte uns
aber, in seinem Namen zu sprechen. Mein Kollege,
den sein Beruf als Maurer stark in Anspruch nahm,
überließ mir fast alle Schritte. Ich suchte also M. Roland auf, den ich privat als gebildeten, redlichen, aber
oft unaufrichtigen Menschen kennengelernt hatte. Er
antwortete auf meine begründeten Forderungen in
einer Weise, die mir seine schlechten Absichten der
Commune gegenüber offenbarte, und wollte kein Geld
anweisen. Ich wandte mich dann an die Verwaltung
des Kanzlers und der Convention, um eine Kopie des
Dekrets zu erhalten, das die Bewilligung der
500000 Livres für die Gefangenen enthielt. Es war
nicht aufzufinden.

Die Convention hatte noch keinen Finanzausschuß
gebildet. Aber vier Abgeordnete, die vom früheren
übriggeblieben waren, führten provisorisch die Ge-
schäfte. Ich suchte sie alle vier auf und bat sie, mich
anzuhören. Nur M. Cambon* und M. Gueton de
Morveau kamen zu der Verabredung, die sie mit mir
getroffen hatten. Sie empfanden die Dringlichkeit meines Gesuchs, und der energische Cambon sagte: »Das
Dekret ist nicht erforderlich. Jeder kennt es. Morgen
setze ich ein zweites durch, das den Innenminister
zwingt, den Teilbetrag von 400000 Livres für die von
der Commune angeordneten Ausgaben des Temple

anzuweisen.« Dieses Dekret wurde in der Tat erlassen, und am Abend berichteten mein Kollege und ich dem Rat der Commune vom Erfolg unserer Mission und lasen aus der Abendzeitung vor, die den Beschluß vom < 4. > Oktober ankündigte.

Der Rat war begeistert und beauftragte sofort M. Roché und mich sowie einen Perückenmacher*, den Vollzug des Dekrets zu überwachen und folglich die früheren und noch kommenden Ausgaben im Temple zu bestreiten. Wir trafen dort neben den acht wachhabenden Beamten zwei Kommissionen an; die eine, die drei Mitglieder hatte, war für den Unterhalt der Gefangenen und für die Ausgaben verantwortlich. Der Perückenmacher verzichtete darauf, mit uns zu kommen, offenbar, weil er einer solchen Aufgabe nicht gewachsen war, und mein Kollege und ich einigten uns, daß er sich hauptsächlich um die Kosten für die Bauarbeiten kümmern sollte, ich dagegen die Verantwortung für die Lebensmittel, Wäsche, Kleidung und alle Haushaltsgegenstände tragen würde.

Der 7. Oktober war ein denkwürdiger Tag im Temple und verdient es, bekannt gemacht zu werden. Cléry hat ihn aus der Erinnerung unzutreffend beschrieben, und er versucht, seine Gedächtnislücke durch eine Rolle auszufüllen, die er nicht gespielt hat, und durch eine Beredsamkeit, die nicht entwickelt wurde und die auch nicht notwendig gewesen wäre. Ich werde dagegen die ganze Einfachheit und Gutmütigkeit herausstellen, die Manuel (wie ich selbst) in allem, was er sagte und tat, an den Tag legte.

Als Manuel, Prokurator der Commune und Mitglied der Convention, im Temple erschien, versammelten die anwesenden Kommissare sich im Ratszimmer, und jeder erstattete ihm Bericht über seinen Bereich. Ich legte ihm dar, was für die Verpflegung des Königs aufgewendet wurde. Er fand die Kosten zu hoch und regte an, alle Köche zu entlassen und statt dessen eine Köchin einzustellen, die der Familie gutbürgerliche Hausmannskost zubereiten sollte; als Grund gab er an, wenn man eingesperrt sei, dürfe man nicht so viel essen, und nannte sich selbst als Beispiel: Während seines Aufenthaltes in der Bastille habe er nur sehr wenig zu sich genommen. Ich widersprach; das Argument, das ihn am meisten überzeugte, war, daß der König und seine Familie durch die Umstellung der Ernährung krank werden könnten und daß das auf die Commune zurückfallen müßte, die die Verantwortung trüge. Ich gab sogar zu bedenken, man könnte uns beschuldigen, sie vergiftet zu haben. Alle waren meiner Meinung, und der Aufwand für die Verpflegung blieb der gleiche.

Dann fragte uns Manuel, ob wir Capet mitgeteilt hätten, daß er nicht mehr König sei. Er bekam zur Antwort, im Temple würden nur explizite Befehle des Rats der Commune ausgeführt, der zu diesem Punkt noch keine Anweisungen erhalten habe. Er regte an, es zu tun, und über diesen Vorschlag entstand eine Diskussion, die ich mit folgendem Vorschlag beendete: »Bürger Manuel, Sie haben das Format, alles zu sagen und zu tun, was Sie im Namen der Commune für angebracht halten; also machen Sie selbst diese Mitteilung, wir begleiten Sie.«

Auf der Stelle gingen wir in den Turm hinauf, zu etwa zwölf Mann mit Manuel an der Spitze. Es war acht Uhr, und die Unterhaltung dauerte mindestens eine Dreiviertelstunde.

Der König saß in einem Sessel gegenüber der Treppe, und wir blieben mit Manuel in unserer Mitte neben ihm stehen. Als erster sprach der Prokurator:

»Guten Tag, Monsieur.«

»Oh, guten Tag, M. Manuel, wie geht es Ihnen?«

»Mir geht es recht gut, und Ihnen?«

»Mir auch.«

»Sind Sie mit den Bürgern hier zufrieden?«

»Ich kann mich nicht über sie beklagen.«

»Bekommen Sie alles, was Sie verlangen?«

»Ja, nur kein Licht; ich weiß nicht, warum man es uns durch diese Blenden wegnimmt?« (Dabei zeigte er auf sie).

»Daran sind die Umstände schuld; wissen Sie, was vorgeht?«

»Nein; ich lebe hier wie ein Kartäusermönch.«

»Was denn, bekommen Sie keine Zeitungen?«

»Nein. Monsieur hat mir eine gegeben, das ist alles.« (Er wies auf einen Beamten, der neben ihm stand.)

Dieser Beamte, der ziemlich beschränkt war, sagte: »Ich habe Sie Ihnen gegeben, Monsieur, weil Sie mich danach gefragt haben.«

Der König antwortete in einem gereizten Ton, den ich nur bei dieser Gelegenheit an ihm bemerkt habe:

»Ich Sie danach fragen, das ist unter meiner Würde.«

»Na, na, Sie sind nicht mehr König«, warf Manuel ein, »wir haben uns zur Republik erklärt.«

»Ich wußte längst, daß das Ihre Absicht war.«

»Nein, das hat sich wie eine spontane, allgemeine Bewegung am 22. September entwickelt.«

»Und ich weiß, daß das lange vorher beschlossen war.«

»Nein, sage ich Ihnen. Grégoire* brachte den Antrag ein, und die Abgeordneten stimmten sofort per Akklamation zu.«

»Und ich sage Ihnen, daß ich wußte, das würde geschehen.«

Daraufhin mischte ich mich ins Gespräch:

»Monsieur spricht vielleicht von dem Beschluß des Komitees der Sektionen vom 7. Juli?«

»Ja, genau«, antwortete er schroff.

Manuel fuhr fort: »Ich komme, um Ihnen Neuigkeiten mitzuteilen. M. de Montesquiou* hat Savoyen und Nizza in kurzer Zeit erobert; er kommt rasch voran.«

»Ja, aber er hat Montmélian noch nicht eingenommen.«

Dann unterhielt sich der König mit Manuel über diese Festung und über andere Plätze, um zu zeigen, daß er die Geographie und die Befestigungen gut kannte.

Zuletzt sagte Manuel zu ihm: »Da Sie nicht mehr König sind, sind diese Auszeichnungen für Sie nutzlos und lächerlich geworden.«

Sie verabschiedeten sich; wir zogen uns zurück und Manuel ging weg.

Da ich als letzter den Raum verließ, kam Cléry auf

mich zu, er war offenbar sehr verlegen und fragte mich, was er tun müsse. Ich antwortete ihm, ich hätte ihm nichts zu befehlen und er müsse von sich aus nichts unternehmen, sondern solle die Ordensbänder nur übergeben, wenn der König ihn dazu aufforderte. Am nächsten Tag kam er recht zufrieden auf mich zu und sagte: »Ich bin nicht in Verlegenheit geraten. Sobald Sie draußen waren, trat der König in mein Zimmer und befahl mir, die Orden von seinen Röcken abzunehmen.« Er trug nur noch das Kreuz vom Heiligen Ludwig und den Orden vom Goldenen Vlies, aber nicht mehr den vom Heiligen Geist, den die Verfassunggebende Versammlung abgeschafft hatte.

Sobald wir, mein Kollege und ich, unsere Funktion übernommen hatten, beschafften wir den Gefangenen schleunigst alles, was sie brauchten und was sie haben wollten, denn von den Tuileries hatten sie nur mitgebracht, was sie auf dem Leib trugen. Ich ließ ihnen alle Kleidungsstücke machen, die sie verlangten, mit Billigung der Kommission im Temple und manchmal auch des Generalrats. In der Küche und an der Bedienung bei Tisch änderte ich nichts, aber ich überprüfte alle Lieferungen anhand der Rechnungen.

Während die Gefangenen vorzüglich speisten, wurden die diensthabenden Beamten und Offiziere, die im Temple aßen, sehr schlecht verpflegt. Ihre Mahlzeiten wurden von einer Garküche geliefert, mit der man einen Preis von vier Francs pro Tag für Frühstück, Mittag- und Abendessen vereinbart hatte. Ein Cafébesitzer hatte darüber hinaus jedem eine halbe Tasse Kaffee oder ein Glas Schnaps zu bringen, zum Preis von ... Die Speisen waren ungenießbar und der Wein abscheulich. Ich verbesserte die Bedienung bei Tisch ein wenig, ohne mehr zu bezahlen, indem ich denen, die nichts bekamen, Hoffnung auf Entlohnung machte, und diese Hoffnungen wurden dann auch prompt erfüllt.

Ich war nicht im Temple, als fünf Tage, nachdem der König wieder Kontakt mit den Damen hatte aufnehmen dürfen und nachdem der Dauphin ins Zimmer des Königs verlegt worden war, nach Clérys Aussagen der Abgeordnete Drouot* mit fünf anderen Angehörigen der Convention den Temple aufsuchte, und ich habe nichts über den Grund ihres Kommens erfahren; aber Cléry irrt sich, wenn er sagt, der König hätte sie um 2000 Francs gebeten, um ihn bezahlen zu können und für andere kleinere Ausgaben, und er hätte auch um Wäsche und Kleidung nachgesucht. Die Commune entlohnte Cléry, und ich hatte mit seiner Zustimmung sein Gehalt auf 6000 Francs festgesetzt; und den Gefangenen fehlte es an nichts, da wir ihnen bereitwillig alles beschafften, was sie verlangten. Wir waren die Kommission, von der er immer spricht, und sie war einen Monat früher gebildet worden, lange bevor der Bericht der Abgeordneten an den Bürgermeister von Paris vorlag. Die Abgeordneten und die Convention haben zu meiner Zeit keine Befehle an den Temple übermittelt, und was er von fälligen Rechnungen erzählt, die er uns vorgelegt hätte, ist pure Erfindung. Ich weiß nicht, warum dieser Mensch sich selbst Schande macht.

Es gibt noch mehr Ungenauigkeiten und sogar Irr-

tümer in dem, was er über die Unpäßlichkeit der Gefangenen und die Besuche der Ärzte sagt. Ich habe die
Erlaubnis dazu erteilt, und zwar aus folgendem Anlaß.
Der Arzt Leclerc, einer der Beamten, wurde dem Rat
des Temple gemeldet, weil er Madame Elisabeth
heimlich untersucht und ihr Medikamente gegeben
hatte. Man stellte ihm die Folgen seiner Unvorsichtigkeit vor Augen; ich wurde beauftragt, der Prinzessin
die Medizin wieder abzunehmen, was ich tat. Ich gab
zu bedenken, es wäre unpassend, wenn sich die zu uns
gehörenden Ärzte anmaßten, die Gefangenen zu behandeln, und ließ im Register den Beschluß festhalten,
daß sie die medizinische Betreuung bekommen sollten,
nach der sie verlangten, und teilte dies Madame Elisabeth mit. Sie fragte daraufhin nach M. < Brunyer >,
dem Arzt der königlichen Kinder, und nach M. Lemonnier*, dem ersten Leibarzt des Königs, und beide
wurden gerufen.

Über das, was nach dem 2. Dezember 1792 im Temple geschehen ist, kann ich nur aufgrund der Memoiren von Cléry sprechen; ich werde mich kurz fassen
und mich jeder Kritik enthalten. [...]

Aus den Notizen über
die Gefangenschaft
der königlichen Familie
im Turm des Temple,
vom Küchenjungen
TURGY

Am 10. August gelang es mir nicht, bis zu den Tuileries vorzudringen. An den beiden folgenden Tagen blieben meine Versuche, Zutritt zum Kloster der Feuillants zu erhalten, gleichfalls ergebnislos. Die königliche Familie bekam dort nur die Verpflegung, die von den Personen, die bei Ihren Majestäten geblieben waren, aus verschiedenen Lokalen geholt wurde.

Als ich erfuhr, Louis XVI würde in den Temple gebracht werden, begab ich mich eilends zu M. Ménard de Chouzy, dem Generalbevollmächtigten für den königlichen Haushalt, um die Gunst zu erbitten, meinen Dienst dort fortsetzen zu dürfen. Er versprach mir, keinen anderen Küchenjungen als mich zu benennen, wohin man die königliche Familie auch brächte, und sogar, wenn nur ein einziger benötigt würde, weil er genau wüßte, daß dies der Königin angenehm wäre. Er schickte sofort M. Rothe, den Mundschenk des Königs, zum Magistrat, um Passierscheine zu verlangen. Dieser kam um fünf Uhr zurück und berichtete, man hätte sie ihm erst für den nächsten Tag, den 14., versprochen. Ich konnte mir denken, daß man, wäre der König erst einmal im Temple, nur noch nach einer Überprüfung und Formalitäten Zugang erhalten würde, für die ich keine günstigen Voraussetzungen mitbrachte; denn ich hatte nie andere Verbindungen gepflegt als die, die sich aus meinen Pflichten ergaben, und es bestand kein Grund, warum Feinde der königlichen Familie mich hätten empfehlen sollen.

Ich sprach davon mit niemandem, abgesehen davon, daß ich zu meinen Kollegen Chrétien und Marchand sagte: »Wir wollen uns im Temple vorstellen; vielleicht läßt man uns hinein, wenn wir halbwegs bestimmt auftreten.« Sie waren einverstanden. Wir kamen zum großen Tor, als einer der wachhabenden Offiziere gerade jemanden hatte passieren lassen, der einen Ausweis hatte und in dem ich einen Diener des Königs erkannte. Ich bat den Offizier um die Erlaubnis, mit dem Betreffenden sprechen zu dürfen, und erklärte diesem, ich und meine Kollegen gehörten auch zum Personal des Königs. Er zögerte zuerst, sagte dann aber: »Nehmen Sie meinen Arm, Ihre Kollegen sollen sich bei Ihnen einhängen, dann bringe ich Sie hinein«, und das tat er auch. Man zeigte uns den Weg zu den Küchen, wo keine Vorräte zu finden waren. Ich mußte nicht weniger als dreimal einkaufen gehen, um das Notwendigste zu beschaffen; dabei achtete ich darauf, jedesmal das sogenannte Bailliage-Tor zu passieren, und machte den Pförtner und die Wachen auf mich aufmerksam, damit sie mich wieder hineinließen.

Wir servierten dem König das Abendessen in dem Raum des Palais, in dem Ihre Hoheit die Prinzessin Louise-Adelaide von Bourbon-Condé heute ihre Kapelle hat. Die königliche Familie nahm alle ihre Mahlzeiten in diesem Raum ein, bis sie endgültig in den großen Turm verlegt wurde.

Die königliche Familie, die drei Tage in den engen

Zellen im Kloster der Feuillants verbracht hatte, hätte sich weitaus wohler gefühlt, wenn sie im Palais hätte bleiben können. Aber nach dem Essen kündigte man dem König an, daß er und seine Familie aus Sicherheitsgründen die Nacht im Turm verbringen sollten. Man hatte dort in allen Etagen die Freiwilligen aus Marseille als Wachen aufgestellt, die von dem Augenblick an, als die Königin vorbeikam, die ganze Nacht hindurch sangen:

> »Madame geht in ihren Turm hinauf,
> Weiß nicht, wann sie herunterkommt.«*

Zwei Tage nach unserer Ankunft wollten die Kommissare der Commune wissen, wer uns in den Temple gelassen hätte. Ich antwortete ihnen, die Komitees der Nationalversammlung hätten in unseren Sektionen Auskünfte eingeholt und uns daraufhin erlaubt, unseren Dienst wieder aufzunehmen; damit gaben sie sich zufrieden. Am nächsten Tag kamen der Abgeordnete Chabot, der Oberbefehlshaber der Nationalgarde Santerre und Billaud-Varennes, der damals Stellvertreter des Generalprokurators der Commune war, um alle zu registrieren, die bei der königlichen Familie geblieben waren. Sie fragten uns, ob wir zum Haushalt des Königs gehört hatten, was ich bejahte.

»Wer um alles in der Welt hat Sie hier hereingelassen?« schrie Chabot. Ich erwiderte ihm, Pétion und Manuel hätten uns aufgrund von Informationen aus unseren Sektionen die Erlaubnis erteilt.

»In diesem Fall müssen Sie gute Bürger sein«,

räumte Chabot ein, »bleiben Sie auf Ihrem Posten, und die Nation wird besser für Sie sorgen, als es der Tyrann getan hat.«

Als wir allein waren, fragten meine Kollegen verängstigt: »Wollen Sie uns denn alle umbringen? Sie sagen den Beamten, die Nationalversammlung hätte uns geschickt, und den Abgeordneten, wir kämen von der Commune; wir wären lieber weit weg.« Trotzdem blieben sie im Temple, erfüllten treu ihre Pflichten und haben ihn nicht vor mir verlassen, wie ich es berichten werde.

Sobald der König im Temple war, wurden strengste Sicherheitsmaßnahmen getroffen. Soweit es mich betraf, verlief der Dienst folgendermaßen. Ging es um das Mittagessen oder eine andere Mahlzeit? Dann mußte man zum Rat gehen und zwei Beamte fragen. Sie kamen mit zur Anrichte, die Platten wurden vorbereitet, und wir kosteten in ihrer Gegenwart, um zu demonstrieren, daß nichts Verdächtiges darin versteckt war; auch die Karaffen und Kaffeekannen wurden in ihrer Gegenwart gefüllt. Um die Karaffe mit Mandelmilch zu verschließen, rissen wir auf ihre Anweisung hin ein Stück Papier ab, wie sie es uns bezeichneten. Im Speisezimmer durften wir erst den Tisch decken, wenn die Beamten ihn oben und unten überprüft hatten; wir falteten vor ihren Augen die Tischtücher und Servietten auseinander; sie schnitten die Brote durch und untersuchten das Innere mit einer Gabel oder sogar mit den Fingern.

Trotzdem gelang es mir oft, in einem Gang oder auf der Wendeltreppe den Papierstöpsel einer Karaffe mit

einem anderen zu vertauschen, auf den wir mit Zitro-
nensaft oder Galläpfelextrakt Hinweise oder Nachrichten geschrieben hatten. Manchmal wickelte ich eine
kleine Bleikugel in einen Zettel ein, darum herum ein
festeres Papier und warf das Kügelchen in die Karaffe
mit der Mandelmilch; ein vereinbartes Zeichen
machte darauf aufmerksam. Waren die Papierstöpsel
nicht beschrieben, dienten sie der Königin und Madame Elisabeth dazu, Anweisungen für mich zu notie-
ren oder Mitteilungen nach draußen zu schmuggeln.

In den Memoiren von M. Huë und im Tagebuch
von Cléry hat man einiges über die Mittel lesen können, die wir benutzten, um miteinander Verbindung
zu halten; aber diese Mittel mußten ständig variiert
werden, erforderten größte Vorsicht und verursachten
oft Verzögerungen in der Übermittlung von Nachrichten an die königliche Familie. Um diese verschiedenen
Nachteile zu vermeiden, verfielen die Königin und
Madame Elisabeth auf die Idee, mit mir direkt durch
Zeichen zu kommunizieren.

Ich führe hier jene Signale auf, die die Prinzessinnen
nach und nach anläßlich der Ereignisse des Septem-
bers 1792 einführten, um trotz der immer größer wer-
denden Aufdringlichkeit der Beamten über das Vorrücken der Armeen und die Ereignisse in der Convention unterrichtet zu werden; sie stammen von
Madame Elisabeth.

Für die Engländer: rechter Daumen aufs rechte
Auge. Wenn sie an der Küste von Nantes landen, Daumen ans rechte Ohr; wenn es bei Calais ist, ans linke.

Wenn die Österreicher in Belgien siegen, Zeigefinger

der rechten Hand aufs rechte Auge. Wenn sie von Mainz her Lille einnehmen, statt dessen den Mittelfinger.

Für die Truppen des Königs von Sardinien, gleiches Zeichen mit dem Ringfinger.

Anmerkung. Der Finger soll länger oder kürzer in der bezeichneten Stellung gehalten werden, je nach Bedeutung des Gefechts.

Wenn sie nur noch fünfzehn Meilen von Paris entfernt sind, bezeichnen die Finger die gleichen ausländischen Truppen, werden aber an die Lippe gehalten.

Wenn die fremden Mächte sich zur Lage der königlichen Familie äußern, sind die entsprechenden Finger der rechten Hand an die Haare zu legen.

Wenn die Convention darauf reagiert, Zeichen mit der linken Hand; wenn sie zur Tagesordnung übergeht, mit der rechten Hand.

Wenn die Convention Paris verläßt, soll man sich mit der ganzen Hand über den Kopf streichen.

Wenn die Truppen vorrücken und Vorteile erringen, einen Finger der rechten Hand unter die Nase halten, und die ganze Hand, wenn sie fünfzehn Meilen vor Paris sind.

Erfolge der Convention werden nur mit der linken Hand ausgedrückt.

Alle Fragen werden mit der rechten, nicht mit der linken Hand beantwortet.[1]

Der Briefwechsel gab die Details über das, was ich

---

1 Man kann sich leicht vorstellen, daß diese Zeichen wie auch die Fragen auf mehreren Zetteln sich auf Hoffnungen, Befürchtungen oder richtige oder falsche Nachrichten an die Prinzessinnen bezogen. (Anmerkung Turgys)

durch die Zeichen nur hatte andeuten können. Trotz der Wachsamkeit von acht bis zehn Personen gab es in den vierzehn Monaten, die ich im Temple aushielt, fast keinen Tag, an dem die königliche Familie nicht irgendeinen Zettel von mir bekam, entweder auf den bereits beschriebenen Wegen oder so, daß ich den Damen Dinge aushändigte, die mit meinem Dienst zu tun hatten, beziehungsweise sie von ihnen zurückerhielt; oder die Übermittlung erfolgte in einem Knäuel aus Garn oder Baumwolle, das ich in einem Winkel des Schranks, unter dem Marmortisch, in den Nischen des Ofens oder sogar im Abfallkorb versteckte. Ein Wink mit der Hand oder den Augen bezeichnete die Stelle, an der ich das Knäuel hatte verstecken können. So wurden der König und die Damen fast immer über die Ereignisse unterrichtet.

Die Möglichkeit, zwei- oder dreimal in der Woche zum Einkaufen den Turm zu verlassen, erlaubte es mir, vom König oder der Königin gewünschte Auskünfte einzuholen oder ihnen Notizen und Mitteilungen zu bringen, die man mir für Ihre Majestäten mitgab. Oft traf ich mich auch mit M. Huë, bald in den entlegensten Vierteln von Paris, bald außerhalb der Stadt; bei diesen Gelegenheiten erhielt ich von ihm Schriftstücke für den König oder Antworten auf seine Befehle. Weder Verfolgung noch Haft noch die Angst vor weiteren Konsequenzen konnten seinen mutigen Eifer jemals hemmen.

Die Marquise de Sérent (die heute Duchesse ist) war der Dreh- und Angelpunkt im Briefwechsel zwischen der Königin und Madame Elisabeth. Ich galt in ihrem

Haus als ihr Agent, und sie hatte Befehl gegeben, mich zu jeder Tages- und Nachtzeit vorzulassen...

Ich wurde selten durchsucht, wenn ich den Temple betrat oder verließ, weil ich den Kommissaren und Wächtern bereitwillig alles verschaffte, worum sie mich baten, wenn sie in die Küche kamen; dort waren sie viel umgänglicher als sonst. Aber sobald ich mich dem Turm oder dem Zimmer eines Mitglieds der königlichen Familie näherte, wurden alle meine Schritte überwacht; mit allen durfte ich nur laut, und einzig über meinen Aufgabenbereich sprechen. Damals wurde ich wegen meiner Beziehungen nach draußen sogar besonders streng bewacht. Deshalb verhielt sich die königliche Familie sehr vorsichtig, um keinen Verdacht gegen mich zu erwecken; das ging so weit, daß der König, der mir eines Tages sein Messer, dessen Griff zerbrochen war, zum Reparieren gegeben hatte, bemerkte, daß er es den Beamten noch nicht gezeigt hatte, und es sofort zurückverlangte; er klappte es auf, hielt es ihnen hin und sagte: »Sehen Sie, meine Herren, es ist nichts darin versteckt.« Dann gab der König es mir zurück, trug mir auf, keinen neuen Griff machen zu lassen, und fügte hinzu: »Ich möchte nämlich, daß es bleibt, wie es ist, mein Vater hat es mir geschenkt.«

Vor allem war es meine Aufgabe, mich nach dem Schicksal der Leute zu erkundigen, die der königlichen Familie eifrig und treu gedient hatten und die größtenteils gezwungen gewesen waren, Frankreich zu verlassen. Auf die immer strengeren Gesetze, die gegen die Emigration erlassen wurden, richtete sich folglich das Hauptaugenmerk der Damen, wie eine Nachricht Madame Elisabeths von Ende Oktober zeigt:

Ein Billett an Mme. de S. [Sérent]: Wenn das Gesetz über die Emigranten genau fixiert ist, teilen Sie uns den Inhalt mit und halten Sie uns über die Entwicklung auf dem laufenden.

Ich habe noch nicht von Toulan gesprochen. Sein Benehmen und die fanatischen Reden, die er während seiner ersten Tage im Temple führte, lehrten uns den Tag fürchten, an dem dieser Beamte wieder Dienst haben würde.

Der Anblick des unglücklichen Louis XVI, der Damen, der erhabenen Kinder, ihre Großherzigkeit und ihre Sanftmut hatten aber von Anfang an einen unerwarteten und so starken Eindruck auf den offenen und empfindsamen jungen Mann gemacht, daß er fortan alles unternahm, um das Los der königlichen Familie zu erleichtern. Ich weiß nicht, wie es ihm gelang, die Damen auf seine glückliche Bekehrung aufmerksam zu machen; aber man kam überein, daß er die anderen Kommissare in der Meinung, die sie von ihm hatten, bestärken und gegenüber dem König und seiner Familie Ton und Auftreten eines Revolutionärs beibehalten sollte, um ihnen ungehindert dienen zu können.

Madame Elisabeth sagte mir, ich könne mich Toulan rückhaltlos anvertrauen, und ich traf ihn von da an oft an verschiedenen Orten; dabei verständigten wir uns über die Aufträge, die die Damen ihm gaben. Er führte sie mit so viel Eifer und Geschick aus, daß mir Madame Elisabeth Ende November den sprechenden Namen, mit dem ihn die königliche Familie in Zukunft bezeichnen wollte, in einem Billett angab, das ich hier zitiere:

»Händigen Sie dies (einen Zettel) Toulan aus, den wir von nun an den Treuen nennen werden. Wenn Sie es ihm nicht beim Essen zustecken können, gehen Sie morgen zu ihm, damit Sie Antwort geben können wegen der Sache, die er uns heute übergeben soll. Teilen Sie uns gute wie schlechte Nachrichten mit, wenn es welche gibt.«

Während das Unglück der königlichen Familie alle rührte, die nur ihre Feinde gewesen waren, weil sie sie schlecht gekannt hatten, erfuhr sie eine immer grausamere Behandlung von einigen anderen, die die Ehre gehabt hatten, sich ihr in ihrem vollen Glanz nähern zu dürfen, oder die ihr ihr Glück verdankten. Eines Tages sagte die Königin zu mir: »Turgy, ich habe meinen Kamm zerbrochen, bitte kaufen Sie mir einen neuen.« Der Beamte und Dichter D. C. (Dorat-Cubières) rief: »Kaufen Sie einen aus Horn, Buchsbaum wäre zu schön für sie.«

Die Königin gab mir weiter Aufträge, als ob sie diese Unverschämtheit nicht gehört hätte. Für den alten Schildplattkamm kaufte ich einen neuen. Als die Fürstin ihn sah, sagte sie: »Sie haben also die Befehle von D. C. nicht befolgt; denn er behauptet, Buchsbaum wäre zu gut für uns, er, der ohne die Wohltaten des Königs...« Ihre Majestät hielt inne. Ich erlaubte mir zu antworten: »Madame, es gab viele, die so taten, als machten sie der königlichen Familie den Hof, aber es war nur wegen des Staatsschatzes.« Die Königin geruhte mir zu antworten: »Da haben Sie recht, Turgy.«

Am 2. Dezember wurde der Magistrat vom 10. August durch den sogenannten provisorischen abgelöst. Man verdoppelte die Anzahl der wachhabenden Kommissare beim König und der königlichen Familie. Wir wußten schnell, mit was für Leuten wir es zu tun hatten, wie das folgende Beispiel zeigt. Am Tag nach dem Wechsel war die Königin krank, sie hatte nichts zu sich genommen und ließ mir ausrichten, ich sollte ihr zum Abendessen eine Fleischbrühe bringen. Als ich sie ihr servieren wollte, befahl sie, die Brühe der Frau Tisons zu geben, die unpäßlich war, und so geschah es. Ich bat daraufhin einen der Beamten, mich in die Küche zu begleiten, um noch eine Portion Brühe zu holen; keiner von ihnen wollte mit mir kommen, und Ihre Majestät mußte darauf verzichten.

Toulan, der wieder in den Magistrat gewählt worden war, gab mir weiterhin Auskünfte über Charakter und Gesinnung seiner Kollegen, die im Hinblick auf den Umgang mit ihnen sehr nützlich waren.

Von M. Parisot erhielt ich das Dekret, das bestimmte, der König solle vor die Convention gebracht werden, um ihre Fragen zu beantworten. Ich legte es unter das Bett von Cléry, und Seine Majestät las es sofort. Dieser überzeugte Royalist hat mir oft Schriftstücke oder Notizen von großer Wichtigkeit übergeben. Toulan seinerseits beschaffte den Damen zuverlässige Informationen über die Intrigen bei den Jakobinern und in den Ausschüssen der Convention. Er fand auch Mittel und Wege, sich in dieser schrecklichen Zeit oft zum Dienst einteilen zu lassen. Seine Ergebenheit und die Beweise von Mitgefühl, die mehrere andere Beamte gaben, an deren Namen ich mich bedauerlicherweise nicht mehr erinnere, waren für die Königin und die königliche Familie ein Trost und sogar eine schwache Hoffnung.

Cléry hat berichtet, wie wir einen Briefwechsel zwischen dem König und den Damen ermöglicht haben, als ihnen jeder Kontakt untersagt war. Während er Zeuge des Unglücks und des erhabenen Muts von Louis XVI war, konnte ich die Furcht, die kurzen Augenblicke der Hoffnung und die Ängste der Königin, des Dauphin und der Prinzessinnen beobachten.

Der scheußliche 21. Januar kam. Gegen zehn Uhr morgens wollte die Königin ihre Kinder dazu bringen, etwas zu sich zu nehmen, aber sie weigerten sich. Bald hörte man Schüsse. Madame Elisabeth hob die Augen gen Himmel und rief aus: »Diese Ungeheuer, jetzt sind sie zufrieden!...« Der Königin stockte vor Schmerz der Atem; der kleine Prinz brach in Tränen aus, Madame Royale stieß durchdringende Schreie aus. Man möge sich den Anblick vorstellen, inmitten des Trommelwirbels und des Gebrülls der Wahnsinnigen, die den Temple bewachten!

Cléry blieb noch über einen Monat im Turm, konnte aber keine Verbindung mit uns aufnehmen. Als ich ihn später wiedersah, übergab er mir ein Billett, das der König in seiner unendlichen Güte für mich hinterlassen hatte und das ich mit der Empfindung von unaussprechlichem Schmerz und Ehrerbietung in Empfang nahm:

21. Januar 1793, Viertel vor acht Uhr morgens. Ich trage Ihnen auf, Turgy zu sagen, wie zufrieden ich mit seiner treuen Ergebenheit mir gegenüber und mit dem Eifer war, den er in seinem Dienst bewiesen hat. Ich gebe ihm meinen Segen und bitte ihn, sich in gleicher Treue meiner Familie zu widmen, der ich ihn ans Herz lege.

Das letzte Portrait Louis XVI
Kohlezeichnung von Joseph Ducreux
(Musée Carnavalet, Paris)

Portrait von Marie Antoinette, Pastellgemälde von Kucharski
(Bibliothèque Nationale, Paris)

*Die königliche Familie auf dem Weg zur Nationalversammlung am
10. August 1792, nach einem deutschen Stich. (Bibliothèque Nationale, Paris)*

*Louis XVI wird mit seiner Familie in den Temple gebracht, Stich nach
Swebach-Desfontaines. (Bibliothèque de l'Institut d'histoire de la Révolution)*

Ansicht des Temple, anonymer holländischer Stich
(Musée Carnavalet)

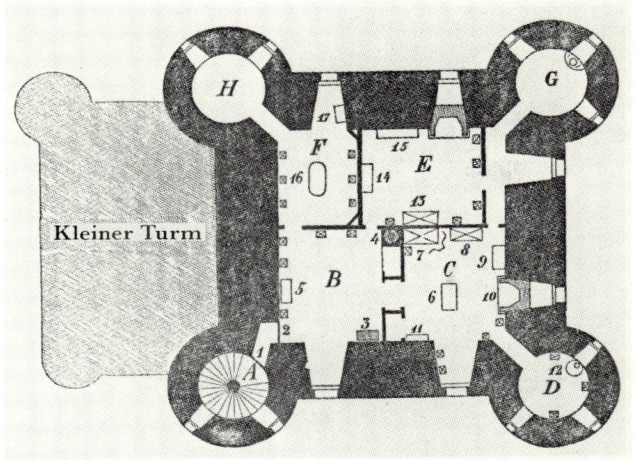

Grundriß des Hauptturms

A Treppe (1: mit Nägeln beschlagene Tür aus Eichenholz; 2: Eisentür)

B Vorzimmer (3: Kartentisch; 4: Ofen; 5: Sekretär, an der Wand
darüber war die Menschenrechtserklärung angeschlagen)

C Zimmer des Königs (6: Tisch; 7: Bett des Königs; 8: Bett des
Dauphins; 9: Wäschekasten; 10: Kamin; 11: Schreibtisch; zur Einrichtung gehörten außerdem zwei kleine Hocker mit Strohgeflecht; ein gepolsterter Armstuhl; zwei weitere Armstühle; ein
brusthoher Paravent)

D Lesekabinett des Königs (12: Ofen; zur Einrichtung gehörten
außerdem ein Stuhl mit Rohrgeflecht, einer mit Strohgeflecht
und ein Hocker)

E Zimmer Clérys (13: Bett; 14: Wäschekasten; 15: Schrank aus Eichenholz; zur Einrichtung gehörten außerdem ein Armstuhl und
vier weitere Stühle)

F Eßzimmer (16: Eßtisch; 17: ein kleinerer Tisch)

G Garderobe und Abstellraum

H Lagerraum für Brennholz

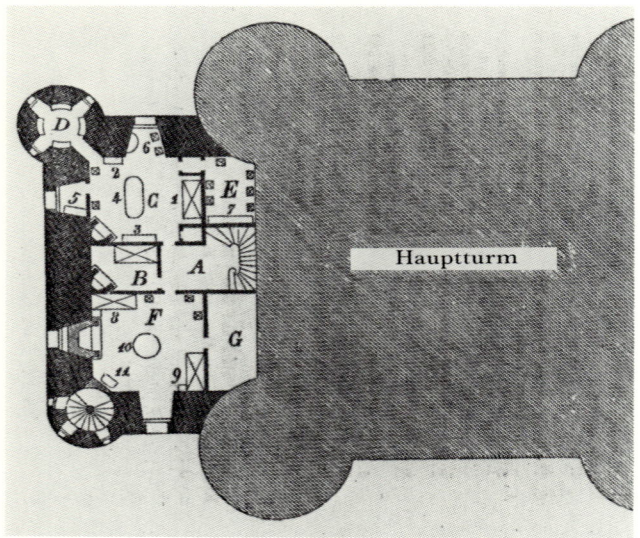

Hauptturm

Grundriß des Kleinen Turms

A Treppe

B Zimmer der Bedienten des Königs (eingezeichnet der Platz der
   Betten)

C Zimmer des Königs (1: Bett; 2: Wäschekasten; 3: Betthimmel aus
   rotem Samt; 4: Eßtisch; 5: Anrichte; 6: kleiner Tisch; zur Einrichtung gehörten außerdem 4 Armstühle und 6 Stühle mit Strohgeflecht)

D Lesekabinett des Königs

E Ankleidezimmer (7: Schrank)

F frühere Küche, Zimmer von Madame Elisabeth (8: Bett Madame
   Elisabeths; 9: Bett der Tochter von Mme de Tourzel; 10: Tisch;
   11: Stuhl; zur Einrichtung gehörten drei weitere Stühle)

G Kammer oder Abstellraum

*Prinzessin Lamballe, gemalt von einem der an
ihrer Ermordung Beteiligten*

Ermordung der Prinzessin Lamballe, anonymer holländischer Stich
(Musée Carnavalet)

Der Schuhmacher Simon, Zeichnung von Gabriel
(Musée Carnavalet)

Madame Elisabeth und der Dauphin, Gemälde von Danloux

*»Louis Capet beim Abendessen im Temple«,
anonymer Stich aus der Zeitung Revolutions de Paris
(Bibliothèque de l'Institut d'histoire de la Révolution)*

*Louis XVI nimmt Abschied von seiner Familie, englischer Stich
(Bibliothèque Nationale, Paris)*

Hinrichtung von Louis XVI, Stich nach einer Zeichnung von Floris
(Musée Carnavalet)

Zeittafel

14. 7. 1789 Sturm auf die Bastille; als unmittelbare Folge emigrieren der Comte d'Artois, jüngster Bruder des Königs, die Duchesse de Polignac, Vertraute der Königin, und andere Adlige.

5./6. 10. 1789 Zug der ›Marktweiber‹ nach Versailles: Die Königsfamilie wird gezwungen, ihren Sitz nach Paris, in die Tuileries zu verlegen, wo ihre Bewegungsfreiheit eingeschränkt ist.

22. 7. 1790 Der König muß gegen seine innere Überzeugung die Zivilverfassung des Klerus sanktionieren, die die Geistlichen zur Treue gegen den Staat verpflichtet und vom Papst abgelehnt wird.

19. 2. 1791 Emigration der beiden Tanten des Königs.

18. 4. 1791 Das Volk und die Soldaten der Nationalgarde hindern den König daran, nach Saint-Cloud zu fahren, weil man seine Flucht ins Ausland befürchtet.

20./21. 6. 1791 Fluchtversuch der königlichen Familie zur Ostgrenze des Reiches; sie werden in Varennes festgenommen und nach Paris zurückgebracht, während Monsieur, der Bruder des Königs, auf einem anderen Weg nach Belgien gelangt.

26. 6. 1791 Die Nationalversammlung suspendiert Louis XVI von seinem Amt; er bleibt suspendiert, bis er am

13. 9. 1791 die neue Verfassung sanktioniert hat.

20. 4. 1792 Kriegserklärung Frankreichs an den Kaiser Franz II., der (wegen der verwandtschaftlichen Beziehung des österreichischen Herrscherhauses zu Marie Antoinette) die gegenrevolutionären Aktivitäten der Brüder des Königs und der übrigen Emigranten unterstützt. In der Folgezeit dringen die Truppen Österreichs und Preußens unter dem Herzog von Braunschweig nach Frankreich ein und erzielen zunächst bedeutende Erfolge.

20. 6. 1792 Am Jahrestag der Flucht des Königs besetzt die Pariser Bevölkerung die Tuileries und zwingt Louis XVI, die rote Jakobinermütze aufzusetzen, ohne daß es zu Gewalttaten kommt.

25. 7. 1792 Manifest des Herzogs von Braunschweig, das die Franzosen zur Unterwerfung unter den Willen des Königs aufruft und vor allem der Pariser Bevölkerung in provozierender Form Strafen für ihren Ungehorsam androht.

10. 8. 1792 Erstürmung der Tuileries; der König und seine Familie fliehen in die Nationalversammlung, die ihn vorläufig von seinem Amt suspendiert.

13. 8. 1792 Die königliche Familie wird in den Temple gebracht.

2.–6. 9. 1792 Septembermorde in den Pariser Gefängnissen.

20. 9. 1792 Die Kanonade von Valmy stoppt den Vormarsch der Invasionstruppen.

21. 9. 1792 Die neugewählte Convention nationale schafft in ihrer ersten Sitzung das Königtum ab; Frankreich wird zur Republik erklärt.

11. 12. 1792 Louis XVI sagt zum ersten Mal vor der Convention aus.

15.–17. 1. 1793 Abstimmungen der Convention über die Frage der Schuld und der Bestrafung des Königs; Louis XVI wird zum Tode verurteilt.

21. 1. 1793 Hinrichtung des Königs.

Editorische Notiz

Das Tagebuch Clérys und die Aufzeichnungen des Abbé Edgeworth wurden neu herausgegeben von Jacques Brosse (*Journal de ce qui s'est passé à la tour du Temple par Cléry, suivi de Dernières heures de Louis XVI par l'abbé Edgeworth de Firmont et de Mémoire écrit par Marie-Thérèse-Charlotte de France*, Paris: Mercure de France 1968, zweite Auflage 1987). Die übrigen Texte stammen aus: *Captivité et derniers moments de Louis XVI, Récits originaux et documents officiels, recueillis et publiés pour la Société d'histoire contemporaine par le Marquis de Beaucourt*, tome I, Récits originaux, Paris: Alphonse Picard 1892. Kürzungen dieser Edition wurden beibehalten; im Bericht des Kammerdieners Huë wurden einige wenige weitergehende Kürzungen vorgenommen.

Sacherläuterungen

Zu Personen, die in der Revolution nur in Zusammenhang
mit den Ereignissen im Temple in Erscheinung getreten sind,
werden im allgemeinen keine Erläuterungen gegeben.

27 Der Marschall de Mailly (1708–1794) wurde im Alter von
sechsundachtzig Jahren in Arras guillotiniert. – Der Duc du Châtelet (1727–1793), als Abgeordneter des Adels in den Generalständen
ein Feind aller Reformen, starb ebenfalls auf dem Schafott. – Der
Comte de Puységur (1727–1807) war 1788/89 Verteidigungsminister
gewesen. – Der Baron de Vioménil (1728–1792) starb an den Verlet-
zungen, die er am 10. August 1792 empfing. – Der Comte d'Hervilly
(1756–1793) hatte in der Garde des Königs, die im September 1791
aufgestellt und am 29. Mai 1792 von der Nationalversammlung
wieder aufgelöst worden war, die 600 Mann Kavallerie befehligt.

27 Pierre Louis Roederer (1754–1835), Abgeordneter des Dritten
Standes in den Generalständen, seit 1791 Prokuralsyndikus von Paris
(Repräsentant der Justiz gegenüber der Kommunalverwaltung); er
verlor sein Amt, weil er am 10. August für die königliche Familie
eingetreten war.

28 Die Princesse de Lamballe (1749–1792) war seit 1774 Haushof-
meisterin und Vertraute der Königin; am 3. September 1792, während der Massaker in den Pariser Gefängnissen, wurde sie grausam
ermordet (vgl. S. 37 f.).

28 Die Marquise (später Duchesse) de Tourzel (1749–1832) war
seit 1789 Erzieherin der Kinder des Königspaars.

28 Der Pont Tournant war der Westausgang des Jardin des Tuileries.

30 Die Place Louis XV ist die heutige Place de la Concorde.

30 Der *Logographe* war eine Zeitung, die detaillierte Berichte über
die Debatten der Nationalversammlung veröffentlichte; in der Loge
saßen gewöhnlich die Protokollanten, um die Reden mitzuschreiben.

31 Die Abbaye war ursprünglich das Gefängnis der Abtei Saint-
Germain-des-Prés; dorthin wurden die meisten der königstreuen

Verteidiger der Tuileries gebracht. Die Massaker in den ersten Septembertagen waren hier besonders furchtbar.

32 Claude-Charles Lorimier d'Estoges de Chamilly (1732–1794)
starb auf der Guillotine.

33 Jérôme Pétion (1756–1794), als Abgeordneter in den Generalständen Anhänger Robespierres, vom 15. Juni 1791 bis zum 3. Dezember 1792 Bürgermeister von Paris; er begünstigt den Sturm auf
die Tuileries und die Septembermorde, stimmt aber in der Convention gegen die Hinrichtung des Königs, muß nach der Ausschaltung
der (gemäßigten) Girondisten in der Nationalversammlung Anfang
Juni 1793 fliehen und tötet sich ein Jahr später selbst, um der Verhaftung zu entgehen.

36 Louis Pierre Manuel (1751–1793), 1789 Mitglied des Pariser
Magistrats, 1791 Prokurator (ein gewählter Beamter, der die Interessen der Gemeinschaft z.B. gegenüber dem Rat der Commune wahrnimmt); nach dem 10. August Abgeordneter der Convention. Legt
aus Protest gegen die Verurteilung des Königs sein Mandat nieder;
im November 1793 hingerichtet.

37 Pierre-Joseph Tison, ein ehemaliger Zollwächter, der 1792
57 Jahre alt war, war mit seiner Frau am 19. August in den Temple
gekommen, wo sie die schweren Arbeiten verrichteten.

40 Antoine Joseph Santerre (1752–1809), Bierbrauer, wurde am
10. August zum Kommandanten der Pariser Nationalgarde ernannt.

46 Die Zeitung *Mercure de France* erschien bereits seit 1672.

47 Assignaten wurden erstmals 1789 ausgegeben; es handelt sich
um Papiergeld, dessen Wert durch den Verkauf der verstaatlichten
Kirchengüter gedeckt werden sollte. In den folgenden Jahren werden immer mehr Assignaten in Umlauf gebracht, was eine Inflation
verursachte.

49 Herzog Charles, Connétable de Bourbon (1490–1527), ging,
weil der französische König seine Ansprüche auf Bourbon nicht anerkannte, zu Kaiser Karl V. über und kämpfte für ihn in Italien
gegen Frankreich.

49 Über Simon vgl. unten S. 237f. und das Vorwort S. 12f.

51 Die Sappeure waren mit Äxten bewaffnet; sie hatten die Aufgabe, den Truppen den Weg durch Hecken u.dgl. zu bahnen oder

auch die Tore belagerter Städte aufzubrechen. Sie trugen eine Fellmütze und einen Lederschurz; im allgemeinen waren sie großgewachsen und kräftig.

52 Der König und die Königin wurden Monsieur und Madame
Veto genannt, weil die Nationalversammlung dem Herrscher das
Recht eingeräumt hatte, gegen ihre Entscheidungen ein Veto mit
aufschiebender Wirkung (für maximal vier Jahre) einzuräumen.

52 Gemeint ist das Band des Ordens vom heiligen Ludwig.

55 Unter den etwa vierzig Ermordeten waren mehrere enge Vertraute des Königs: Der Duc de Brissac (1734–1792) war der Oberbefehlshaber der Garde des Königs gewesen (vgl. oben S. 280); Jean-
Marie-Antoine-Claude de Valdeck de Lessart (1742–1792) war seit
1791 u.a. Finanz- und Innenminister gewesen.

55 Jacques René Hébert (1757–1794) redigierte die Zeitung *Le
Père Duchesne*, in der er in der Rolle eines Mannes aus dem Volk (des
Ofensetzers Père Duchesne) in grober, oft vulgärer Sprache radikal-
revolutionäre Positionen vertrat; nach dem 10. August war er Substitut des Prokurators der Commune. Im März 1794 ließ Robespierre ihn und seine Anhänger hinrichten.

71 D.h. die Tapete bildete behauene Steine ab.

73 *Le Spectacle de la Nature* (erschienen 1732) von dem Geistlichen
Noël-Antoine Pluche war ein im 18. Jahrhundert vielgelesenes
Werk. – Das *Buch von der Nachfolge Christi* des Thomas von Kempen
entstand im 15. Jahrhundert.

74 Cléry setzt das Wort *ordres* kursiv, wohl um auf seine unkor-
rekte Verwendung aufmerksam zu machen (*ordre* bezeichnet eher die
Gemeinschaft der Ordensritter als das Ehrenzeichen, das gewöhnlich *décoration* heißt).

82 François-Adrien Toulan (1761–1794), Buch- und Musikalien-
händler in Paris, nahm am Sturm auf die Bastille 1789 und an
späteren Volkserhebungen teil; nach dem 10. August gehörte er der
Commune an. Er galt als überzeugter Revolutionär; während des
Prozesses der Königin wurde er verhaftet, konnte zunächst entkommen, wurde aber wieder gefaßt und am 30. Juni 1794 guillotiniert.

83 Jean-Baptiste Drouet (1763–1824) hatte am 21. Juni 1791 in
Sainte-Menehould Louis XVI erkannt, als dieser mit seiner Familie

auf der Flucht war, und für seine Verhaftung Sorge getragen; er wurde 1792 in die Convention gewählt. – François Chabot (1759–1794), ein ehemaliger Kapuzinermönch, gehörte der Gesetzgebenden Versammlung (seit 1791) und der Convention an; er wurde zusammen mit der Gruppe um Danton hingerichtet.

83 Louis-Guillaume Le Monnier (1717–1799) war Leibarzt von Louis XV gewesen und behielt diese Funktion unter seinem Nachfolger.

95 Jacques Necker (1732–1804), Bankier aus Genf, 1777–1781 und 1788–1790 Generalkontrolleur der Finanzen; die Öffentlichkeit erhoffte sich von ihm die Sanierung des Staatshaushalts. Liberal gesinnt, war er 1789 sehr populär; nach seinem Rücktritt im September 1790 zog er sich in die Schweiz zurück.

96 Nicolas Chambon de Montaux (1748–1826), ein Arzt, war am 3. Dezember 1792 als Nachfolger Pétions Bürgermeister von Paris geworden, trat aber schon Anfang Februar 1793 zurück.

97 Pierre-Gaspard Chaumette (1763–1794), einer der Führer des radikalen Club des cordeliers, seit Dezember 1792 Prokurator der Commune (als Nachfolger Manuels). Er gehörte zu den unbedingtesten Verfechtern des Terror-Regimes; Robespierre ließ ihn im April 1794 hinrichten.

100 Monsieur, der älteste Bruder des Königs (1755–1824), führte den Titel des Comte de Provence; 1789 nimmt er eine liberale Haltung ein, er verläßt Frankreich am 21. Juni 1791, als auch die Königsfamilie ihre (mißglückte) Flucht versucht, aber auf einem anderen Weg. Er läßt sich zunächst in Koblenz nieder und stellt gemeinsam mit seinem Bruder, dem Comte d'Artois, eine Emigrantenarmee auf, die an der Invasion Frankreichs 1792 teilnimmt. Seit 1815 als Louis XVIII König von Frankreich.

100 Über den Comte d'Artois vgl. das Vorwort S. 9.

103 Guy Jean-Baptiste Target (1733–1807) hatte im Prozeß um die Halsbandaffäre (1786), die die Königin kompromittierte, den Kardinal de Rohan verteidigt. Als Abgeordneter des Dritten Standes in den Generalständen nahm er aktiv Anteil an der Ausarbeitung der Verfassung von 1791. Er lehnte es ab, den König zu verteidigen.

103 François Denis Tronchet (1726–1806), seit 1745 Anwalt, gehörte als Abgeordneter des Dritten Standes in den Generalständen zur Rechten.

104 Guillaume Chrétien de Lamoignon de Malesherbes (1721–1794), Minister 1775/76 und 1787/88; er wurde während der Terreur guillotiniert.

106 Die Kommission der Einundzwanzig war am 6. Dezember gebildet worden; sie hatte bis zum 10. Dezember die Anklageschrift und bis zum 11. die Fragen auszuarbeiten, die die Convention Louis stellen sollte.

107 Der von Louis XVI selbst eingebaute Schrank mit der Eisentür enthielt seine Korrespondenz mit den Gegnern der Revolution.

109 Romain Desèze (oder de Sèze, 1748–1828) wurde von Lamoignon de Malesherbes hinzugezogen und hielt das Plädoyer.

117 Im Juli 1790 mußte Louis XVI die Zivilverfassung des Klerus sanktionieren, die z.B. die Wahl der Pfarrer, Bischöfe und Erzbischöfe durch die Bürger vorsah und ihnen einen Eid auf die Verfassung abverlangte. Der Papst verurteilte die Zivilverfassung im März 1791.

123 *L'Ami des lois*, eine Komödie von Jean-Louis Laya, wurde am 2. Januar 1793 erstmals aufgeführt und wegen der pro-monarchistischen Tendenz von der Commune verboten.

124 Pierre-Germain Pariseau hatte die antirevolutionäre Zeitung La Feuille du jour 1789 gegründet.

127 Louis Philippe Joseph d'Orléans (1747–1793) stellte sich von Anfang an offen auf die Seite der Revolution, wurde 1792 (er nannte sich unterdessen Philippe Egalité) in die Convention gewählt und stimmte für den Tod des Königs. Trotzdem wurde er wenig später verhaftet und im November 1793 guillotiniert.

128 Charles François Du Périer, genannt Dumouriez (1739–1823),1792 Außenminister, nach der Kriegserklärung an Österreich Oberbefehlshaber der Nordarmee, siegt am 20. September mit Kellermann bei Valmy gegen die Preußen und die Österreicher und erobert Belgien und Holland; stellt sich Anfang 1793 gegen die Convention. Sein Versuch, mit seinen Truppen auf Paris zu marschieren, scheitert, da seine Soldaten ihm nicht folgen; am 5. April geht er zu den Österreichern über.

132 Dominique Joseph Garat (1749–1833) wurde im Oktober

1792 Justizminister (als Nachfolger Dantons), bald nach der Hinrichtung des Königs Innenminister; er lavierte vorsichtig zwischen den Parteien und trat im August 1793 zurück.

132 Pierre Marie Henri Lebrun-Tondu (1754–1793), Außenminister nach dem 10. August 1792; stand den Girondisten nahe und wurde nach deren Entmachtung guillotiniert.

148 Jacques Roux (1752–1794), »prêtre jureur« (der den Eid auf die Verfassung geleistet hatte); gehörte nach dem 10. August zum Rat der Commune, vertrat die radikalen Positionen der Pariser Sans-culottes, versuchte, nach Marats Ermordung im Juli 1793 dessen Zeitung *L'Ami du peuple* fortzuführen. Er erdolchte sich, als er vor dem Revolutionstribunal sein Todesurteil hörte.

161 Die drei genannten Geistlichen hatten als Abgeordnete der Generalstände gegen Reformen gekämpft und waren vor dem Januar 1793 emigriert.

171 »un prêtre déguisé«, d.h. in Zivil; unter den Kommissaren der Commune, die an der Hinrichtung teilnahmen, war neben Jacques Roux (s.o.) noch ein zweiter Priester, aber keiner von beiden fuhr im Wagen mit.

171 Zu den Verschwörern gehörte wohl der Baron de Batz (1754–1822), ein Emigrant, der unter einer falschen Identität in Frankreich ein Netz konterrevolutionärer Agenten leitete und später auch vergeblich versuchte, die Königin aus dem Temple zu befreien.

180 Das korrekte Datum ist der 13. August.

180 Über die militärischen Aktivitäten der Brüder des Königs vgl. oben S. 100; sie versuchten auch, alle europäischen Mächte zum Eintritt in den Krieg gegen Frankreich zu bewegen.

181 Die Begleiter waren Pétion und Manuel, vgl. oben S. 281.

186 Huë schreibt irrtümlich, der König habe die zweite Etage bewohnt; ebenso spricht er im ersten Satz des folgenden Abschnitts von der zweiten statt von der zweiten und dritten Etage.

187 Das Gefängnis des Grand Châtelet war dem Gerichtshof des Châtelet angeschlossen, der Anfang 1791 aufgelöst wurde; das Gefängnis bestand weiter. Es nahm Kriminelle, nicht politische Häftlinge auf.

187 Anm. 1 »Rebellenarmee«. Gemeint ist offensichtlich die Nationalgarde.

188 Pierre François Palloy (1755–1835), Bauunternehmer, wurde mit dem Abbruch der Bastille beauftragt und ließ die Steine zu Andenken verarbeiten, die er gewinnbringend verkaufte.

192 Jacques Nicolas Billaud-Varenne (1756–1819), nach dem 10. August als Substitut des Prokurators Nachfolger Dantons, dann Abgeordneter der Convention, einer der Initiatoren der Schreckensherrschaft; später zur Deportation nach Cayenne verurteilt.

193 Montmédy war ein Etappenziel der königlichen Familie auf ihrer Flucht im Juni 1791; sie wurde kurz vorher, in Varennes angehalten.

199 Charles Philippe Ronsin (1751–1794), Hauptmann der Nationalgarde, 1792 Kriegskommissar, 1793 Brigadegeneral, im Oktober 1793 Chef der Armee, die gegen die Erhebung in der Vendée kämpfte; als Anhänger Héberts im März 1794 gemeinsam mit diesem guillotiniert.

200 Longwy hatte am 23. August, Verdun am 2. September vor den Preußen kapituliert. Die Bedrohung von Paris durch die feindlichen Truppen veranlaßte die Nationalversammlung, am 26. August die Aushebung von 30000 Mann zu veranlassen; die Sorge der Soldaten, nach ihrem Abmarsch wären Frauen und Kinder den Feinden der Revolution schutzlos ausgeliefert, wurde ein Auslöser für die Septembermorde in den Gefängnissen.

200 Marie Joseph Motier, Marquis de La Fayette (1757–1834), der 1777/78 im amerikanischen Unabhängigkeitskrieg gekämpft hatte, wurde nach dem Sturm auf die Bastille Kommandant der neugeschaffenen Nationalgarde; seine Popularität nahm ab, als er sich in der Folgezeit auf die Seite der Monarchie stellte. Nach dem 10. August 1792 floh er nach Österreich, wo er zunächst eingekerkert wurde, da man ihn für mitschuldig an der Entwicklung in Frankreich hielt.

200 Arnaud de Laporte (1737–1793), Verwalter der Zivilliste seit Januar 1791; verantwortlich für die Verteilung von Geldern an Revolutionsgegner; nach dem 10. August wurde er verhaftet und schon am 23. hingerichtet.

202 Alexandre François Marie Vicomte de Beauharnais (1760 bis 1794), schließt sich als Abgeordneter des Adels in den Generalständen früh dem Dritten Stand an; führt seit Mai 1793 als Divisionsgeneral die Rheinarmee, kann im August die Kapitulation von Mainz nicht verhindern, woraufhin er sein Kommando niederlegt. Im Juli 1794 wird er wegen seines Mißerfolges vor Gericht gestellt und hingerichtet; seine Witwe heiratet 1796 Napoléon Bonaparte.

209 Aus der Beschreibung Clérys (S. 42) geht hervor, daß es sich um die Toilette handelt.

211 Joseph II. (1741–1790) war 1765 Kaiser geworden, übte die Macht aber erst nach dem Tod seiner Mutter Maria Theresia (1780) aus; auf ihn folgte sein Bruder Leopold II. (1790–1792), dessen Sohn Franz II. (1792–1835) den Krieg gegen Frankreich zu führen hatte. Er verzichtete nach Napoléons Sieg bei Austerlitz 1805 auf die deutsche Kaiserkrone und nannte sich von da an Kaiser Franz I. von Österreich.

211 Jean-François Delacroix (oder Lacroix, 1753–1794), Abgeordneter der Convention, Freund Dantons, wurde im April 1794 mit diesem zusammen hingerichtet.

211 Über den Duc de Châtelet vgl. oben S. 280.

215 Die Place de Grève (vor dem Rathaus) heißt heute Place de l'Hôtel-de-ville.

217 François Claude Amour, Marquis de Bouillé (1739–1800), Oberkommandierender der Truppen im Elsaß, in Lothringen und der Franche-Comté, sollte der Flucht des Königs im Juni 1791 militärische Unterstützung geben; als das Unternehmen scheiterte, floh er aus Frankreich und übernahm vom Ausland aus die Verantwortung für die ›Entführung‹ des Königs, um ihn zu retten.

217 Victor Amadeus III. (1773–1796), König von Piemont-Sardinien, stand der Revolution extrem feindlich gegenüber; er trat mit Preußen und Österreich in den Krieg gegen Frankreich ein. Ende 1792 wurden seine Territorien Savoyen und Nizza von den Revolutionstruppen erobert und vor. Frankreich annektiert.

217 Diese Arie aus der komischen Oper *Richard Cœur de Lion* von André Ernest Modeste Grétry (1741–1813), mit dem beziehungsreichen Text »O Richard, o mein König, die ganze Welt läßt dich im Stich...« wurde schon seit 1789 von den Royalisten auf Louis XVI. gedeutet.

221 *Le Cimetière de la Madeleine*, ein Roman von J.-B. Regnault-

Warin (4 Bände, Paris 1800/01), enthält eine Schilderung des Aufenthaltes der königlichen Familie im Temple.

223 Die Freiwilligen aus Marseille waren zur Feier des Festes der Föderation nach Paris gekommen, das seit 1790 jeweils am 14. Juli, dem Jahrestag des Sturms auf die Bastille, begangen wurde und bei dem sich die verschiedenen Nationalgarden aus Paris und der Provinz ›verbrüderten‹.

223 Am 20. Juni 1792 war das Volk zum ersten Mal in die Tuileries eingedrungen und hatte den König gezwungen, die rote Jakobinermütze aufzusetzen und auf die Nation zu trinken; es kam aber nicht zu Gewaltakten.

223 Der Faubourg Saint-Antoine war ein Wohnviertel der ›kleinen Leute‹; die revolutionären Massenbewegungen gingen meist von hier aus.

224 Paris war in 48 Sektionen eingeteilt; die Section du Jardin-des-Plantes lag im Süden der Stadt.

226 Die Schärpe in den Nationalfarben war (und ist z.T. bis heute) das Zeichen der Würde des Beamten in offizieller Mission.

227 Am 11. Juli 1792 hatte die Gesetzgebende Versammlung ein Dekret erlassen, das angesichts der Kriegssituation offiziell feststellte, das Vaterland sei in Gefahr.

232 Jean-Paul Marat (1743–1793), einer der radikalsten Führer der Revolution, rief in der von ihm redigierten Zeitung *L'Ami du peuple* seit 1789 immer wieder zu Volkserhebungen auf; die Nationalversammlung beschloß mehrfach, gegen ihn vorzugehen, er lebte im Untergrund und konnte erst nach dem 10. August 1792, als er in die Convention gewählt wurde, direkt Einfluß auf die Politik nehmen. Im Juli 1793 wurde er von Charlotte Corday erstochen.

238 Jean-Marie Roland de la Platière (1734–1793), einer der Führer der Gironde, von März bis Juni und für kurze Zeit nach dem 10. August 1792 Innenminister, dann Abgeordneter der Convention; am 31. Mai 1793, als er mit anderen Girondisten verhaftet werden sollte, kann er fliehen. Er tötet sich im November 1793, als er von der Hinrichtung seiner Frau erfährt; ihr Salon war ein wichtiger Treffpunkt der Girondisten gewesen.

239 Verdier hat den Platz für den Namen freigelassen; auch im folgenden gibt es solche Lücken (wir ergänzen das fehlende Wort jeweils in spitzen Klammern), Louis Profinet war Perückenmacher (und nicht Maurer, wie Verdier schreibt; er war auch nicht mehr jung, sondern 49 Jahre alt).

239 Pierre Joseph Cambon (1756–1820), Tuchhändler, Abgeordneter in der Gesetzgebenden Versammlung und der Convention, galt dort als Finanzexperte.

240 Dieser Perückenmacher ist der vorher genannte Profinet.

243 Henri Baptiste Grégoire (1750–1831), Priester, steht von Anfang an auf der Seite der Revolution; 1791 Bischof von Blois, nach dem 10. August 1792 Abgeordneter der Convention, befaßte sich u. a. mit der Organisation des Schulwesens.

243 Anne Pierre Marquis de Montesquiou-Fezensac (1739–1798) kommandierte seit April 1792 die Südarmee; nach den Erfolgen gegen Piemont-Sardinien (vgl. oben S. 287) wurde er im Oktober 1792 Oberbefehlshaber der Alpenarmee, verlor dieses Kommando aber kurz darauf und floh in die Schweiz.

245 Lies Drouet; vgl. oben S. 282.

246 Zu Lemonnier (oder richtiger Le Monnier) vgl. oben S. 283.

251 Gedichtet auf die Melodie des bekannten Volkslieds *Marlbrough s'en va-t'en guerre*.